文明花开水中央

WENMING

HUAKAI

SHUI ZHONGYANG

水利系统文明单位创建优秀案例 ②

水利部精神文明建设指导委员会办公室 主编

长江出版社
CHANGJIANG PRESS

文明花开水中央

水利系统文明单位创建优秀案例 ❷

编纂委员会

主　　　任	罗湘成
副　主　任	孙高振　付静波　李　铭　王卫国　何韵华　何仕伟
编　　　委	殷万维　易文利　姜　莉　林辛锴　肖文菡　李　媛
主　　　编	王卫国
执 行 主 编	殷万维
执行副主编	韩　诗　何红霞
编　　　辑	金波善　王雯萱　王　婷　廉欣培　范语珊
	沈梦雨　谢　娜

前 言

水，对于中国人来说不仅是一种物质，也是一种精神，某种意义上是中国人的哲学概念和心灵形式。

溪流汇聚大河阔，初心永恒铸辉煌。党的十八大以来，习近平总书记站在中华民族永续发展的战略高度，提出"节水优先、空间均衡、系统治理、两手发力"的治水思路，确立国家"江河战略"，擘画国家水网，我国大江大河治理取得历史性成就，发生历史性变革。近年来，在习近平新时代中国特色社会主义思想指导下，水利系统各单位深入学习贯彻习近平总书记关于加强社会主义精神文明建设的重要论述精神，大力弘扬社会主义核心价值观，深入贯彻落实"节水优先、空间均衡、系统治理、两手发力"治水思路，在开展理想信念教育、社会主义核心价值观建设、思想道德建设、群众性精神文明创建活动、文明风尚行动等方面取得了一批有特色、有影响的文明创建成果。2021年1月《文明花开水中央——水利系统文明单位创建优秀案例1》出版后，在系统内外产生了积极的影响，留下了宝贵的创建经验。在中央文明办和水利部党组的坚强领导下，水利部精神文明建设指导委员会办公室持续强化指导、培育典型、规范程序、巩固基础，不断提升水利系统文明单位创建工作水平。2023年，我们再次对"一片丹心化碧水"等72个水利系统基层单位文明创建优秀案例进行收集整理，精心编辑成书，形成了《文明花开水中央——水利系统文明单位创建优秀案例2》。

2022年10月，党的二十大胜利召开，描绘了以中国式现代化全面推进中华民族伟大复兴的宏伟蓝图，开启了充满光荣和梦想的远征。站在新的历史起点，聚焦水利系统广袤的江河湖海，处处激

前言 ———————————————————————— PREFACE

荡着踔厉奋发、笃行不怠的精神力量。各级水利部门坚决贯彻落实习近平总书记治水思路和关于治水重要论述精神，完整、准确、全面贯彻新发展理念，敢担当、善作为、勇拼搏，推动新阶段水利高质量发展迈出了坚实步伐。在刚刚过去的2023年，水旱灾害防御夺取重大胜利，全国水库无一垮坝，大江大河干流堤防无一决口，全年因洪涝死亡失踪人数为新中国成立以来最低，最大限度地保障了人民群众生命财产安全；水利基础设施建设取得重大进展，水利基础设施建设规模、强度、投资、吸引金融资本和社会资本等均创新中国成立以来的最高纪录，为稳定宏观经济大盘做出了突出贡献；复苏河湖生态环境取得重大成果，越来越多的河流恢复生命，越来越多的流域重现生机。同时，水利工程运行管护全面加强，水资源节约管理持续强化，河湖生态治理保护深入实施，数字孪生水利建设加快推进，水利体制机制法治不断健全，水利行业发展能力不断提升，全面从严治党持续纵深推进，为全面建设社会主义现代化国家、全面推进中华民族伟大复兴做出了水利贡献。

踔厉奋发启新程，乘势而上开新局。面临新的历史机遇，我们要持续深入学习贯彻习近平总书记"3·14"重要讲话精神，紧紧围绕推动新阶段水利高质量发展各项工作，准确把握精神文明建设面临的形势任务，进一步深化对新形势下做好水利精神文明建设工作的规律性认识，以饱满的精神状态、顽强的斗争意志、科学的思路方法做好水利精神文明建设各项工作，为推动新阶段水利高质量发展、全面提升国家水安全保障能力提供坚强思想保证和强大精神力量。

目录

第一篇 水之源（源头活水·党建引领）

一片丹心化碧水
　　——南水北调中线水源有限责任公司文明单位工作纪实 …………2
凝心聚力抓创建　文明花开黄河畔
　　——德州黄河河务局全国文明单位创建案例 ……………………7
党建引领明方向　文明花开黄河口
　　——河口黄河河务局全国文明单位创建案例 ……………………12
党建引领促发展　文明花开幸福河
　　——黄河水利委员会三门峡库区水文水资源局文明单位创建案例 …17
厚植核心价值观　文明花开在引滦
　　——海河水利委员会引滦工程管理局文明创建工作案例 ………22
党建发展新模式　助推文明创建新成效
　　——北京市水文总站党建业务深度融合，推动文明创建新发展 …27
文明花开映水文　不负韶华谱新篇
　　——江苏省水文水资源勘测局常州分局文明创建案例 …………30
党建引领　做好水文化挖掘
　　——江苏省水利勘测设计研究院有限公司文明创建案例 ………34
握紧文明创建抓手　助推调水事业高质量发展
　　——山东省调水工程运行维护中心文明创建工作纪实 …………38
绿水青山扮齐鲁　文明花开映水文
　　——山东省水文中心文明创建案例 ………………………………43
坚持党建引领　打造文明品牌
　　——湖北省水文水资源中心文明创建纪实 ………………………48
党建引领文明花开
　　——陕西省泾惠渠灌溉中心事迹材料 ……………………………54

目录

"五度"音域,唱响文明之歌主旋律
　　——宁波市河道管理中心文明创建案例 …………………………… 59
党员"双报到"　引领文明新风尚
　　——河南省水利厅依托"双报到"工作推动文明创建 ……………… 63
强化文明建设　弘扬文明精神
　　——胶州市水利局以"五个围绕"推动精神文明建设 ……………… 67
文明创建助推移民事业高质量发展
　　——湖南省库区移民事务中心文明单位创建典型案例 ……………… 71
党建引领　文明添彩　问水南粤　再创辉煌
　　——广东省水利水电科学研究院文明创建案例 ……………………… 75

第二篇　水之柔（柔情似水·水文化）

深度挖掘南水北调内涵　打造水情教育特色品牌
　　——惠南庄泵站工程积极推进水情教育科普 ………………………… 80
勇立潮头守安澜　文明创建促发展
　　——长江水利委员会水文局长江口水文水资源勘测局文明创建工作实践 … 85
弘扬汉水文化　打造水工程文化品牌
　　——汉江水利水电（集团）有限责任公司开展汉江流域水文化建设试点工作
　　　案例 …………………………………………………………………… 90
众手浇开文明花　和谐发展谱华章
　　——黄河水利委员会水文局（机关）全国文明单位创建案例 ……… 95
用心用情打造新时代淮河文化传播阵地
　　——治淮陈列馆文明创建纪实 ………………………………………… 99
强化文明创建引领　促进水务民生保障
　　——天津市水务局文明创建纪实 ……………………………………… 104
用文化凝聚力量　用文明展示形象
　　——江苏省淮沭新河管理处文明创建案例 …………………………… 109
文明"善"水　润物无声
　　——江苏省泰州引江河管理处文明创建案例 ………………………… 114

花开文明　清润港城
　　——连云港市水利局以文明创建促进水利高质量发展 …………… 119
缵禹之绪创伟业　合力绽放文明花
　　——浙江省绍兴市曹娥江大闸运行管理中心文明创建案例 ……… 123
守护红色印记　传承红色基因
　　——人民胜利渠水情教育基地建设工作侧记 ………………………… 129
弘扬河道文化　打造文明风景
　　——荆州市长江河道管理局公安分局文明创建侧记 ……………… 133
水润荆楚谱赞歌　以文化人助发展
　　——湖北省漳河工程管理局文明创建案例 …………………………… 138
弘扬水利精神　汇聚文明力量
　　——湘潭市水利局"三个突出、三个打造"推进文明创建 ………… 143
节水护江，责任在肩
　　——广东省韩江流域管理局文明创建案例 …………………………… 147
"境—堂—戏"模式　奏响三全育人新篇章
　　——重庆水利电力职业技术学院推进水文化育人实践 …………… 151
多举措齐协力　共创文明大沽河
　　——青岛市大沽河管理服务中心文明单位创建案例 ……………… 157

第三篇　水之坚（滴水穿石·科技创新）

铸文明之师　强安澜力量
　　——长江水利委员会水文局长江中游水文水资源勘测局创建全国水利文明
　　　单位工作纪实 ………………………………………………………… 163
党建为核　"五维"共建　打造文明创建的"长江特色"
　　——长江科学院文明创建案例 ………………………………………… 167
梦在前方　路在脚下
　　——珠江水利委员会珠江水利科学研究院全体员工昂扬斗志，踔厉奋发，
　　　书写峥嵘岁月 ………………………………………………………… 172

目 录

文明实践风正劲　水利发展谱新篇
　　——泰州市水利局文明创建案例 ················· 177

文明花开之江畔　浙里水文奋楫笃行
　　——浙江省水文管理中心文明创建助推水文高质量发展 ········· 182

接力帮扶　同心共筑畲乡文明
　　——福建省水利厅履行社会责任、帮扶共建促发展案例 ········· 187

助力水利发展　党旗飘扬"志愿红"
　　——福建省水利规划院文明创建案例 ················ 192

抓好四个"融入"　推进文明单位创建
　　——湖北省水利水电科学研究院文明创建案例 ············ 196

靶向实践跑出文明创建"加速度"
　　——广西壮族自治区水利电力勘测设计研究院有限责任公司新时代文明
　　　实践工作案例 ························· 200

以精神文明建设助推"智慧水利"发展
　　——贵州省水利水电勘测设计研究院有限公司文明创建案例 ······ 205

吹响和谐号　沐浴文明风
　　——陕西水利水电工程集团有限公司文明创建案例 ·········· 211

把思想之舵　聚文明之力　结科技之果
　　——新疆水利水电科学研究院文明单位创建案例 ··········· 217

水利情怀铸精魂　文明花开谱新篇
　　——新疆额尔齐斯河投资开发(集团)有限公司文明创建案例 ····· 222

第四篇　水之清（生态文明·政治清明）

戍守八闽江河　薪火点亮使命
　　——福建省水文水资源勘测中心"保护母亲河、服务水生态"志愿服务项目
　　　创建案例 ··························· 227

共建生态文明　守护水库安澜
　　——河南省白龟山水库保护母亲河志愿服务 ············· 232

丹心护碧水　文明花满湖
　　——广西南宁市大王滩水库文明创建纪实 ·················· 236
呦呦鹿鸣　寨美河清
　　——广西鹿寨县水利局河长制工作提升水生态文明显实效 ········ 241
共建水利生态文明　助力乡村振兴
　　——海南省水利灌区管理局大广坝灌区管理分局文明创建与灌区管理深度
　　　融合 ··· 246
以生态文明建设助推精神文明建设
　　——青海省水利工程运行服务中心文明创建案例 ··············· 251
党建品牌领发展　水盈河清促鹭宁
　　——厦门市水资源与河务中心文明创建案例 ··················· 256

第五篇　水之德（上善若水·核心价值）

文明花开满庭芳
　　——中水北方勘测设计研究有限责任公司文明创建工作案例 ······ 262
凝聚幸福河的精神力量
　　——山东黄河河务局机关文明单位创建案例 ··················· 266
润心铸魂　赋能高质量发展
　　——黄河水利委员会中游水文水资源局文明单位创建案例 ······· 271
文明单位示范引领　助推文明城市创建
　　——海河水利委员会漳卫南运河管理局助力文明城市创建纪实 ··· 276
文明花开黑土地　人水和谐乐安居
　　——嫩江尼尔基水利水电有限责任公司文明单位创建案例 ······· 280
"一二三"大步走　文明按下"升级钮"
　　——北京市南水北调团城湖管理处为推动首都水务高质量发展提供强大
　　　精神力量 ··· 285
擦亮窗口树水务形象　深化创建促服务提升
　　——上海市水务局行政服务中心文明创建综述 ················· 290

目 录

维护大湖好生态　绘就文明新画卷
　　——江苏省洪泽湖水利工程管理处文明创建案例 ·················· 294

党建引领强根基　淮畔盛开文明花
　　——安徽省临淮岗洪水控制工程管理局党建引领文明创建 ·········· 299

扎根水利一线　孕育文明之花
　　——安徽省响洪甸水库管理处文明创建工作案例 ·················· 304

建好"水利·家"　凝聚"家"合力
　　——济南市水务服务中心文明创建案例 ·························· 309

"四大举措"同发力　细微之处显文明
　　——河南省白沙水库管理局精神文明创建案例 ···················· 315

仙岛湖畔风光好
　　——湖北省王英水库管理局精神文明创建案例 ···················· 320

"三心"融合育英才
　　——湖南水利水电职业技术学院文明创建案例 ···················· 325

党建引领强根基　三德三色促文明
　　——广州市水务科学研究所文明创建案例 ························ 330

党建引领新发展　文明花开生命线
　　——深圳市北部水源工程管理处精神文明建设实践与启示 ·········· 335

"12315"精神文明建设工作法　打造精神文明建设新高地
　　——新疆塔里木河流域干流管理局文明创建案例 ·················· 340

围绕中心抓创建　履职尽责促发展
　　——衡阳水文中心"三三制"文明创建实践 ························ 346

第一篇 水之源（源头活水·党建引领）

一片丹心化碧水

——南水北调中线水源有限责任公司文明单位工作纪实

【摘　要】南水北调中线水源有限责任公司（以下简称"水源公司"）成立于2004年8月，是水利部根据国务院南水北调工程建设委员会批复成立的中线水源工程项目法人，是南水北调中线水源工程建设和运行管理的主体。水源公司自成立18年以来，始终心怀"国之大者"，以"功成不必在我"的精神境界和"功成必定有我"的历史担当，履职尽责、不辱使命，切实保障南水北调中线水源工程安全、供水安全、水质安全，为全面建设社会主义现代化强国提供了有力保障，向党和人民交出了一份满意的答卷。

【关键词】不忘初心　党建引领　文明创建

一、主要背景

水源公司作为项目法人负责丹江口大坝加高、库区征地移民和运行管理专项三大单元工程的建设管理，在不影响水库大坝正常运行的情况下完成了全国规模最大、难度第一的大坝加高工程；在两年内完成了原定4年才能完成的34.5万移民搬迁安置任务。2014年12月中线工程正式通水后，水源公司又承担起工程运行管理维护和国有资产保值增值的重任。

截至2022年4月13日，中线工程通水7年多，累计为京、津、冀、豫4省（直辖市）提供生产、生活、生态用水468亿立方米，水质标准始终稳定在Ⅱ类及以上。干渠沿线20多座大中型城市60%以上的居民喝上了清洁水，受益人口超过8000万，中线工程为推动当地经济社会发展及生态环境改善发挥了不可或缺的作用。

在抓好供水主业的同时，水源公司以政治保障、思想武装、组织建设和文化活动为抓手，全力推进精神文明创建活动，在矗立工程丰碑的同时，矗立了一座精神文明的丰碑。2021年，南水北调中线一期丹江口大坝加高工程获评国家水土保持示范工程，工程管理部荣获长江委先进集体称号，水源公司办公室党支部荣获长江委先进基层党组织称号。

二、主要做法

（一）以强有力的政治保障为精神文明创建铸魂

1. 坚持把党的建设放在首位

自成立起，水源公司就始终坚持党的绝对领导不动摇，始终严守政治纪律和政治规矩，在思想上、政治上、行动上同以习近平同志为核心的党中央保持一致，不断提高政治判断力、政治领悟力和政治执行力。水源公司党委中心组坚持高质量的"三会一课"、民主生活会、组织生活会，严格请示报告等制度；将政治考核、作风考核、实绩考核作为干部提拔任用的重中之重，虚心征求各方意见，营造了风清气正的政治生态。

2. 扎实开展党史学习教育

水源公司成立党史学习教育指导组，制定学习教育实施方案，始终把党史学习教育作为贯穿全年的重大政治任务。水源公司领导带头集中学习党史，并列席旁听、指导各支部学习研讨活动。水源公司党委下发《组织党员赴红色教育基地开展党史学习教育的通知》，先后组织水源公司党员、团员青年赴洪湖、尧治河等地开展主题党日活动。在2021年疫情形势严峻的情况下，就近组织党员、团员到官山、堰河等地开展沉浸式红色教育，传承红色基因。

3. "办实事"项目成效显著

持续推进"我为群众办实事"实践活动，把为群众办实事、解难题作为检验党史学习教育成果的重要标准。联合淅川县河长办开展丹江口水库库区河南淅川消落区（面积为21.70万亩）和水域、岸线管理与保护试点工作，开展生态保护项目建设、涉库违规项目清理、涉水和生态保护政策法规宣传教育；开展丹江口水库170米蓄水线下房屋和人口核查，推动排查清理，保障水库蓄水时库周群众的生命财产安全；帮扶解决十堰郧阳区当地村民的农副产品销售问题，助力乡村

振兴等承担的2项委党组办实事项目和12项水源公司办实事项目全部按期完成。

（二）以硬而实的思想武装为精神文明创建强基

1. 强化理论武装

依照长江委学习型党组织建设的要求，水源公司党委每年制定理论学习中心组学习计划，聚焦不同主题，以集中研讨、专家辅导、中心组发言等形式，带领全体职工持续深入学习贯彻习近平新时代中国特色社会主义思想、"十六字"治水思路和习近平总书记在推进南水北调后续工程高质量发展座谈会上的重要讲话精神，学习贯彻《中华人民共和国水法》《中华人民共和国防洪法》《中华人民共和国长江保护法》，以及水利部、长江委的重要文件精神。强化对全体员工，尤其是青年的学习引领，通过团支部主题活动、专题团课、青年座谈会等形式带动广大青年职工积极参加政治理论学习。

2. 开展系列活动

2021年是中国共产党成立100周年，水源公司提前谋划，制定工作方案，组织开展相关系列宣传教育活动，主要包括组织全体党员收看庆祝中国共产党成立100周年大会直播，学习贯彻习近平总书记"七一"重要讲话精神，举行党史专题讲座、主题宣传展板展示等。水源公司开展"学党史、守初心、担使命"征文活动，在水源公司上下营造了共庆百年华诞、共创历史伟业的浓厚氛围。

3. 抓牢意识形态

坚持党对水源公司的绝对领导，严格落实主体责任，将意识形态教育纳入年度学习计划，在党风廉政责任清单和全面从严治党重点任务安排中，对意识形态工作提出具体要求；制定了水源公司党委落实意识形态工作责任分工、落实网络意识形态工作责任制实施细则等制度，从制度上筑牢意识形态的篱笆；水源公司领导到所在基层联系点做好调查研究，落实谈心谈话制度，及时了解各部门、支部工作情况，掌握干部职工思想动态，分析研判意识形态现状，对症下药进行教育疏导。

（三）以实而强的组织建设为精神文明创建固本

1. 加强基层组织

水源公司在各内设机构中规范设置7个党支部，以提升组织力为重点，推进支部建设标准化、规范化。水源公司中心组成员列席旁听、指导各支部党史学习教育，完善基层党组织"三会一课"及主题党日、民主评议党员等制度。2021年制定全面从严治党主体责任指导清单，层层压实党建廉建工作责任。

2. 加强队伍建设

结合水源公司中心工作，组织开展"创建模范机关，让党旗在工程验收工作中迎风飘扬"专项活动，在2021年秋汛期间充分发挥党支部战斗堡垒作用和党员先锋模范作用，引导全体党员干部主动担当作为；各支部创新方式方法，开展"主题党日＋现场学习""主题党日＋主题宣讲""主题党日＋四个一"等系列活动，推动党史学习教育学深悟透、做活干实。通过做好长江水利委员会（以下简称"长江委"）、水源公司两级"两优一先"评选表彰工作，进一步增强党员意识、彰显先进性，充分发挥党员的先锋模范作用。

3. 加强廉政建设

水源公司党委履行党风廉政建设主体责任，带头贯彻落实中央八项规定精神，领导班子成员严格落实"一岗双责"，严格执行党内监督制度，强化日常监督，盯紧重要关键节点，打好"预防针"。水源公司开展了多项自查自纠和监督检查，修订了廉政风险防控手册，梳理各类风险点160个，对新提拔干部进行廉政考试、廉政鉴定和任职廉政提醒谈话，建立干部廉政档案。2021年，水源公司以"强化清廉实干担当，聚力工程验收，夺取防疫防御双胜利"为主题，组织420人次参加党风廉政"宣传月"系列活动。从整治形式主义、官僚主义中梳理出的6个方面14项问题，全部落实整改。

（四）以鲜而活的文化活动为精神文明创建出彩

1. 创建有计划

成立了文明单位创建领导小组及办公室，制定印发水源公司《2021年文明单位创建工作计划》，优化创建机制，拓宽创建领域，丰富创建内涵，积极营造找差距、争先进的创建氛围，做好"长江委文明单位"申报准备工作。进行企业文化课题研究，提炼企业文化，以期凝聚人心，形成共识，促进水源公司全面发展。

2. 工作有特色

水源公司文明创建活动立足"青年"，牢牢把握共青团和青年工作特点，通

过形式多样的主题实践活动，教育引导青年职工听党话跟党走，拓展成长平台。立足"职工"，打造"健康水源"，开展了职工心理咨询和健康保健服务等活动；立足"实际"，增强节水意识，开展了节水宣传、生活用水水质检测、水资源节约保护知识讲座和新建管理用房节水设施建设等活动；立足"需求"，提供优质服务，开展了女职工"健康讲座"、太极拳培训班、青年职工亲子活动和读书活动；立足"绿色"，保障水质环境，开展了丹江口水库库区河南淅川县消落区和水域、岸线管理与保护试点，以及丹江口水库鱼类增殖放流等工作。

3. 活动有亮点

培育和践行社会主义核心价值观，以丰富多彩的文体活动为载体，持续宣传贯彻长江委精神，积极开展"世界水日""中国水周"节水宣传等志愿者服务活动，提升文明单位创建水平；组织道德讲堂4期，组织"最美水利人"事迹宣传，以主题党日、郑守仁同志事迹读书活动、宣传专栏等多种形式引导干部职工树立正确的价值观、事业观、单位观，汇聚正能量；开展"红色水源印初心"庆祝建党100周年支部工作展示活动；为挖掘好水源公司历史文化，讲好南水北调故事，组织编撰纪实报告文学《丹心寄北流》；以面貌建设和文化建设为重点，创建了独具特色的机关院落；组织开展"圆梦南水北调·奋进新时代"文艺作品征集和"丹心筑梦·清泉永续"图片展活动，配合中央电视台拍摄了南水北调公益广告；开展防暑降温和六一儿童节慰问，组织开展观影、徒步、档案整编技能大赛等活动，多角度提升文明创建成效。

一片丹心化碧水，千里水脉润北方。站在新的历史起点上，水源公司将坚持党的全面领导，全面落实中央和水利部党组、长江委党组关于全面从严治党的部署要求，持续深化精神文明建设，全力做好供水保障、水质监测、库区巡查、工程监测、信息化管理等工作，为治江兴委和水源公司高质量发展做出新的贡献。

凝心聚力抓创建　文明花开黄河畔

——德州黄河河务局全国文明单位创建案例

【摘　要】 德州黄河河务局始终坚持以习近平新时代中国特色社会主义思想和党的十九大精神为指引，锚定全国文明单位创建目标，突出党建引领，强化组织领导，丰富创建载体，坚持全员参与，深化创建融合，致力服务地方，干部职工思想觉悟、道德水准和文明素质不断提高，文明创建水平显著提升，成功创建第六届全国文明单位。

【关键词】 党建引领　文明创建　凝聚合力　服务地方

一、背景情况

近年来，德州黄河河务局认真贯彻落实习近平新时代中国特色社会主义思想和党的十九大精神，积极响应习近平总书记"让黄河成为造福人民的幸福河"的伟大号召，深入落实部委及省、市局党组工作部署，以培育和践行社会主义核心价值观为根本，按照"党建领航促发展，大河安澜惠德州"总体要求，以党建带文明创建，以文明创建促单位发展，各项工作获得佳绩，有力推动了德州黄河生态保护和高质量发展，助力了地方经济社会进步。连续26年保持省级文明单位称号，2020年11月被中央文明办授予第六届全国文明单位荣誉称号，2021年获评山东省五一劳动奖状、2016—2020年全国普法工作先进单位、全国水利行业技能人才培育突出贡献奖等，为德州黄河生态保护和高质量发展凝聚起强大合力。

二、主要做法

德州黄河河务局坚持"党建领航、价值引领、全员参与、为民惠民、注重实效、服务地方"的创建思路,通过"三个注重、三个坚持",聚焦"党建先行、价值引领、业绩领先、责任担当、创建示范"五大任务,突出行业特色,扎实开展文明单位创建。

(一)注重统筹谋划,凝聚创建共识

德州黄河河务局党组充分发挥领导核心作用,成立了以一把手任组长的精神文明工作领导小组,构建了"党组统一领导、文明办组织协调、机关部门各负其责、全体职工全员参与"的工作格局,为有序开展文明创建提供了坚实的组织保证。召开精神文明创建专题会、动员会、调度会,明确重点、分解任务、跟踪问效,及时解决存在的问题。创建过程中,坚持做到组织领导到位、责任落实到位、资金保障到位、宣传发动到位"四个到位",凝聚起全局干部职工的创建共识,形成了"全员重视、人人参与、全面开花"的创建局面。

(二)坚持党建先行,筑强创建堡垒

坚持以党建为统领,强党建促文明。把政治建设摆在首位,认真开展"不忘初心、牢记使命"主题教育、党史学习教育、"三对标、一规划"专项行动等,充分利用"三会一课"、青年理论组、机关大讲堂等多种形式,教育引导党员干部职工增强"四个意识"、坚定"四个自信"、做到"两个维护",不断筑牢思想根基。全力推进德州黄河水利基层党建示范区建设,精心打造"红心向党 河润德州"党建品牌;强化党建文化阵地建设,南坦"红心一号"党建文化基地、齐河黄河法治文化广场、"红心会客厅"被黄河水利委员会(以下简称"黄委")评为党员教育基地;积极创先争优,1个支部获评首批水利先锋党支部,9个支部获得省局、地方过硬党支部称号,20余名同志、3个党组织分获上级"两优一先"表彰,为文明创建奠定了坚实的组织基础;积极开展"作风建设年"活动,持续推进机关作风转变,营造了风清气正、干事创业的良好政治生态。

基层党组织战斗堡垒作用和党员先锋模范作用得到充分发挥。疫情期间,党员干部主动参与社区疫情防控,德州黄河河务局机关党委社区"双报到"执勤岗

被授予德州市直机关疫情防控党员先锋岗称号。防御2021年秋汛洪水期间，成立6个临时党支部，广大党员24小时坚守，让党旗在防汛一线高高飘扬，27个单位和集体获得上级表彰。

（三）注重塑风向上，丰富创建载体

积极培育和践行社会主义核心价值观，开设道德讲堂、黄河讲坛、青年讲堂等，统筹"线上+线下"，做足"硬件+软件"，丰富创新活动载体，多维发力推进文明创建。传承弘扬黄河精神和"红心一号"精神，编演"红心一号"舞台剧，再现老一辈治黄人的感人事迹；成立青年理论组和创新团队，持续激发青年的活力和创造力。坚持以文化人，涵养浓厚的文化氛围，购置4800余册图书，倾心打造开放式"书香机关"；提升改造党员活动室、机关文化墙、职工活动室等，搭建全方位文化阵地。围绕"我们的节日"开展系列主题活动，弘扬优秀传统文化；大力推进"三球三健一太极"等文体活动，举办春节联欢会、趣味运动会、太极拳展演等；围绕建党百年，开展红色经典诵读、文艺汇演等活动，赓续红色血脉；聚焦职工"急难愁盼"，扎实推进"我为群众办实事"落到实处，职工精神文化生活更加丰富，干部队伍作风更加过硬，职工获得感、幸福感显著提升。

（四）坚持全员参与，汇聚创建合力

德州黄河河务局积极动员全局干部职工参与文明创建，真正做到心往一处想、劲往一处使。140余名志愿者在山东志愿者网站登记注册，组建起一支有活力、有爱心、讲奉献的志愿服务团队。打造志愿者服务站和"志愿服务微窗口"，常态化开展社区"双报到"，为群众提供力所能及的便民服务；组织开展防汛、普法宣传、保护母亲河、文明交通等志愿服务，在履行好行业责任的同时，服务好居民群众，展现了河务部门的良好形象和黄河人的优秀品质，多次获得社区赠予的感谢锦旗。建立健全激励机制，实行志愿者积分制管理与星级志愿者评定，进一步激发志愿者的积极性和主动性，汇聚全局创建合力，团结一致奋勇前行。

（五）注重围绕中心，深化创建融合

德州黄河河务局党组坚持将精神文明建设与业务工作同研究、同部署、同检查、同考核，推动文明创建与治黄工作同频共振，互促共融。立足防汛主业，扎实备汛，夺取了新中国成立以来最严重秋汛洪水防御的全面胜利，保障了沿黄人

民群众生命财产安全。全力做好引黄供水，严格水资源管理调度，以有限的水资源服务保障地方经济社会高质量发展。积极开展普法依法治理工作，5年来共开展各类宣讲宣传300余场，获评全国"七五"普法依法治理先进单位。工程建设管理、安全生产、党风廉政建设、离退休等多项工作居系统先进行列，先后荣获全国水利安全生产先进集体、黄委经济工作先进集体、全河纪检监察系统先进集体、全河离退休先进集体、山东黄河引黄供水先进单位等称号；连年荣获山东黄河绩效考核先进单位、德州市服务地方发展先进单位等称号。

（六）坚持服务地方，见证创建担当

始终坚持精神文明创建"走出去+活起来"的工作思路，积极推进"河地融合"，把文明单位创建成效转化为服务社会、奉献社会的责任担当。积极与地方党委政府及有关部门建立良好工作关系，推动德州黄河高质量发展纳入地方发展规划，加快德州黄河景观提升及滨河大道项目建设步伐，为共同推进大保护、协同推进大治理奠定了坚实基础。助力德州文明城市创建，扎实开展"清四乱"专项整治；响应乡村振兴战略，支援美丽乡村建设，连续多年选派"第一书记"驻村帮扶，先后投资120余万元为帮扶村打井修路、改善村容村貌。加强与驻地社区共驻共建，定期走访慰问老党员和困难群众，开展"慈心一日捐"等活动，持续为美丽德州、和谐社会建设贡献黄河力量。

三、经验启示

（一）领导重视、健全机制是文明创建的重要保障

德州黄河河务局党组高度重视精神文明建设，将文明创建纳入单位绩效考核和机关党建重点工作任务清单，从领导班子到普通职工全员签订文明创建承诺书，上下联动、全员参与，为创建工作夯实了组织基础。建立健全创建机制，先后制定印发了《创建全国文明单位实施方案》《文明单位创建工作及责任分工》等制度办法5个，将文明创建任务细化量化到各部门，真正做到了"千斤重担人人挑、个个身上有指标"，在全局营造了一心谋创建、全员齐创建、合力抓创建的浓郁氛围，搭建起了顺利开展创建工作的平台。

（二）创新形式、培根铸魂是文明创建的重要路径

不断丰富活动载体和形式，综合运用道德讲堂、黄河讲坛、机关大讲堂等平台，开展"四德"教育，传播精神文明新风尚；利用机关文化墙、大屏幕、宣传栏等，润物无声、潜移默化地传递文明理念；注重用身边事感染身边人，开展"最美黄河人""道德模范""优秀志愿者"评选等活动，在全局营造崇尚先进、学习先进、争当先进的浓厚氛围，使广大干部职工在创建过程中接受文明教育、提升文明素质、激发创建能动性、凝聚创建正能量，收到事半功倍的效果。

（三）围绕中心、互促共融是文明创建的有力抓手

治黄工作和文明创建的出发点和落脚点都是黄河保护治理和高质量发展。抓住这个根本，文明创建才有生命力。要紧扣黄河流域生态保护和高质量发展上升为"国家战略"着力，高质量完成"规定动作"，结合单位实际创新"自选动作"，将文明创建贯穿于治黄工作的全过程和各方面，形成一批特色活动载体和品牌活动项目，有力推动"黄河战略"落地落实，实现文明创建与治黄工作互促共融，充分发挥文明创建的影响力，为建设造福人民的幸福河蓄势赋能。

（四）以创促建、持续发力是文明创建的长效保证

文明创建只有起点，没有终点。要坚持以创促建、持续发力，确保文明创建常态长效。每年年初对照全国文明单位创建要求和标准，制定单位文明创建责任清单，定期召开推进会，常态化开展理论宣教、志愿服务、文体活动等，把功夫下在平时、下在日常，将各项创建工作落细落小落实。引导广大干部职工以"功成不必在我"的境界和"功成必定有我"的担当，积极为单位文明创建贡献力量。

党建引领明方向　文明花开黄河口

——河口黄河河务局全国文明单位创建案例

【摘　要】 河口黄河河务局坚持"党建引领、文明助力、聚焦主业、走在前列"的工作思路，努力探索"党建+"工作模式，走出一条富有特色的文明创建之路，为治黄工作提供了坚实保障。

【关键词】 党建+　品牌　思想政治建设　治黄文化

一、背景情况

河口黄河河务局位于黄河尾闾、渤海之滨，是黄河左岸最下游的基层河务部门，管辖清水沟现行入海流路和刁口河备用入海流路，管理范围1350平方千米。

践行治河初心，聚力文明创建。河口黄河河务局在积极践行黄河生态流域生态保护和高质量发展重大国家战略的同时，坚持党建引领，大力弘扬中华优秀传统文化，持之以恒地培育和践行社会主义核心价值观，坚持不懈地开展文明创建活动，连续19年保持省级文明单位称号，先后获得第八届全国水利文明单位、2019年度全国水利系统先进集体、第六届全国文明单位、第一届水利先锋党支部等荣誉称号，为河口治黄发展提供坚强的思想保证、强大的精神动力和丰润的道德滋养。

二、主要做法

（一）健全"党建+文明创建"机制，落实创建目标

将精神文明建设工作列入重点工作内容，坚持把文明建设和党建、业务工作同研究、同部署、同落实、同考核。按照精神文明建设发展规划，制定年度精神

文明工作要点、精神文明建设实施方案、精神文明建设工作任务分解表，明确创建标准、目标方向、重点任务、具体措施、任务分工、时间节点等内容，进一步强化各部门创建责任，与党建工作紧密结合，统筹推进，杜绝文明单位创建和业务工作"两张皮"的问题。

（二）坚持"党建+理想信念教育"，引领创建方向

及时跟进学习习近平总书记关于治水工作的重要讲话和重要指示批示精神，对习近平总书记关于治水工作的重要论述精神进行再学习再领会、再贯彻再落实，班子成员带头讲党课、谈体会、作报告、写调研文章。精心组织了读书班、宣讲会、演讲征文、观看红色电影、参观革命纪念馆、党史知识竞赛等活动，深入开展中国特色社会主义、党史学习教育、新中国水利发展史、人民治黄史等学习宣传教育，进一步增强党员干部"四个意识"、坚定"四个自信"、做到"两个维护"。利用"灯塔——党建在线""学习强国"等学习平台推送自主学习内容，结合主题党日开展党员实践活动，以积分形式对党员落实情况进行量化考核，实现"学"在平常、"做"在日常、"抓"在经常。将党建工作作为退役军人思想政治建设的根本性建设，在党建水平提升中不断增强退役军人的思想政治素质，2022年被设为东营市退役军人思想政治工作联系点。

（三）推动"党建+先进典型示范"，凝聚创建力量

持续强化党建示范点建设，融入黄河口水利党建示范区和黄河水利党建示范带。机关党支部以创优"党组织活动日历"、创优党建文化阵地、创优"望闻问切诊"党建工作法"三个创优"为切入点，持续提升基层党组织的创造力、凝聚力和战斗力。

通过创新组织设置，围绕中心工作建强河口区防汛抢险行动支部。2021年防御秋汛期间，组建4个临时党小组、成立3支党员突击队、设置3个党员示范岗，克服重重困难，夺取了新中国成立以来防御最严重秋汛洪水的胜利。河口黄河河务局被山东河务局授予2021年防御秋汛洪水先进集体称号，孤岛管理段获评山东省2021年防汛抗洪表现突出先进集体，16人分别被黄委、山东省河务局、河口黄河管理局授予2021年防御秋汛洪水先进个人称号。刁口河生态补水期间，成立刁口河生态补水行动支部，8名党员不间断编组巡查，补水水头仅用81小

时即到达山东黄河三角洲国家级自然保护区（北区）。

积极参与上级部门和地方开展的"道德模范""最美人物""身边好人"等先进典型选树活动，2021年度1人获得黄委先进个人称号、1人获得山东省新时代岗位建功劳动竞赛标兵称号。

（四）深化"党建＋文明创建活动"，丰富创建内容

坚持"围绕治黄抓党建，抓好党建促发展"的工作思路，创建"黄河先锋 幸福河口"党建品牌。运用"望闻问切诊"党建工作法，以"德"为基锻造党员品格，从"严"入手实现考核量化，求"实"为本注重作用发挥，将先锋形象作为践行载体，聚焦全面从严治党，创优党建品牌，实现党建与业务工作、精神文明建设同频共振、互促并进。

将中国特色社会主义和中国梦宣讲教育、《新时代爱国主义教育实施纲要》、《新时代公民道德建设实施纲要》和社会主义核心价值观宣传教育与党建工作有机结合，积极组织开展道德讲堂、红色观影、诚信守法主题实践、"践行核心价值观，争做最美水利人"主题实践等活动，推动形成崇德向善、见贤思齐、奋勇争先的浓厚氛围；结合有为机关、模范机关、节约型机关等各项创建活动，全面落实精神文明建设各项工作任务。

（五）倡导"党建＋学雷锋志愿服务"，增强创建实效

发挥党员先锋模范作用，打造"大美黄河"志愿服务品牌。建立志愿服务常态化规范化运行机制，设立了河口区第一家机关志愿服务站，成立河口黄河河务局志愿服务队，下设5支专职志愿服务队伍，建立志愿服务激励回馈机制，确保志愿服务活动"有计划、有内容、有记录、有实效"。积极开展"大美黄河"志愿服务计划，凝聚向上向善正能量，开展"关爱山川河流""共筑青年林""黄河课堂"等特色志愿服务活动，累计参加志愿服务千余人次，义务植树2万余棵。9名职工获得东营市星级志愿者称号，志愿服务队获得河口区优秀志愿服务组织称号。

（六）推动"党建＋单位文化建设"，筑牢创建阵地

以党内政治文化建设为统领，以精神文明建设为牵引，以"黄河口"为主线，围绕水生态、水环境、水工程及河口入海流路的变迁史等，多管齐下，建成了集黄河入海流路文化、党建文化、法治文化于一体的机关室外文化阵地和"一厅两道四廊八室"室内文化阵地，达到培根铸魂的目的。编印、拍摄了系列水文化产品，编印《2021 战秋汛》宣传画册，拍摄《水利先锋 幸福河口》和《我和我的支部》宣传视频。先后被授予山东黄河廉政文化建设示范点、山东黄河文化建设示范点称号。

（七）创新"党建＋特色品牌建设"，提升创建水平

培育了"德润河口"文化主题品牌，在培育"黄河先锋 幸福河口"党建文化、"大美黄河"志愿服务子品牌的基础上，陆续打造了"悦读人生"学习型单位和"国学讲堂"传统文化子文化品牌，丰富了品牌内涵。成立河口黄河读书会，设置读书小组，制订学习计划，促进学习型单位建设；与河口区图书馆合作设立了河口黄河分馆，购置智能书柜，由河口区图书馆无偿提供书籍，定期更新；开展图书漂流、读书征文、"我学我讲新思想"主题宣讲等活动，营造了积极向上的学习氛围，先后建成山东黄河示范职工书屋 2 个。

设立了国学讲堂教室，以"写好字、读好书、做好人"为学堂宗旨，配设黄河记忆展示厅、国学书柜、讲堂、习字区等区域，为职工提供国学文化学习平台。开发传统理论、技能专长、社会实践等课程，吸纳职工国学爱好者与社会国学讲师组建孔子学堂讲师库，推选优秀职工加入中国孔子基金会志愿者行列，承担孔子学堂日常运转工作，目前已有 18 名职工通过中国孔子基金会认证。

三、经验启示

一是深化思想政治建设。学习党的创新理论是精神文明建设的永恒主题，要坚持以党的政治建设为统领，着力抓好"四强"党支部建设，以全面提高党的建设质量作为精神文明建设的主要载体，不断赋予黄河精神新的时代内涵。不断提升党员干部政治判断力、政治领悟力、政治执行力，为精神文明建设打下坚实基础。

二是坚持榜样模范引领。将社会主义核心价值观与水利职业道德建设、水利诚信体系建设等结合起来，大力开展社会主义核心价值观学习教育。广泛宣传第三届最美水利人，第八届山东省道德模范中的水利人、黄河人、"两优一先"先进典型，开展"四德"榜评选，选树身边的榜样模范，传播真善美、弘扬正能量。

三是激发职工参与热情。积极探索新形势下精神文明建设的新途径、新方法，开展多样化的志愿服务、公益宣传活动、文体活动，激发职工参与的积极性，提升干部职工的文明素质，创建群众性精神文明。

四是发掘弘扬治黄文化。积极推动对刁口河故道和神仙沟故道等黄河入海流路文化遗产的保护利用，配合当地政府对刁口河故道实施综合治理。促进水文化与水利工程相融合，提升治黄工程的文化内涵和文化品位，发掘整理治黄故事和黄河口民俗传说，厚植文化土壤。

党建引领促发展　文明花开幸福河

——黄河水利委员会三门峡库区水文水资源局文明单位创建案例

【摘　要】 黄河水利委员会三门峡库区水文水资源局（以下简称"黄委三门峡水文局"）持续深入学习贯彻习近平新时代中国特色社会主义思想，始终把政治建设摆在首位，以党建为引领，以"三个水文"建设为目标，以防汛抗旱测报为己任，主动服务流域和地方经济社会发展，锐意进取、改革创新，为幸福河建设提供坚实的支撑。大力培育和践行社会主义核心价值观，围绕中心，服务大局，创新载体，强化氛围，精神文明创建不断取得丰硕成果，为新阶段测区水文事业高质量发展提供了坚强的精神动力。

【关键词】 党建引领　兼容性　黄河文化

一、背景情况

黄委三门峡水文局隶属于水利部黄委水文局，是国家基础性公益事业单位。为黄河防汛抗旱、黄河保护治理和三门峡水库、小浪底水库调度运用等提供基础服务。管辖水文站27处、水位站13处、雨量站262处、水库河道冲淤测验断面61个、国家重点水质监测站26处、国家地下水监测井166眼、水生态监测断面6个。控制流域面积68.84万平方千米，占全黄河流域面积的92%。

近年来，黄委三门峡水文局强力推动文明创建工作，不断丰富和完善创建氛围，全局环境优美整洁，工作怡情舒心，干群团结和谐，文明风尚洋溢，各项工作不断取得新进步。自2006年以来，连续16年保持省级文明单位称号，2021年被表彰为第九届全国水利文明单位。

二、主要做法

（一）坚持党建引领，保持创建先进性

1. 发挥领导班子"牵引力"

成立精神文明建设指导委员会，建立黄委三门峡水文局党委统一领导、"一把手"负总责、分管领导亲自抓、职能部门具体抓的工作机制，形成协调一致、上下联动、人人参与的工作氛围。努力在"抓长"与"常抓"上下功夫，着力构建文明单位创建长效机制。做到党建引领与文明创建紧密结合、统筹推进。

2. 增强创建机制"推动力"

每年年初，提早谋划召开党建和精神文明建设专题工作会议，推动"党建+文明创建"机制落实落细。制定精神文明创建实施方案并细化责任，确保创建任务量化到岗、落实到人。同时，将文明单位创建纳入年度重点任务考核指标，以考核促创建。

3. 提升堡垒旗帜"凝聚力"

开展支部结对共建，以先进带后进，后进变"后劲"。成功创建水利先锋党支部1个、黄河先锋党支部3个、水文红旗党支部4个，有力促进了全局争先创优的氛围。

（二）强化理论教育，增强创建主动性

1. 筑牢思想之魂

始终把学习贯彻习近平新时代中国特色社会主义思想作为首要政治任务，通过支部主题党日、学习研讨、专题党课等方式，持续抓好习近平总书记关于治水工作重要论述，特别是"3·14""9·18""1·03""5·14""10·22"重要讲话精神的学习宣传和贯彻落实，不断补足精神之钙，保持昂扬斗志。

2. 巩固信仰之基

不断巩固"不忘初心、牢记使命"主题教育和党史学习教育成果。连续3年对黄委三门峡水文局党务工作者进行培训，累计培训120余人次。分3批对全局在职党员进行了轮训，强化党务干部和党员队伍素质建设。

3. 弘扬时代新风

把社会主义核心价值观融入单位建设和日常管理之中，通过观看主题微电影、参加文明实践活动等多种形式，做好贯穿结合融入。连年选树"身边好人""文明家庭"等先进典型，并进行宣传展示。扎实开展"六文明"系列活动，传播主流价值观，有效推动社会主义核心价值观融入职工生产生活中。

4. 践行文明行动

坚持"四德"主题教育。将职业道德融入日常，营造崇德向善的浓厚氛围。开展绿色生活方式宣传和文明礼仪教育，引导干部职工养成良好的行为习惯。建好用好单位网站、微博、微信公众号等新媒体平台，每年发布正能量评论、跟帖。持续深化诚信和法治教育，提升尊法学法守法用法的自觉性。

（三）积极履职尽责，拓展创建兼容性

1. 将文明单位创建与文明城市创建相融合

结合三门峡市文明城市创建，开展疫情防控、郑州"7·20"特大暴雨灾害等各类捐款累计13万余元。2018年以来，开展义务植树、保护母亲河等各类志愿活动50余次，参与近1000人次，服务时长8400多个小时，激发了干部职工的创建热情，更好地发挥文明单位的示范带动作用。

2. 将文明单位创建与结对帮扶相融合

先后承担三门峡市新兴村、贾庄村、侯家沟村文明单位结对帮扶职责，开展"爱心窗帘"安装、"大型宣传牌"制作、群众活动中心共建和全民义诊等共建活动近30次，帮助群众解决急难愁盼问题，受到当地群众好评。结对共建村赠送锦旗表示感谢。

3. 将文明单位创建与乡村振兴相融合

2016年以来，黄委三门峡水文局先后派遣帮扶责任人近70人、驻村工作队7人、第一书记1人承担卢氏县苗村定点扶贫工作，分批次入村帮扶近80次，投入并争取地方扶贫资金800余万元。开展送戏下乡、文化墙建设等文化活动和饮水工程、危房重建、水冲式公厕建设等民生项目，受到各级表彰10余次，于2020年帮助苗村170户676人全部脱贫。

（四）丰富活动形式，体现创建创新性

1. 用好新时代文明实践站

发挥好道德讲堂、文化讲堂、新时代文明实践站等平台作用，分别在黄委三门峡水文局机关、水文测站和3个帮扶村、2个结对社区开展习近平新时代中国特色社会主义思想、社会主义核心价值观、黄河文化等主题实践宣传活动近40期，不断丰富创新活动形式，形成"片区互学、区域联动"宣传方式，稳步提升社会文明程度。

2. 开展节水型单位建设

结合水利单位自身特点，利用行业优势，筹集资金，在升级设施、精准计量、科学诊断、质控型雨水回收利用系统等方面打造样板，不断提高水资源利用率和居民节水意识，为三门峡市节水型单位建设总结经验、做好表率。

3. 突出基层站宣传窗口

充分发挥龙门水文站"黄河爱国主义教育基地"作用，2018年以来，央视和地方多家主流媒体宣传报道龙门水文站，使更多的社会公众进一步关注黄河、关注黄河水文，产生了良好的社会影响。2020年以来，两次在潼关水文站组织开展"黄河水文公众开放日"活动，涵盖水利、教育等行业及政府机构的40余个单位走进水文站，了解黄河，了解水文。

（五）聚焦主责主业，巩固创建持续性

1. 同心协力打赢水文测报攻坚战

紧紧围绕防汛抗旱测报中心任务，积极发挥耳目和参谋作用。2021年9月，面对新中国成立以来最严重的秋汛大洪水，全局上下勠力同心、众志成城，出色完成黄河1号、3号编号洪水等测报任务，生动诠释了黄河水文精神。黄委三门峡水文局库区勘测局和6名干部职工受到黄委通令嘉奖，3地市相关部门发来感谢信。

2. 集中全力推动测报能力提升

实现27个水文站水位、降水、蒸发在线观测全覆盖。主动对接"十四五"水文发展目标，研究确定新技术应用示范站、前线指挥部、测报管理模式改革和测验方式优化等测报能力提升项目并抓好落实。建成龙门、潼关前线指挥部，实

现基本信息、测报信息查询，完善视频监视和视频会议系统。西峰测区新测报模式已批准实施，测区测报能力明显提升。

3. 持续发力加大科技创新力度

加强科技管理工作，指导帮助科研项目开展验收。24 项科研成果通过黄委"三新"认定，73 项成果分获黄委三门峡水文局科技进步奖和技术革新"浪花奖"，持续推动测站提档升级。

三、经验启示

（一）领导重视、健全机制是保障

保持创建高度，黄委三门峡水文局主要负责人负总责亲自抓，其他班子成员和职能部门各司其职分头抓，形成全局一盘棋、合力创建的工作格局。根据创建要求，及时调整领导小组，贯彻测评体系要求，明确分工，责任到人。

（二）凝心聚魂、全员参与是关键

保持创建广度，始终把培育和践行社会主义核心价值观作为主线。运用各类载体和媒介，做好宣传教育，提升干部职工的文明素质和遵纪守法的意识，展示良好的精神风貌。

（三）围绕中心、互融互通是抓手

保持创建深度，抓住服务水文测报这个根本，将文明创建与单位业务工作深入融合的同时，实现与黄河流域生态保护和高质量发展各项任务互融互通，相互促进。

（四）营造氛围、文化育人是目标

保持创建浓度，突出文化"润物细无声"的育人作用。在办公楼各层增设宣传版面，每层不同主题，各主题内容多样。办公院落建设以历史治水名人为主题的文化长廊，丰富和完善创建氛围。

厚植核心价值观　文明花开在引滦

——海河水利委员会引滦工程管理局文明创建工作案例

【摘　要】海河水利委员会引滦工程管理局（以下简称"引滦局"）党委始终坚持以习近平新时代中国特色社会主义思想为指导，认真学习贯彻党的十九大精神与习近平总书记关于治水重要论述和重要指示批示精神，不断创新方式，丰富内涵，坚持政治引领，不断完善文明创建机制，坚持以文化人，组织开展形式多样的文明创建活动，大力加强精神文明建设，工程管理水平稳步提升，引滦水资源得到高效利用，体制机制改革不断深化，全局经济实力稳步增长，为扎实推进引滦水利事业高质量发展提供了强有力的思想保证、精神动力和智力支持，全局干部职工的幸福感、归属感不断增强，干事创业的积极性稳步提升。连续多年保持国家一级水利工程管理单位、河北省文明单位称号，2021年被水利部授予第九届全国水利文明单位称号。

【关键词】政治引领　机制完善　多方联动　丰富多彩

一、背景情况

引滦局党委始终坚持以马克思列宁主义、毛泽东思想、邓小平理论、"三个代表"重要思想、科学发展观和习近平新时代中国特色社会主义思想为指导，认真学习贯彻党的十九大精神与习近平总书记关于治水重要论述和重要指示批示精神，不断创新方式，丰富内涵，大力加强精神文明建设，为扎实推进引滦水利事业高质量发展提供了强有力的思想保证、精神动力和智力支持。连续多年保持国家一级水利工程管理单位、河北省文明单位称号，2021年被水利部授予第九届全国水利文明单位称号。

二、主要做法

（一）政治引领思路清

一是强化理论武装，不断加强思想建设，发挥精神文明建设凝心聚力的作用。引滦局党委坚持落实和完善学习制度，采取集中与自学相结合等方式，建立经常化、制度化的学习机制，坚持把深入学习贯彻习近平新时代中国特色社会主义思想作为首要政治任务，学习宣传贯彻党的十九大和十九届历次全会精神，深刻领悟"两个确立"的决定性意义，进一步增强"四个意识"、坚定"四个自信"、做到"两个维护"。以庆祝中国共产党成立100周年为契机，深入开展群众性宣传教育活动，结合工作实际开展"不忘初心、牢记使命"以及党史学习教育。深入学习贯彻习近平总书记"节水优先、空间均衡、系统治理、两手发力"治水思路和关于治水重要论述和重要指示批示精神，积极践行和培育社会主义核心价值观，全面开展"三对标、一规划"专项行动。

二是大力加强基层党组织建设。认真落实"三会一课"制度，扎实推进支部标准化建设，逐年开展党员民主评议等工作，及时补充完善支部组织体系，建立党员志愿服务队，充分发挥基层党支部的战斗堡垒作用。

三是压紧压实全面从严治党主体责任，制定年度任务安排并逐项抓好落实，狠抓作风建设，深入整治形式主义、官僚主义，加固中央八项规定的精神堤坝，扎实抓好党风廉政建设，努力打造风清气正的政治生态。

四是坚持"党建+文明创建"工作思路，坚持以党建促文明，以党建引领发展，党员干部自觉坚持政治本色，自觉在思想上做文明创建的引领者，在行动上做绿色环保、文明健康的示范者，广大党员在供水发电、迎战滦河1号洪水、安全度汛和疫情防控等工作中较好地发挥了先锋模范作用。

（二）机制完善目标明

引滦局党委始终坚持把争创全国水利文明单位、争取向更高层次迈进作为文明创建的总体目标。经过多年的努力，逐步形成了局、处、科室、班组、职工个人五级文明创建工作体系，实现了文明创建活动横向到边、纵向到底全覆盖。一是以巩固和保持省级文明单位创建成果、争创全国水利文明单位为目标，积极参

与系统和地方组织的各类文明创建活动，连续多年保持河北省文明单位称号。二是局属各单位、各部门以争创局级文明单位（集体）为目标，每3年一个届期进行评选。三是科级单位要参加所在处级单位文明单位（集体）评选活动。四是基层班组开展和谐班组创建和优秀职工小家创建活动。五是全局职工实行文明职工动态管理，每季度以科室、班组为单位进行自查，并广泛开展各种形式的评优评先活动。

为了保证五级文明创建工作体系有效运转，引滦局党委先后制定了《引滦局精神文明建设责任制》《引滦局文明单位（集体）评审管理办法》《引滦局文明职工管理办法》《引滦局不文明行为告诫和文明职工自查制度实施办法》等一系列制度，坚持把精神文明建设纳入全局目标管理体系，使之与业务工作同谋划、同部署、同考核、同奖惩。对不文明现象、不文明行为及时查处，做到了五级文明创建工作体系有组织领导、有规划目标、有活动载体、有检查考核，形成了文明创建工作党委统一领导、党政共同负责、党政工团齐抓共管的工作体制和工作格局。

（三）形式多样活动多

一是通过局级文明单位复审、结对共建等一系列评选活动，推动文明创建活动向基层深入开展。印发了《开展倡导文明健康绿色环保生活方式活动工作方案的通知》，大力倡导文明健康、绿色环保的生活方式。

二是大力开展道德讲堂活动，不断提升道德修养。组织局属各单位党委、直属党支部开展道德讲堂主题宣讲、观看系列宣传片等专题活动，实现了局文明办统一指导，各单位党委、直属党支部分头组织；年度有计划，月月有活动，适时组织开展道德讲堂集中活动月、核心价值观学习宣传等形式多样的宣讲活动，实现了活动常态化。

三是印发了《关于进一步规范党员干部网络行为的通知》，设立网络文明传播小组、文明建设微信群，成立党员、青年志愿服务大队，在职工食堂等地摆放文明就餐、勤俭节约提示牌，在办公楼显眼位置设立善行功德榜，不断加强道德建设，大力弘扬社会主义核心价值观，使文明传播无处不在，文明种子遍撒全局，文明风气蔚然成风。

四是把《公民道德实施纲要》《引滦局职工文明公约》《岗位职业道德规范》《家庭道德规范》《天津市民文明公约》等内容收编成册，人手一本，把遵守职业道德、家庭美德作为每一位职工必须遵守的建设精神家园的行为准则。

五是选树典型，不断强化正面引领。每年评选表彰优秀党员、先进党支部和优秀党务工作者；积极参与部委选树"技术能手""最美水利人"等活动，挖掘不同层面干部职工的优秀品质，激发全局干部职工积极向上的工作热情。

六是充分利用传统节假日，大力开展爱国主义教育、中华民族优秀传统教育。每年学雷锋活动日、清明节、青年节、建党日等节点都组织党员、青年开展多种形式的活动，精心培育良好的行为习惯。

（四）以文化人方式新

印发《引滦局贯彻落实水利部〈水文化建设规划纲要〉实施意见》，对文化建设工作做出全面部署，并对重点工作任务进行逐级分解，开展别具特色的单位文化建设活动。

一是进一步完善文化阵地。克服资金紧张等困难，先后完善体育馆、游泳池、图书馆等活动场所，购买健身器材、图书等，为职工开展文化娱乐活动改善了条件。

二是努力打造文化精品。举办职工文化节始终是引滦局活跃职工文化生活的一个重要载体，已连续开展27年。文化节期间，露天电影放映周、文艺汇演、广场舞比赛精彩不断，健身徒步走，以及双升比赛、桥牌比赛、球类比赛形式多样，既激发职工团结奋进的斗志，又展现蓬勃向上的精神风貌。

三是举办丰富多彩的体育活动。逐年编制职工体育活动计划，实现了月月有比赛、有活动，极大地满足了职工业余文化生活的需求，增强了职工对单位的归属感和集体荣誉感，为职工提升竞技水平和展示才华搭建了平台。

四是开展适合青年特点的文化娱乐活动。成立了青年志愿者服务大队、青年理论学习小组。组织青年团员参观革命圣地，举办演讲比赛、主题读书活动，既增强了青年职工的团队意识、集体意识，又调动了青年职工积极参与、奋发上进的工作积极性。

（五）以人为本民心聚

引滦局党委结合主责主业，结合职工期盼，始终坚持文明创建依靠职工，文

明创建形式贴近职工，文明创建成果职工共享。

一方面，统筹谋划、周密组织、精准发力、狠抓落实，工程管理水平稳步提升，引滦水资源得到高效利用，体制机制改革不断深化，全局经济实力稳步增长，党的建设和精神文明建设扎实推进，不仅为实现引滦水利事业高质量发展目标奠定了坚实基础，也为津、唐地区经济社会可持续发展做出了积极贡献。

另一方面，为提升职工的获得感和幸福感，引滦局党委每年都投入资金进行基础设施和办公环境改造。特别是在党史学习教育期间，把职工吃、住、行等作为大事要事来抓。顺利实施潘家口、大黑汀辖区供暖工程，结束了潘家口、大黑汀辖区冬季长达 6 年无法供暖的历史，完成了 12 栋家属楼的水电改造和潘家口辖区重点区域环境整治工程，辖区美化亮化全面提升，完成了职工食堂扩建前期工作并顺利开工，落实了工作日早餐和职工周末正常休假，为广大职工扎根山区、安心工作排除了后顾之忧，进一步增强了全局干部职工的幸福感和归属感。

三、经验启示

（一）做好文明创建工作离不开政治统领

加强党的领导，全面从严治党，贯彻落实习近平总书记"节水优先、空间均衡、系统治理、两手发力"治水思路，坚持"党建＋文明创建"工作思路，为文明创建取得实效提供坚强的政治思想保障。

（二）做好文明创建工作离不开开拓创新

文明创建是长期工作，需要结合工作实际，不断地创新工作理念、模式、载体、内容，注重传统与现代相结合，不断提高全员参与的积极性，不断提升文明创建水平。

（三）做好文明创建工作离不开多方联动

文明创建是关系到每一位干部职工的大事，需要全局各单位、各部门整体发力，多方联动，齐抓共管，需要全局干部职工的共同参与。

党建发展新模式　助推文明创建新成效

——北京市水文总站党建业务深度融合，推动文明创建新发展

【摘　要】 北京市水文总站(以下简称"总站")党委在文明单位创建工作中，注重拓宽领域，充分发挥水文专业技术优势，以党委为核心，以党支部为组织力量，党员干部积极参与，组织开展形式多样的主题党日活动，通过党建工作引领推动业务工作，并用业务工作来检验党建工作成效，形成"党建引领业务"的联动工作机制，有效避免"两张皮"现象，切实做到围绕中心抓党建、抓好党建促业务，实现党建工作与业务工作深度融合、相互促进，推动党建工作创新发展。

【关键词】 党建引领业务　主题党日　融合联动　创新发展

一、背景情况

总站党委高度重视党建工作，认真做到党建工作和业务工作同部署、同考核。在党支部换届工作中，为进一步加强基层党组织建设，努力打造团结向上的先进集体，总站党委以"支部建在连上"为原则，以科室为单位重新进行划分，同时为提高各党支部自主创新的能力，充分发挥党建引领业务的作用，丰富党务工作形式，党委研究开展"一支部一品牌"创建工作，要求各党支部根据所辖业务科室的工作特点开展组织生活，把支部品牌作为考核硬指标。破解党建业务"两张皮"问题，推动党建工作与业务工作深度融合，是党建工作职责所在，也是检验党建工作成效的重要标尺，更是文明创建的根本落脚点。

二、主要做法

一是与提升政治素养相结合。深刻践行习近平总书记"十六字"治水思路，

在党史学习教育工作中，联合水利部水文司开展"以史为镜、以史明志、知史爱党、知史爱国"主题党日活动。党员干部参观永定河卢沟桥分洪枢纽，了解分洪枢纽工程的建设历史背景、工程作用和北京防汛形势。随后前往北京市南水北调大宁管理处，调研调蓄水库概况及泵站工作情况，听取南水北调工程面临的新形势、新任务，以及完整、准确、全面贯彻新发展理念的报告，针对"党建引领业务"进行深入探讨，交流经验。

为深入贯彻习近平总书记关于水旱灾害防御指示精神，预报党支部党员干部深知自己肩负着京畿洪水预警分析及信息发布、山洪及城市内涝预报预警的重要任务，为扎实做好年度山洪预报预警工作，预报党支部赴北京市水科院开展山洪预报预警工作交流主题党日活动，深入探讨山洪预报预警技术方案，细化山洪预警工作方案与工作流程，有效促进党员干部提高政治站位，提升风险防范意识，强化"四预"措施，做好对山洪预报预警工作整体的把控，为汛期做好山洪预报预警工作奠定基础，以实际行动迎接党的二十大胜利召开。

二是与提升专业技能相结合。为提升水文应急监测水平、保障副中心防汛安全，在实际工作中发现问题，找出差距，同时检验前一阶段学习研讨成果，总站党委联合北运河管理处党委在国家重要水文站通县水文站举行应急测洪演习，把主题党日开展在防汛前沿。作为"找差距，抓落实"环节的重要内容之一，两家单位认真总结演习中的做法和经验，分析问题产生的原因，开展整改工作，确保在关键时刻做到测得到、测得准、报得出、报得快，为全市水旱灾害防御工作提供准确可靠的水文数据支撑。

在潮白河北京境内22年来首次全线水流贯通，潮白河和北运河两大水系迎来历史性交汇之际，水文党支部、地下水党支部、实验室党支部、水生态党支部赴潮白河春季补水河段沿线开展主题党日活动。支部党员实地察看密云水库调节池泄洪闸、金沟地下水监测井等，观测地下水位变化；实地察看地表补水监测站点牛栏山橡胶坝、向阳闸的水流情势，了解地表水站点水位和流量测验设施布设、设备运行和数据监测等情况，并对紧邻潮白河河道的顺义大胡营地下水监测井的水位回升数据进行了校测和复核；总站技术专家详细讲解潮白河生态补水的作用、补水水量、流量、水头位置和水生态的影响，并进行了现场生态采样，同时实验室开展水质应急监测演练，对潮白河宁村新桥段水温、pH值、电导率、浊度、溶解氧、氯离子、化学需氧量、氨氮、总氮、总磷等10个项目进行现场监测，在切实感受补水对进一步改善潮白河流域水生态环境，实现多条河道同步恢复水流、地表和地下协同生态修复作用的同时，锻炼队伍精进技能。

三、经验启示

1. 强化党建引领，是推进党政融合发展的重要途径。总站党委坚持把规范支部主题党日活动作为加强和规范党内政治生活的重要抓手，对党日活动关键环节做出"硬约束"（即明确一个主题，要突出党性；明确一个方向，要结合业务工作；明确一个形式，要有突出特点）。持续坚持围绕中心抓党建，坚持党建和业务目标同向、部署同步、工作同力，通过业务技能攻坚，加强岗位练兵，充分发挥好基层党组织的战斗堡垒作用和党员的先锋模范作用，利用好"主题党日"这个抓手，把推动中心工作落到实处。

2. 开展各项活动，是破解"卡脖子"问题的重要抓手。通过组织一系列活动，党员干部的视野得到有效拓宽，为工作中遇到的一些"卡脖子"问题提供了新的解决思路，党政融合带动党员干部素质能力逐步提升，水文业务支撑服务首都水务能力不断加强。在应对强降雨一线水文监测的河流旁，在国家地下水监测工程监测井施工工地上，在灯火通明的防汛预报值班室里，在关乎居民安全的水质应急监测中，水文党员干部冲锋在前，勇于担当，无私奉献，树立了新时代水文人的良好形象，水文党员干部已经成为首都水文事业发展的中流砥柱。

3. 激活党员细胞，是党支部联系职工群众的重要纽带。党建工作与业务工作融合得好，党员的先锋模范作用在工作岗位上就发挥得好，党在职工群众中的威信就高，党的领导就更有号召力和感染力。下一步，总站将以更加扎实有效的行动推进文明创建工作，在新的历史时期彰显新时代北京水文人的新面貌、新风尚，为推动首都水务事业高质量发展提供强大的精神动力。

文明花开映水文　不负韶华谱新篇

——江苏省水文水资源勘测局常州分局文明创建案例

【摘　要】 水利事业的发展和进步，不仅需要物质文明、政治文明的推动，更需要精神文明的思想保证、精神动力和智力支持。本文回顾总结了江苏省水文水资源勘测局常州分局（以下简称"常州水文分局"）创建第九届全国水利文明单位的基本做法和成功经验，提出了进一步加强文明单位创建的对策与建议。

【关键词】 水利　文明单位　创建

一、背景情况

常州水文分局是江苏省水利厅直属事业单位，其主要职责是为地方防汛抗旱、水资源管理、河湖长制、水生态文明建设提供技术支撑。多年来，常州水文分局坚持以习近平新时代中国特色社会主义思想为指导，坚定不移践行水利改革发展总基调，不断丰富文明创建形式，通过常态化开展党建共建、优化服务、道德讲堂、志愿服务、扶贫帮困等活动深化文明创建，内强素质外塑形象，厚植爱岗敬业文化，凝聚干部职工干事创业的精神力量、文明源泉，在统筹推进水文工作与精神文明建设同步发展上取得了明显成效。常州水文分局先后荣获2016—2018年度常州市文明单位标兵、厅系统先进基层党组织、2019—2021年度江苏省文明单位等称号，2021年被评为第九届全国水利文明单位。厅系统首批支部书记工作室、分局水质科荣获2017—2018年度全国青年文明号称号，综合考核持续位于全省水文系统前列。

二、主要做法

（一）党建统领创建，夯实文明根基

建立健全"党建＋文明创建"机制，发挥党组织和党员在文明创建中的战斗堡垒作用和先锋模范作用，形成以党建带创建、以创建促党建的良好局面。坚持把"不忘初心、牢记使命"作为党员干部的终身课题，开展争创"服务高质量发展先锋行动队"活动，全面推进"六边形水文"党建品牌建设，推动党建与中心工作深度融合发展。严格落实"三会一课"制度，结合五个讲坛开展丰富多彩的主题党日活动。压紧压实全面从严治党责任，加强党风廉政、意识形态工作，把推进全面从严治党贯穿于常州水文发展的全过程。

（二）思想强化创建，筑牢文明之魂

以学习宣传贯彻习近平新时代中国特色社会主义思想为主线，以培育和践行社会主义核心价值观为抓手，以建设"书香机关"推动全民阅读活动为目标，用好"学习强国""江苏先锋""五个讲坛""青年学堂"等载体，紧紧依托常州三杰纪念馆和江南新四军纪念馆等红色教育基地，组织开展纪念改革开放40周年、庆祝中华人民共和国成立70周年等重大纪念活动，持续举办重温党章、重温入党誓词和过"政治生日"等政治仪式，牢牢抓住中华民族传统节日和重大节庆等时机，组织理论学习、主题党日、专题讲座和实境教育等活动近60场次，持续强化思想引领，加强政治建设，坚定理想信念，在学好党史、新中国史、改革开放史和社会主义发展史的"基础课"上下功夫，在坚守主阵地、唱响主旋律、传播正能量、把握意识形态工作领导权和话语权的"基本功"上下功夫，在增强"四个意识"、坚定"四个自信"、做到"两个维护"的"硬规矩"上下功夫。

（三）道德深化创建，浇灌文明之花

以学习贯彻《新时代公民道德建设实施纲要》为抓手，以"道德讲堂"为基本阵地，连续6年走进常州市道德讲堂总堂，每季度举办一次道德讲堂，宣讲水文人身边的感人事迹，在全局上下形成学先进、赶先进、当先进的良好风尚。围绕讲文明、有公德、守秩序、树新风，广泛开展文明交通、文明出行、文明旅游、文明餐桌等宣传教育，普及文明礼仪规范，引导干部职工自觉遵守社会交往、公

共场所中的文明规范。提倡科学精神，普及科学知识，抵制迷信和腐朽落后文化。开展社会诚信建设行动，把爱岗敬业、诚实守信、办事公道、热情服务和奉献社会纳入经常性思想教育。

（四）活动丰富创建，营造文明氛围

一是文化建设卓有成效。"单位和谐稳定，职工健康快乐"的水文文化理念深入人心。综合办公大楼宽敞明亮，党员之家、职工书屋、文体活动室、水文陈列室等文化场所一应俱全。积极开展"我们的节日""世界水日"等活动。依托"小水滴"志愿者服务队品牌，积极开展"关爱山川河流"系列活动，打造沙河水库水文站水情教育基地等，组织节水护水知识进校园、"生命之水"主题教育活动，累计为2000余名师生开展水情教育，已成为常州市较有影响力的水情教育宣教品牌之一。二是履行责任尽显担当。常态化开展学雷锋志愿服务，组织慈善一日捐、无偿献血、义务植树、《中华人民共和国水法》科普宣传等志愿服务活动。自筹资金近30万元，先后与2个省级经济薄弱村开展"城乡结对、文明共建"帮扶活动。积极参加疫情防控志愿服务，全体在职党员加入龙锦社区临时战"疫"党支部，为打赢疫情防控阻击战奉献常州水文的光和热。三是文明实践成果丰硕。积极参与创建文明城市联动共建活动，与新北区三井街道龙锦社区结对共建，"上下联动、整体推进"。利用主题党日时间，入户走访、集中宣讲和个别交流，深入社区开展新思想、新风尚、新理念宣传，开展卫生大扫除和文明劝导，推动社区保持清洁、健康、有序的生活环境；每年投入一定资金用于资助社区新时代文明实践中心建设，对社区贫困学生进行资金帮扶慰问。

（五）服务促进创建，增强文明内涵

近年来，常州水文分局坚持不懈抓精神文明建设，以德润心，以文化人，不断激发干部职工脚踏实地、干事创业的积极性，水文服务经济社会发展的支撑力不断增强。一是服务水旱灾害防御。在迎战2016年、2018年、2020年等特大暴雨洪水期间，全局干部职工恪尽职守，优质测报，精心预报，为防汛抗洪决策提供了有力支撑。二是服务水资源水生态。积极做好河湖长制及"三条红线"考核服务工作，不断强化水量与水质监测分析、河湖生态状况评估、突发水污染事故监测调查等工作，为最严格水资源管理提供技术支撑。三是服务太湖安全度夏。

2009 年以来，承担太湖湖西部分水域护水控藻监测、湖泛巡查和蓝藻打捞督查任务，全局党员干部职工迎风浪、顶酷暑、忍恶臭，多年如一日坚守巡湖，让党旗在巡湖一线高高飘扬，为太湖连续 13 年安全度夏、实现"两个确保"的治太目标做出了积极贡献。四是服务乡村振兴发展。近年来，常州水文分局实现了全省首个区县级基层水文服务体系全覆盖，打通了基层水文服务的"最后一公里"，实现了水文进城下乡的延伸，拓展了水文服务范围，促进了水文水利的融合发展，为全省推广基层水文服务体系建设树立了样板，提供了"金坛模式"。

三、经验启示

（一）构建常态化工作机制

文明创建只有进行时，没有完成时。成立精神文明建设领导小组及办公室，落实责任，不断完善党组织统一领导、党政齐抓共管、办公室组织协调、有关部门协同配合、单位上下积极参与的领导体制和工作机制，做到"组织、制度、活动、经费"四落实，坚持标准不降、要求不变、力度不松，持之以恒地推进常态长效创建。

（二）搭建为民服务连心桥

文明创建要在"新"和"实"两方面持续用力，整合调动阵地资源、文化资源和人才资源，突出本行业本单位的特色，探索打造出一些可复制、能推广的建设模式，让群众在文明实践中受到熏陶、文明素养得以提升，不断打通宣传、教育、关心、服务群众的"最后一公里"。

（三）助推单位高质量发展

始终坚持"融入中心、推动发展、服务民生"的工作理念，实现文明创建与中心工作双融合双促进。在各项文明单位创建过程中，突出转作风抓落实、转方式抓效能，深化创建成果，推进提档升级，为单位高质量发展汇聚强大的精神动力。

党建引领　做好水文化挖掘

——江苏省水利勘测设计研究院有限公司文明创建案例

【摘　要】党建强则发展强。江苏省水利勘测设计研究院有限公司（以下简称"公司"）党委秉持"抓党建促发展、以发展强党建"的创新理念，结合公司主营业务特点、专业技术特点、产品形成特点、人才使用特点和生产经营管理工作实际，以"三型三创"党建品牌创建为抓手，组织基层党支部和党员开展创先争优活动，进一步弘扬劳模精神、工匠精神，充分发挥其在公司发展中的政治核心、先锋引领和模范带头作用，有力地促进了企业健康稳定和谐发展。

【关键词】非公企业　"三型三创"　党建品牌创建　引领发展

一、背景情况

公司是一个有着65年发展历史，一直致力于为江苏水利现代化建设做出贡献的知识型、科技型现代企业。2004年改制以来，在中国水利职工思想政治工作研究会和江苏省水利厅党组、江苏省水利行业党委的正确领导和关心支持下，公司的经济发展、党建和精神文明建设都跃上了新的台阶。2018年提出了创建具有公司特色的"三型三创"党建工作品牌，即在党支部层面，争创学习型、敬业型、服务型的"三型"先进党组织；在党员个人层面，在创意、创作、创造的"三创"工作中，争创模范党员。

公司承担的扬州市瓜洲泵站工程、南水北调东线一期工程洪泽站工程、沂沭泗河洪水东调南下续建工程新沭河治理工程等荣获年度全国优秀水利水电工程勘测设计银质奖，淮河入江水道整治工程石港泵站更新改造工程、扬州市瓜洲泵站工程等荣获年度中国水利工程优质（大禹）奖，公司成功申报并获得70多项发明专利授权、实用新型专利授权、软件著作权授权。公司党委荣获江苏省水利厅先进基层党组织称号，公司获得并保持江苏省文明单位、全国水利文明单位、全国文明单位、高新技术企业等荣誉称号，多年来被江苏省水利厅誉为"改制不改质，转企不变色"的先进基层非公优秀企业。

二、主要做法

公司在实际创建过程中，坚持"一融入三符合"原则，即党建品牌创建要融入规划设计生产和经营管理全过程，创建工作要符合党建要求、符合时代精神、符合行业特点和工作实际。

1. "三型"工作

每个党支部特别是在职党员党支部，围绕公司5年发展规划目标、年度工作任务和党委工作要求，结合本支部特点和工作实际，深入学习习近平新时代中国特色社会主义思想、生态文明建设思想和习近平总书记一贯倡导与要求的劳模精神、劳动精神、工匠精神，牢固树立为江苏大水利服务的意识，充分发扬精益、专注、执着、奉献的敬业精神，全面争创"学习型、敬业型、服务型"先进党支部，为国家、为社会奉献优质工程、精品工程，进一步发挥党组织的战斗堡垒作用。

公司坚持系统观念，在水资源配置中充分考虑水资源时空分配的不均匀性，做到工程综合效益最大化；坚守客观规律，用事实和数据科学论证工程建设规模和总体布局；加强生态保护，决不逾越生态安全底线；勇于技术创新，突破传统水利工程设计的局限，将生态、景观、水文化需求融入规划设计中，提升南水北调东线后续工程项目的科技水平，打造"现代化、数字化、智慧化"业务团队。公司优秀共产党员、规划一处负责人程建华率领她的技术团队刻苦攻关、创新引领，将"南水北调江苏省后续工程水量配置及工程布局研究""南水北调东线二期工程对苏北地区水资源调配格局影响分析及苏北地区供水工程体系完善对策研究"等自主科研成果和"创意、创作"成果运用于工程规划中，为南水北调后续工程的工程规模论证和工程布局提供了重要技术支撑，获得了水利部、中国工程院、南水北调后续工程专家咨询委员会的肯定和赞誉。

2. "三创"工作

每一位共产党员都要作为一面旗帜,特别是在职党员,都要立足本职,充分发挥积极性、主动性、创造性,为生产经营管理身先士卒、率先垂范,同时带动身边员工,为公司、为部门(支部)、为项目(生产与管理),将"创意、创作、创造"思维理念对应到公司规划设计生产和经营管理工作的方案设计或可研、初步设计、施工设计"三阶段",创新设计、创新管理、创新服务,充分发挥灵感想象和创意,优化设计创作,匠心创造每一件产品,在每个阶段实现自我价值的同时,进一步树立为业主服务、为社会服务的理念,全面培育精品意识和劳模精神、工匠精神,充分发挥共产党员的先锋模范作用。

公司设计第一、第三党支部和建筑设计分公司业务团队为突出瓜洲在扬州历史上的文化地位,在满足水利功能的同时,采用新技术和新型结构形式,优选站址方案,减少拆迁,节省工程投资,助力大运河文化带建设;针对泵型和流道特点,优化工程设计,解决引河临江口门淤积问题;应用差压测流法,精准测算排水时间,高效治理内涝;融合唐式建筑风格,与运河、长江交相辉映,充分凸显扬州历史文化内涵等,做到了生态理念、文化挖掘、环境设计与水文化的完美结合。公司优秀共产党员、设计第三党支部书记、建筑设计分公司负责人王科亮带领项目设计团队,从施工图设计到项目建设施工配合全过程,坚持以"水韵扬城"为核心"创意",充分挖掘瓜洲周边长江及运河文化的积淀加以"创作",从"保护、传承、利用"的角度出发,以古渡、长江和水利三方面的水文化为主题,加强与古渡、长江及水利文化带的融合,通过场地空间布局及景观细节营造与"创造",将千年古渡的风采重现于世人面前,彰显了瓜洲片区的水文化特征,成为扬州的亮丽名片,获得了水利部和省市领导、专家的一致好评。

3. 全员参与实现"双强六好"目标

公司党委还通过党建带动工建、团建,组织开展"工人先锋号"和重点工程劳动竞赛,组织开展"青年文明号"建功立业等各层次、全方位、立体化的创建活动,最终带动全体员工全力做好产品设计与技术服务。同时,优化调整创建内容和形式,深化党建品牌创建意识,做到党建与生产经营互促共进,党建与业务工作深度融合,全力服务于水资源、水环境、水生态、水文化等生态文明建设,积极争创一流工程、精品工程。公司党委每年组织创先争优评比,对在党建品牌创建工作中做得比较好的党组织和党员,分别进行表彰和鼓励,并在一定范围内推广学习,进一步发挥基层党组织、党员的先锋引领和模范带动作用,实现党建强、发展强和生产经营好、企业文化好、劳动关系好、党组织班子好、党员队伍好、社会评价好的"双强六好"非公企业党建发展目标。

公司"沉浸式"开展党建工作,积极建设先进企业文化,通过"三型三创"党建品牌创建并全面融入生产经营管理,提升了公司党建工作水平,增强了基层党组织的凝聚力、组织力和战斗力,打造了一大批精品经典工程,提振了全体员工干事创业的精气神,促进了公司高质量发展,助力实现企业发展规划目标愿景,做到三个文明建设齐抓共赢,为加快推进水利现代化、全力服务"强富美高"新江苏提供坚强的技术支撑,努力打造新时代新型水利勘测设计企业。

握紧文明创建抓手 助推调水事业高质量发展

——山东省调水工程运行维护中心文明创建工作纪实

【摘　要】 山东省调水工程运行维护中心（以下简称"省调水中心"）强化政治引领和组织保障，立足调水实际，狠抓文明创建，健全完善精神文明创建长效机制，不断加强思想道德建设，坚持以"管好工程送好水"为宗旨，以"调水为民，服务发展"为己任，攻坚克难，奋勇争先，苦干实干，交出了一份推动调水事业高质量发展的优异成绩单。

【关键词】 政治引领　选树典型　文明创建

一、背景情况

近年来，省调水中心在水利部文明办的指导下，坚持以习近平新时代中国特色社会主义思想为指导，以践行社会主义核心价值观为根本，以广泛开展群众性精神文明创建活动为载体，以创建全国文明单位和推动调水事业高质量发展为目标，健全完善精神文明创建长效机制，不断加强思想道德建设，深入开展文明创建工作，实现了物质文明、政治文明、精神文明、社会文明、生态文明同步推进和协调发展。省调水中心自 2006 年以来一直保持省级文明单位称号，自 1997 年以来一直保持全省水利系统文明单位称号，2021 年被表彰为第九届全国水利文明单位。全系统 20 个单位被表彰为各级文明单位，其中省级 18 个，市级 2 个。

二、主要做法

（一）强化政治引领，抓好党的建设

全面落实主体责任。省调水中心党委年初专题研究党建工作计划，结合实际制定工作要点、督查办法、责任清单等，自觉压紧压实主体责任，推动全面从严治党不断深化。深入落实"第一议题"制度，召开党委会议32次，研究"三重一大"工作议题118项。省调水中心党委领导班子认真落实双重组织生活制度，分别在所在支部及联系点开展党课宣讲16人次，撰写党建专题调研报告10篇。

不断深化理论武装。省调水中心党委理论学习中心组发挥领学促学作用，积极拓展学习载体和形式，力求知行合一。2021年，中心组集体学习15次，交流发言56人次。加强青年教育引导，建立班子成员与青年学习联系机制，开展青年读书活动6次，通过带领促学、联合研学，提升年轻干部的理论修养。

扎实开展党史学习教育。推动党史学习教育与省调水中心2021年制度完善、改革创新、提质增效重点工作有机融合，召开专题会议30余次；突出为民办事，梳理3层次26条"我为群众办实事"问题并全部完成；组织专题辅导5次，立足调水工作实际，开展"学党史、明初心、解难题、见实效"大讨论活动；在调水官网官微开设党史专栏，发稿近200篇，国家级、省级媒体报道相关活动近30篇。

广泛选树先进典型。2021年，省调水中心1名同志被表彰为省直机关优秀党务工作者，13名同志被表彰为厅直机关优秀共产党员，3名同志被表彰为厅直机关优秀党务工作者，1名同志被表彰为山东省水利厅青年理论学习标兵，2个支部获得山东省水利厅直属机关先进基层党组织称号。省调水中心在全系统优选16份党课课件，组织开展"我来讲党课"评选活动，其中1件获山东省水利厅"我来讲党课"优秀课件评选活动一等奖。省调水中心在全系统开展"党员岗位建功"活动，结合工作实际，成立党员先锋队48个，创建党员先锋岗140个、责任区117个。省调水中心挂牌6个创新工作室，推动技术创新、岗位创新，发挥专业人才示范引领和骨干带头作用。自2012年以来，省调水中心累计选派第一书记、扶贫工作队员、"万名干部下基层"乡村振兴服务队员共24人，加强农村基层党组织建设，为山东省打赢脱贫攻坚战、打造乡村振兴齐鲁样板添砖加瓦。

（二）推进党建工作，强化组织保障

扎实推进模范机关建设。以调水运行保障、重点工程建设、工程规范管理、维修养护、安全生产主责主业为依托，以全面从严治党、干部队伍建设、财务保障、作风建设为保障，突出"六个融合"，做好结合文章，细化责任清单，形成24个工作项目70条推进举措。扎实开展"走在前列、全面开创、我在行动"主题活动，以上率下发挥省调水中心的模范带头作用，以实际成效推动各项工作全面进步、争创一流。

持续深化党支部标准化建设。强化头雁效应，落实党员领导干部双重组织生活制度，提高"三会一课"、主题党日活动等组织生活质量，持续深化党支部标准化建设，抓好党支部评星定级管理。省调水中心8个党支部中含6个过硬支部，2021年开展"三会一课"148次，主题党日活动216次。

不断加强党员干部队伍教育培训。制定印发党员教育培训实施意见，2021年分层次组织党员干部赴胶东（烟台）、沂蒙、井冈山党性教育基地开展3次主题教育培训，实现了传统教育与学习贯彻习近平新时代中国特色社会主义思想的有机结合。

（三）立足调水实际，狠抓文明创建

夯实文明建设基础。省调水中心党委对精神文明建设高度重视，把精神文明建设工作纳入整体工作布局，摆上重要议事日程，做到精神文明建设和业务工作同研究、同部署、同推动、同检查、同考核。省调水中心主要领导挂帅精神文明建设领导小组组长，分管领导任副组长，成立创建全国文明单位领导小组和工作专班，制定印发了《2021—2023年精神文明建设工作规划》，编制完成2021年度全国水利文明单位创建工作方案和任务清单，召开创建全国文明单位动员大会和推进会议，做到长远规划与近期目标结合，推动文明创建有条不紊地开展。

广泛开展群众性文明创建活动。精心筹办调水系统"风华百年路 奋进新征程"文艺汇演，全景展现调水人携手奋进新时代的坚强决心；各基层党组织开展70余次形式多样、内容丰富的主题党日、健身运动、红歌比赛活动，全面打造调水品牌。2019年，省调水中心举办"不忘初心使命 我与祖国同行"文艺汇演，庆祝中华人民共和国成立70周年暨引黄济青工程建成通水30周年。2021年，省调水中心举办"参与全民健身 共享健康生活"春游健步走活动。2022年，省调水中心举办春季职工运动会，共70余名职工参加比赛。省调水中心自2019年起组织干部职工参与无偿献血活动，用血液凝聚爱心，为公益事业贡献力量。

积极开展志愿服务活动。在山东志愿服务网注册志愿团队的基础上，成立党员志愿者服务队，因地制宜地开展各类党员志愿者活动。积极开展"护航开学季，安全进校园""讲文明、树新风、清明祭英烈""关爱山川河流 保护水源地我行动"等志愿服务和"我为群众办实事"实践活动10余次。深入"双报到"共建单位开展疫情防控、节水宣讲等志愿活动20余次，扎实地为居民办实事、解难题。2020年，省调水中心成功举办水利部组织的"关爱山川河流 保护母亲河"山东省分会场活动，得到了各级领导的充分肯定。

积极发挥群团组织作用。加大推进党建带工建、党建带群团的工作力度。选举产生第六届工会委员会委员、经费审查委员会委员、女职工委员会委员，推动党工组织同心合力、同频共振、同向发力。2020年春节前夕，省调水中心组织全体人员在职工餐厅一起动手包饺子、送祝福，表达迎祥纳福的美好愿望。省调水中心开展"巾帼心向党·建功新时代"等活动，纪念"三八"妇女节。省调水中心开展传承好家风、好家训活动，倡导注重家庭、注重家教、注重家风，开展文明家庭创建，加强孝敬教育，促进家庭和睦。省调水中心组织开展"践行核心价值观·争做最美调水人"主题实践活动，8名同志被评选为首届最美调水人，1名同志被山东省水利厅评选为最美水利人。

文明创建成果丰硕。引黄济青工程入选水利部第三届水工程与水文化有机融合案例；省调水中心工会被全省农林水牧气象系统评为职工信赖的职工之家；积极参与省直文明单位第11协作区举办的文体活动并获优秀组织奖；在省委省直机关工委组织的"红歌大家唱"全省红歌接力赛中荣获最佳表现奖；省调水中心1名同志被表彰为全省农林水牧气象系统优秀工会工作者。2021年，省调水中心"以党建为引领 提升工会凝聚力职工向心力"项目被全省农林水牧气象系统评为"党建带工建、工建促党建"优秀案例。2020年，省调水中心职工书屋、省调水中心2名职工分别被全省农林水牧气象系统评为优秀职工书屋、工匠人物和身边的爱岗敬业榜样。

三、创建成效与展望

通过推进文明单位创建活动,干部的政治素质不断提高,精神面貌不断振奋,大局意识不断增强,有力地促进了山东调水工作的稳定发展。干部职工坚持以"管好工程送好水"为宗旨,以"调水为民,服务发展"为己任,攻坚克难,奋勇争先,苦干实干,交出了一份推动调水事业高质量发展的优异成绩单。

省调水中心将继续按照"严真细实快"的工作要求,进一步引导干部职工担当作为、狠抓落实,积极践行"节水优先、空间均衡、系统治理、两手发力"的治水方针,全面推进工作提升、任务落地,为胶东地区乃至全省高质量发展、实现走在前列的目标提供安全可靠的水资源支撑保障。

绿水青山扮齐鲁　文明花开映水文
——山东省水文中心文明创建案例

【摘　要】近年来，山东省水文中心（以下简称"省中心"）坚持以习近平新时代中国特色社会主义思想为指导，全面贯彻落实党的十九大和十九届历次全会精神，巩固深化"不忘初心、牢记使命"主题教育成果，扎实开展党史学习教育，以创建第六届全国文明单位为抓手，深入开展群众性精神文明创建活动，不断提升干部职工的思想觉悟、道德水准、文明素养，党的建设和文明创建工作取得显著成效，推动山东水文事业高质量发展取得新突破。省中心机关成功创建为第六届全国文明单位，16个市水文中心实现省部级以上文明单位全覆盖；省中心党委多次被授予山东省省直机关先进基层党组织称号；省中心先后获得模范机关建设工作表现突出集体、第二十届山东省职工职业道德建设先进单位等荣誉称号。

【关键词】文明创建　引领　水文事业　高质量发展

一、背景情况

省中心成立于1956年，为山东省水利厅直属的副厅级社会公益一类事业单位，内设10个职能部门，下设16个市水文中心。省中心始终把文明创建工作作为重点工程，以党的政治建设为统领，全面贯彻新时代党的建设总要求，聚焦政治建设、能力提升、基层基础、改革创新、文化驱动、作风建设，大力实施示范工程、品牌工程、创新工程、联动工程、融合工程，以党建带创建、以创建促党建，围绕水利中心工作，服务经济社会发展，健全完善"党建+文明创建"机制，专题研究部署，强化统筹推进，坚持精神文明建设与党的建设、水文业务同谋划、同部署、同推进、同考核，狠抓工作落实，创建成效显著。自1992年连续30年

保持山东省省级文明单位称号,自1998年连续24年保持全国水利系统文明单位称号,2005年被授予首届全国文明单位称号,2020年被授予第六届全国文明单位称号。全省16个市水文中心实现省部级文明单位全覆盖,其中2个市水文中心获全国水利文明单位和山东省省级文明单位双文明单位荣誉。

二、主要做法

(一)党建统领,凝心聚力筑牢根基

2018年以来,全省水文系统扎实开展"不忘初心、牢记使命"主题教育、党史学习教育,持续巩固拓展党的群众路线教育实践活动、"三严三实"专题教育和"两学一做"学习教育成果,全系统形成风清气正、干事创业的良好的政治生态,为精神文明建设提供了坚强的政治保证。

一是压实责任,不断加强全面从严治党能力。深入学习习近平新时代中国特色社会主义思想,不断提高政治判断力、政治领悟力、政治执行力,增强"四个意识"、坚定"四个自信"、做到"两个维护",坚决捍卫"两个确立"。制定印发《关于落实全面从严治党主体责任的意见》《党的工作要点》等,细化分工、明确责任,上下联动、狠抓落实,推动全面从严治党走深走实。

二是强化教育,不断提升干部队伍素质。强化干部职工教育培训,举办党务纪检干部培训班、青年干部培训班、水文大讲堂、应知应会知识测试、勘测技能大赛等活动50余次,有效提高了干部队伍的思想政治素质和专业技术素养。

三是统筹兼顾,不断夯实基层组织基础。着力抓好模范机关建设、党支部标准化建设、精神文明建设"三建统筹",发挥党建工作的政治引领、融合促进、组织保障、凝心聚力作用,全面理顺16个市水文中心党组织归口市直机关工委管理,加强了基层组织建设基础,机关10个党支部全部达到标准支部及以上等次。

(二)文化驱动,行业品牌独树一帜

着力打造"齐鲁水文·慧水惠民"行业品牌,培育特色文化,增强行业自信,有效提升了水文行业的影响力和知名度。

一是大力倡导,文明示范树新风。积极培育和践行社会主义核心价值观,深化中国特色社会主义和中国梦宣传教育。举办习近平新时代中国特色社会主义思

想专题讲座、形势政策教育、道德宣讲、"新时代·中国梦"百姓宣讲选拔赛、新中国成立70周年文艺汇演、"读红色经典·做忠诚传人"经典诵读比赛、建党百年水文成就展等活动；开展"最美水文人""五个文明"评选，营造了崇德向善、文明向上的良好风尚。

二是精心打造，文化建设培沃土。坚持把先进水文文化融入精神文明建设全过程，制定水文文化建设规划纲要，构建精神文化、品牌文化、标识文化、制度文化、科研文化等五大文化体系。注重把水文文化和工程建设相结合，建成楼宇文化、长廊文化、站点文化等一批具有山东水文特色的文化品牌。投入450多万元，独具匠心设计建成500平方米集水文科普、水文业务、党的建设和精神文明建设于一体的现代化水文展厅，现已成为传承水利精神和开展水情教育的基地，进一步扩大了文明创建的辐射力和影响力。

三是倾情投入，履行责任做贡献。充分发挥文明单位的示范带动作用，与莱芜区下水河村开展城乡文明牵手共建示范行动，投入20万元，建设村文化长廊和村民休闲风景区，整治双龙水库，联合举办文艺汇演，开展关爱儿童、孤寡老人等系列活动，城乡精神文明共建成效显著，获得了各级领导的充分肯定和广大村民的交口称赞。持续加大第一书记、加强农村基层党组织建设工作队、四进工作组援派干部工作力度，深入开展"双联共建"工作，为全省脱贫攻坚和打造乡村振兴齐鲁样板贡献了水文智慧和力量。与"双报到"社区成立"阳光服务在行动"志愿者联盟，签订"我为群众办实事"共建项目协议，开展助力"双创"、疫情防控、节水宣传等志愿服务活动。

四是积极主动，协作交流促提升。自2018年起，连续3年担任省直机关第八文明协作区秘书长单位，积极为协作区成员单位搭建交流平台，在济南、青岛等市组织召开文明创建工作交流会，开展水文文化建设观摩、乒乓球比赛，参观改革开放成就展、黄河文化馆等活动，有效推进精神文明建设互促共进、共同提升。

（三）服务大局，改革创新成效显著

坚持"构建五大体系，打造现代水文"发展思路，实施"三个转变"，创新进取、实干笃行，改革发展成果丰硕。

一是防汛测报取得新胜利。面对近年来山东"降雨总量多、洪水过程多、超

警河湖数量多、持续时间长、影响范围广"的复杂严峻的防汛形势,特别是在迎战强降雨、台风"温比亚""利奇马""烟花"、漳卫河洪水和2021年秋汛过程中,坚持上下联动、加强会商研判,准确预报预警,为夺取洪涝灾害防御重大胜利提供了坚实的水文支撑,获得了各级领导和有关部门的充分肯定,海委、淮委、黄委、北部战区和河北省均发来感谢信。多个集体(部门)和个人获得全国、省、市党和政府表彰表扬。

二是规划建设顺利推进。小清河防洪综合治理水文设施工程、重点水利工程水文设施建设工程按时完成任务,水情信息服务系统投入试运行。大江大河水文监测系统及水资源监测能力工程、国家地下水监测工程(水利部分)监测系统运行维护项目通过竣工验收。国家基本水文测站提档升级、水质实验室、水文业务系统等6个重点项目纳入国家水文"十四五"规划;19类项目纳入全国水文现代化建设规划和山东省"十四五"水利发展规划;大汶河流域水文监测预警提升工程纳入山东省黄河流域生态保护和高质量发展水利专项规划;一批水文设施项目纳入山东省现代水网建设规划。

三是行业管理不断完善。省、市水文中心机构职能编制获得批复,计量检定中心获批公益二类独立法人单位。县级水文中心建设管理不断加强,60余个县级政府出台水文政策,36个县级水文中心达到标准化建设标准。规范和加强购买社会化服务项目管理。建立健全安全生产责任体系,扎实推进双重预防体系建设。出台加强水文网络安全管理和水文信息化建设与管理两个办法,初步构建起省、市、县三级水文网络安全防护体系,行业管理不断健全完善。

四是服务能力持续提升。用水统计调查、地下水自动监测站精细化管理、水土保持监测、河湖水质监测评价等多项工作走在全国前列。全省17处水环境监测中心全部通过资质认定复查评审,具备了93项地下水水质和12项常用水生生物监测指标全覆盖的监测能力,东营获批黄河三角洲水文生态市级重点实验室,积极服务河湖长制工作。水土保持监测设施设备计量工作得到水利部认可并向全国推广,省级水土流失动态监测工作进度和成果质量位居全国前列。

三、经验启示

精神文明建设是一项常态化、长期性、综合性工程,党委必须高度重视,强化领导;部门单位要统一思想、提高认识,狠抓工作落实;干部职工要形成思想自觉、行动自觉,营造人人参与、人人有责、人人尽责的浓厚氛围。

一是加强领导,完善工作机制。强化组织领导,健全完善党委统一领导、党政群团齐抓共管、职能部门各负其责、全体职工积极参与的体制机制。成立由党委书记任主任的精神文明建设指导委员会,多次召开创建工作动员会、推进会、调度会,确保创建工作的坚强领导和健全完善的工作机制,有效推进工作落实。

二是统筹兼顾,强化融合推进。坚持精神文明建设、模范机关建设、党支部标准化建设"三建统筹",深入推进党建和水文业务深度融合,建设"五个一"工程,开展"齐鲁水文·慧水惠民"行业品牌和"一支部一品牌"建设,打造齐鲁水文响亮品牌,以高质量党建统领精神文明建设和水文业务实现高质量发展。

三是压实责任,提高创建质效。文明创建工作贵在坚持,关键在落实责任。要对标对表文明单位测评体系、考核细则,制定创建工作规划、年度工作方案,细化责任分工,明确标准要求,压实工作责任,及时安排部署、调度督导,形成创建工作闭环,推动工作落地见效。

水利系统文明单位创建优秀案例2

坚持党建引领 打造文明品牌

——湖北省水文水资源中心文明创建纪实

【摘　要】 近年来，湖北省水文水资源中心（以下简称"省水文中心"）坚持党建引领，做到"五个强化"，创新共建平台、打造文明品牌，文明创建工作有温度、有深度、有力度，为推动湖北水文高质量发展提供了强大的思想保证和精神动力。省水文中心连续获评两届省直机关文明单位、两届全国水利文明单位，省水文中心及所属襄阳市水文局、黄冈市水文局和十堰市水文局均获得湖北省文明单位荣誉称号，2021年，省水文中心被武汉市武昌区评为2019—2020年度区级最佳文明单位。截至目前，省水文中心垂直管理17个直属单位，有3家省级文明单位、13家市级文明单位，为水文改革发展打造文化底蕴、增添文明底色。

【关键词】 党建引领　文明品牌　"五个强化"

一、背景情况

省水文中心是经中央编办批准、在原湖北省水文水资源局等基础上组建、由湖北省水利厅管理的副厅级事业单位（机关干部参照公务员法管理）。省水文中心下设17个市（州、直管市、林区）水文水资源勘测局、1个省水文水资源应急监测中心，均为公益一类事业单位。全省水文系统现有在职职工1013人、离退休职工666人，现有党支部56个、党员787名，其中省水文中心党委直接管理的党支部15个、党员184名。全省各类水文监测站点5983个。近年来，省水文中心紧紧围绕水利和经济社会发展需求，着眼于水旱灾害防御、实施最严格水资源管理、落实河湖长制等重点工作，形成以水文站网建设与管理为根本、水文水资源信息采集为基础、网络信息技术为支撑的现代水文服务体系。为提升职工文明素质和幸福指数，围绕中心，服务大局，传播正能量，引领新风尚，围绕创建工作新体系、新要求、新任务深入实践，丰富单位高质量发展的"精神家园"和"精神力量"，为湖北水文事业高质量发展擎起强大的精神支柱。

二、主要做法

（一）强化组织建设，健全长效机制，彰显文明创建地位

一是建立领导工作机制。把精神文明创建工作列为党委"一把手"工程，主要领导亲自抓、分管领导具体抓、文明办总协调、各部门抓落实，建立健全责任体系，确保精神文明建设任务落到实处。强化精神文明创建工作，做到三年有规划、年度有计划、季度有安排，定期召开文创工作会议，细化任务、明确分工、落实责任，充分发动群众积极开展文明创建活动，不断夯实创建基础。创建工作干部职工的知晓率、参与率达到100%，满意率95%以上。

二是健全创建创新机制。利用"两网四平台""智慧党建"系统，推进精神文明建设制度化、规范化、常态化。创新"互联网+文明创建"活动，形成齐抓共管、上下联动、广泛参与的文明创建的强大气场。

三是完善考核保障机制。把精神文明建设工作与湖北水文发展规划和阶段性中心工作同部署、同安排、同落实、同检查、同考核，将文明创建工作纳入对全系统各基层单位、机关处室年度目标责任考核。将文明创建经费纳入预算，逐年加大投入力度，做到预算充足、支付及时、保障有力。2019年以来，先后投入经费200多万元，确保精神文明建设经费保障有力。

（二）强化思想建设，引领道德风尚，夯实文明创建根基

一是突出政治引领。坚持以政治建设为统领，深刻认识精神文明建设的新形势、新要求，以习近平总书记关于社会主义精神文明建设的重要论述统领工作，聚焦主题主线，紧盯主责主业，教育引导全省水文系统各级党组织和广大干部职工在真信笃行上求实效，坚定不移把"两个确立"真正转化为做到"两个维护"的思想自觉、政治自觉、行动自觉，转化为加快推动湖北水文高质量发展的奋进力量，为精神文明建设把关定向、铸魂强基。

二是筑牢思想根基。深入学习习近平新时代中国特色社会主义思想,落实"思想引领、学习在先"机制,深化巩固主题教育成果。认真抓好政治理论学习、理想信念教育、思想道德教育、革命传统教育、诚信法治教育和党风廉政教育等,提高干部职工的理论素养、业务能力和精神境界。强化主体责任,扎实开展党史学习教育,积极开展"我为群众办实事"活动,132件服务清单如期完成,不断推进党史学习教育入脑入心、走深走实、见行见效。学习教育各类主题活动在新华网、"学习强国"平台、荆楚网、水利文明网、省直机关党建网和湖北水利网等网站多次登载,充分展示荆楚水文人永远听党话、跟党走,建功新时代的良好精神风貌,为文明创建营造浓厚的氛围。

三是培育道德风尚。强化社会主义核心价值观宣传教育,通过开展党委理论学习中心组学习、主题党日、家风故事会、道德大讲堂等活动,统筹推进道德实践、诚信建设、志愿服务和文明传播,讲文明树新风的理念深入人心,在全省水文系统营造风清气正、团结共事、文明和谐的良好氛围。

(三)强化品牌建设,突出典型示范,积聚文明创建能量

一是坚持党建引领。坚持党建引领、党旗领航、党员领跑,创新"党建+社建"的文明创建模式,促进党务、党建、党风深度融合。党建引领筑牢社区堡垒主阵地,湖北水文依托"学习强国"平台、"智慧党建"系统,打造系统覆盖、社区共享的理论学习平台,召开"大党建"联席会议,开展主题党日活动,讲授专题党课,打造党建联盟,促进社区治理添动力、增活力、展魅力。党旗领航鏖战社区战疫主战场,疫情期间,省水文中心党委以党员干部为主力军、以社区战疫为主战场、以属地防控为主阵地,组建扶贫尖刀班、战疫突击队、党员工作组、蔬菜团购群、干部楼栋长等多个战斗集体服务防疫工作,坚决打赢社区防控阻击战。党员领跑打造社区服务主心骨,湖北水文坚持条块结合、属地管理的组织原则,推行"街道吹哨、部门报到,社区吹哨、党员报到"工作机制,推动"党建+社建"互联互动,确保下沉社区常态化、长效化、制度化。

二是突出典型引领。弘扬主旋律,传播正能量。湖北水文系统大力推进文明测站、文明机关、文明家庭、文明职工等四个文明培育创建活动。广泛开展"学习英雄张富清、坚守初心担使命"、学习长江之子郑守仁和时代楷模余元君等活动,深入挖掘不畏牺牲、冲锋在前、勇挑重担、无私奉献的水文人典型,选树全国水利先进工作者侯名学、全国水利技能大奖伍勇、全国水利技术能手陈攀,湖北省技能大师李吉涛,先进基层党员杨协坤、胡海洋、胡胤繁、晏志伟等一大批身边典型。

三是突出活动引领。强化精神文明创建,积极参加全国文明城市创建。联合社区开展共驻共建共治共享活动,为单位所在社区免费安装自动雨量站、配发消防设施。大力开展"我为精准扶贫办实事"活动,11个直属单位对口支援18个贫困村,26名干部职工长期驻村包保356户1045人的脱贫攻坚任务;创造性地开展"水文之最"寻访活动,深入挖掘新时代"最美水文人"。积极参加"送温暖、献爱心""慈善一日捐""金秋助学"、走访慰问社区困难党员群众等活动,体现社会责任担当,丰富文明创建载体。

(四)强化平台建设,打造文化品牌,丰富文明创建内涵

一是搭建文化平台。大力打造水文文化、廉政文化、安全文化等文化品牌。开辟机关图书室、职工书屋,建设文化阵地。开展"书香三八 智慧启航""书香战疫 致敬英雄"等主题活动,编撰《湖北水文》期刊和《湖北水文文苑》系列丛书,完成《湖北省第三次全国水资源调查评价报告》《湖北省水功能区划修编报告》等技术成果,讲好水文故事,增强水文人的自豪感和归属感。

二是擦亮文化品牌。编撰《星火燎原》《榜样风采》《党员日记》《感动心语》《红心向党》等文学作品,为文化建设搭建平台,为文明创建提供舞台。通过持续建设,逐步建立起"一网一微一刊一文苑"的宣传体系,依托省水文中心门户网站、"湖北水文"微信公众号、《湖北水文》期刊,以及《湖北水文文苑》等宣传媒介,加大精神文明建设的宣传力度。在中国网、湖北省政府网、《人民日报》App、《中国水利报》、"水利文明"微信公众号、《湖北日报》、《湖北机关党建》、《湖北画报》等平台上留下了湖北水文的印记。集全系统之力拍摄的《我和我的祖国》快闪视频、《峰顶浪尖党旗红》庆祝建党100周年视频、《栉风沐雨犹未悔 把脉江河斗志昂》湖北水文宣传片、《坚守一线无怨无悔 服务防汛任劳任怨》等先进事迹宣传片被"学习强国"登载,扩大了湖北水文的知名度和影响力。

三是丰富文化生活。以健康为责任、以健身为任务，成立"水文之花"舞蹈队，聘请专业教练指导，在厅第九届篮球赛上引爆篮球魅力，掀起健身高潮。崇尚健美、参与健身、追求健康、主动健身、科学健身、全民健身，每天锻炼一小时、健康工作每一天、幸福生活一辈子，蔚然成风、成为时尚、形成共识。开展读书征文演讲、红歌大联唱、庆祝建党100周年文艺汇演，组织篮球、羽毛球、乒乓球三大年度循环赛，获省直机关第五届乒乓球比赛单打冠军、厅第六届羽毛球比赛3个冠亚军。同时，还积极组织开展春秋游、青年读书交流和"庆建党百年、筑青春梦想"青年干部职工团队拓展等活动，用多姿多彩的文体活动丰富干部职工的业余生活，凝聚强大的精神力量，展现水文人的良好形象。

（五）强化改革发展，树立优良作风，彰显文明创建价值

一是支撑防汛救灾成效突出。作为防汛抗洪的"耳目"和"参谋"，湖北水文形成专班监测、专业研判、专家把脉的防汛救灾应急机制。2016年迎战类似1998年大洪水时，成功预报8条主要中小河流水位超保证、7条超历史，在牛山湖破垸分洪等关键时刻为省防指领导指挥决策提供了科学依据，被省委、省政府授予2016年防汛抗洪先进集体荣誉称号。2020年湖北省梅雨期累计雨量637毫米，列历史第二位，水文系统共接收全省水情信息3000多万条，发布简报、快报、预报等244期，打造了超前、精准、高效的水文监测预警预报体系。2021年，湖北省遭遇23轮强降雨，汉江发生罕见秋汛，省水文中心以及时、精准的水情预报为汉江下游的错峰调度赢得了宝贵先机，全系统2个集体、5名个人被表彰为湖北省防汛救灾先进集体和先进个人。时任省委书记应勇等多位省部级领导到省水文中心检查指导，对水文工作给予了充分肯定。

二是服务重点工作业绩突出。在全面推行河湖长制、实行最严格水资源管理、生态文明建设等方面，发挥水文专业优势，积极主动作为。每年协助厅完成省"三条红线"中用水总量水功能区达标率等考核指标的核定工作，参与完成国家对省、省对市州、市州对县区的最严格水资源管理制度考核工作。深入推进水文监测业务改革、广泛应用新技术、新设备，扎实开展"百站大检查"和"花园示范站"建设，连续4年在部水文司测验质量专项检查中获评优秀。

三是推动改革作用突出。省水文中心党委不断强化管党治党政治责任、落实全面从严治党主体责任，持之以恒落实中央八项规定精神，锲而不舍整治形式主义和官僚主义，不断加强执纪监督问责，服从服务全省水文改革发展大局。2017—2019 年省水文中心党委完成对全系统 17 家直属基层单位政治巡察，实现 3 年政治巡察全覆盖；2020 年采取明察暗访、专项整治等方式深入纠正形式主义、官僚主义问题；2021 年接受厅党组的政治巡察，积极推进整改落实。研究制定清廉机关和清廉文化建设具体实施方案，召开全省水文系统警示教育和清廉机关建设工作推进会，围绕"创清廉机关 树新风正气"主题开展党风廉政宣传教育月活动，把清廉机关建设落实到水文各项工作之中，推动清廉机关建设落地落实，营造清正、清廉、清明的政治生态。

三、经验启示

一是必须加强组织领导，细化措施、落实责任。始终把精神文明建设与中心任务、业务工作同部署、同安排、同落实、同检查、同考核。在巩固原有成果的基础上，高标准规划、高水平策划，进一步深化创建理念、延伸创建内容、创新创建举措、强化创建保障，全面提高文明单位创建水平。

二是必须强化创建意识，夯实基础、形成合力。文明单位创建，硬件是基础，思想是关键。必须强化干部职工的创建意识，夯实思想基础。全体职工深刻认识创建文明单位的重要意义、方法步骤，把思想统一到创建工作的各项要求上来，努力形成人人关心创建、人人支持创建、人人参与创建的氛围。

三是必须创新有效形式，丰富载体、增强实效。不断提高创建水平，丰富创建载体，打造文明创建品牌，加强水文化建设，以文化认同、价值引领规范行为、鼓舞士气，在全系统构建起有特色、有温度的"同心圆"，调动干部职工参与文明建设的积极性，增强文明建设的实效。

今后，省水文中心将在上级有关部门的坚强领导下，以习近平新时代中国特色社会主义思想和党的十九大精神为引领，按照文明创建的新标准、新模式、新体系，立足新起点、担当新使命、展现新作为，再提高度、再升温度、再加力度，精心培育打造"拿得出、叫得响、立得住"的文明品牌，让精神文明建设成果助推湖北水文改革发展。

党建引领文明花开

——陕西省泾惠渠灌溉中心事迹材料

【摘　要】 陕西省泾惠渠灌溉中心（以下简称"中心"）以构建"文明、富裕、和谐、美丽"灌区为目标，创新载体，深化内涵，提升水平，为灌区发展提供了坚强的思想保证、强大的精神动力、丰润的道德文化滋养。

【关键词】 党建引领　道德建设　厚德泾惠

一、背景情况

中心成立于1934年1月，是陕西省水利厅直属的公益二类事业单位，承担辖区内水利工程的管理运行、防洪排涝、抗旱灌溉、碱渍化治理、生态保护、水资源开发利用等职能。泾惠渠灌区位于关中平原中部，是一个从泾河自流引水的大（2）型灌区，是秦郑国渠之后第六代引泾工程，由我国近代水利科学家李仪祉主持修建并于1932年6月20日建成通水，是我国第一个运用现代科学技术兴建的大型灌溉工程。灌溉区域涉及西安、咸阳、渭南3市6县（区），设施灌溉面积146.5万亩，是陕西省重要的粮食生产基地，有关中"白菜心"之称。中心相继获评全国水利系统文明单位、全国五一劳动奖状、最具时代精神魅力灌区、全国厂务公开先进单位等，2016年郑国渠入选《世界灌溉工程遗产名录》，2020年11月中心被授予第六届全国文明单位称号。

二、主要做法

（一）坚定党的领导核心地位

一是抓思想建设。中心党委始终坚持把学习贯彻习近平新时代中国特色社会主义思想作为首要政治任务贯穿于文明单位创建全过程，制定学习方案。充分发挥党委理论学习中心组示范引领作用，每年组织学习研讨12次。坚持领导干部带头讲党课，着力抓好基层党支部思想政治建设，以支部"三会一课"为平台，组织党员干部开展党建业务线上培训，综合运用研讨交流、集中学习、党员谈体会等多种形式，不断检验学习成效。持续深化创建模范机关活动，指导各党支部总结创建工作经验，严格落实"三会一课"、组织生活会等基本制度，每月开展"有主题、有主讲、有讨论、有收获"的主题党日活动。党员领导干部严格落实双重组织生活制度，切实增强党内政治生活的政治性、时代性、原则性、战斗性。做好意识形态工作，制定党委意识形态正面、负面清单，加强对网上敏感热点舆情和负面有害信息的调控管控，管好守住网站、讲座、微信平台等各类意识形态阵地。

二是抓组织创建。以落实基层党建工作任务为抓手，开展党支部标准化、规范化建设，编发工作手册，指导基层党组织开展工作。深化星级党支部创建活动，基层各党支部结合岗位职责，把党员履职尽责、发挥作用、遵规守纪等方面的情况全部纳入党员管理积分制中，实现党员日常管理的精细化、规范化，在党员中树立先进典型，以点带面，不断巩固和提升星级支部创建水平。常态化开展"党旗在基层一线高高飘扬""我为群众办实事"实践活动，用心用情用力解决好干部职工及群众的急难愁盼问题。

三是抓作风建设。坚持以纪律作风建设为保障，以党的政治建设为统领，强化对权力运行的制约和监督，一体推进不敢腐、不能腐、不想腐，为推进灌区改革发展提供坚强的政治保证。制定《加强党风廉政建设工作方案》《关于中央巡视反馈意见整改工作台账》等，推动主体责任落地见效。健全和完善廉政风险防控机制，印发《廉政风险防控手册》，强化日常监督执纪，引导党员干部守纪律、讲规矩、走正道、扬正气。

（二）强化思想道德教育

中心坚持以培育和践行社会主义核心价值观为主线，以思想道德建设为重点，大力加强理论武装，持续深化群众性精神文明创建，着力培育文明新风。

一是推动理想信念教育常态化制度化。深入学习贯彻习近平总书记关于培育

和践行社会主义核心价值观重要论述，把社会主义核心价值观学习教育列入党委、支部理论学习计划。深入学习贯彻《新时代爱国主义教育实施纲要》《新时代公民道德建设实施纲要》，加强中国特色社会主义和中国梦宣传教育，持续开展"践行核心价值观　争做最美水利人"主题实践活动。

二是学习宣传培育选树先进典型。组织印发《陕西省泾惠渠灌溉中心关于学习宣传和培育推选全国道德模范、陕西省道德模范、中国好人、陕西好人等重大先进典型的方案》，开展中心"厚德泾惠　尚德崇礼"主题实践活动表彰和宣传活动，培育选树了一批可见可亲、可信可学的道德模范、最美班组等先进典型，在中心形成尚德崇礼、崇德向善、见贤思齐的浓厚氛围。

三是推进行业职业道德建设和诚信建设。以职业建设为重点，加强干部职工社会公德、职业道德、家庭美德、个人品德教育，形成修身律己、崇德向善、礼让宽容的道德风尚，切实用社会主义核心价值观引领思潮、凝聚共识。

（三）塑造泾惠文明新形象

一是以灌区标准化规范化建设为契机，把社会主义核心价值观要求融入单位规章制度、融入职工日常工作生活，使之成为干部职工自觉的道德规范和行为准则，不定期利用办公楼电子屏滚动播放"图说我们的价值观"等公益广告视频。组织党员干部职工观看爱国主义影片《1921》《长津湖》等，深化爱国主义教育，进一步增强"四个自信"。

二是积极推选陕西省第七届道德模范、陕西好人、最美水利人等。在中心举办"树先进模范　展时代风采""好人惠风拂泾惠"等3期先进人物事迹展，发挥20余名先进典型的精神引领和榜样带动作用。

三是培育文明风尚行动，制定中心《关于开展倡导文明健康绿色环保生活方式活动工作方案》，把文明健康、绿色环保的生活方式融入文明单位、文明家庭创建之中。开展"反对浪费　崇尚节俭"文明行动，发出"创文明单位　做文明职工"号召，与中心524名干部职工签订文明行为规范承诺书。以"关爱生命，文明出行"为主题，向单位全体干部职工发出号召，参与文明交通出行活动，组织20余名志愿者走向街头，向来往群众发放宣传文明礼仪、交通规则等安全知识资料300余份，积极引导行人文明过马路，对行人不文明行为进行劝导。

四是办好道德讲堂,引导广大干部群众启迪心智,明辨是非,弘扬真善美。在中心机关建成了1处道德讲堂,学习道德模范,弘扬道德力量,办好道德讲堂。相继开设了6期主题道德讲堂,参与职工达300余人,通过对身边先进模范事迹的学习,提升了干部职工对讲道德、尊道德、守道德生活的向往程度。

五是深入挖掘传统节日的文化内涵,努力营造健康向上的节日文化氛围,制定"我们的节日"系列主题活动计划,结合职工需求、节日特点和场地实际,认真筹划部署。按期举办"迎新年 送春联""浓情端午粽飘香 不忘初心念党恩""迎重阳、学党史、讲三忆"等主题活动,引导广大干部职工树立正确的节日观,营造良好的文明过节、健康过节、绿色过节的浓厚氛围。

六是深入推进水利志愿服务,在全国志愿服务平台"志愿云"完成中心志愿服务队注册工作。结合"我为群众办实事"主题实践活动,每年制定志愿服务计划,组织中心青年志愿者开展"履行植树义务 建设美丽灌区""爱心助考 圆梦青春""预防溺水 守护生命""助农抢收暖民心 为民服务我当先"等志愿活动30余次。结合"世界水日""中国水周"主题宣传活动,制定《中华人民共和国水法》及水资源宣传专项志愿服务项目,不断推动志愿服务制度化常态化,使"我为人人 人人为我"蔚然成风。

七是深入开展群众性文体活动。中心组织筹建羽毛球、篮球、摄影、书法、绘画、瑜伽、舞蹈等各类兴趣协会,鼓励和支持职工开展文化体育活动。围绕建党百年等主题,举办职工书画摄影展、主题演讲比赛、知识竞赛等活动,参加省总工会庆祝建党100周年系列活动,展示书画作品、主题征文、海报等70余件。参加在陕西省水利厅举办的"奋斗百年路 启航新征程"迎接建党100周年演讲比赛。举办"弘扬仪祉精神 讲好郑国渠故事"宣讲活动,深入挖掘引泾历史文化底蕴和内涵,进一步展示泾惠渠灌区的良好形象。

三、经验启示

一是加强党的领导。中心党委及基层各支部坚持物质文明和精神文明"两手抓、两手都要硬"的战略方针,切实承担起精神文明建设政治责任、领导责任,把精神文明建设摆上重要位置,统筹抓好精神文明建设各项工作。严格落实创建

经费保障，根据年度工作计划将精神文明建设所需经费纳入部门预算，为精神文明工作提供必要的资金保障。

二是形成工作合力。推动文明单位创建工作要坚持以人为本，要依靠群众，联系群众，活动的开展要符合干部职工所想所盼所愿，要能调动干部职工参与的积极性、主动性和创造性，自上而下形成人人参与文明单位创建工作的合力。

三是坚持守正创新。要在实践中坚持好、完善好精神文明建设工作格局，善于创造干部职工便于参与、乐于参与的载体平台，在守正创新中提升精神文明建设工作实效。

"五度"音域,唱响文明之歌主旋律

——宁波市河道管理中心文明创建案例

【摘　要】 宁波市河道管理中心(以下简称"河道中心")为宁波市水利局所属事业单位,2019年4月由原市三江河道管理局与市城区内河管理处整合成立。河道中心管辖范围为全市所有河道、湖泊,河道总长超过1万千米。一直以来,河道中心坚持以党建为引领、以文明单位创建为抓手,统筹推进工程建设、河道管理、生态治理、文化提升等各项工作,实现文明创建与业务管理同频共振,打响"幸福河网·文明共创"品牌。唱响文明创建主旋律,河道中心不断拓宽"五度"音域,谱写新时代的文明之歌,先后获得宁波市城市建设管理工作成绩突出集体、宁波市智慧城管先进集体、宁波市五星级基层党组织、宁波市志愿服务优秀奖、浙江省文明单位、浙江省节水型单位和全国水利文明单位等荣誉称号。

【关键词】 "五星争先" "三关四心" "'河'你一起'节'伴童行"

一、标刻"文明高度",拉响高标准党建引领之调

固本强基,思想建设聚"合力"。坚持领导干部率先垂范,带头学习,深入学习贯彻习近平新时代中国特色社会主义思想,深入贯彻落实党的十九大和十九届历次全会精神,不断强化干部职工政治理论学习和理想信念教育。开展党委委员讲大道、支部书记上党课、青年党员上讲台、老党员共忆党史等活动;组织党员赴王鲲烈士纪念馆、裘古怀烈士纪念馆、张人亚党章学堂和梅花村会议遗址开展红色教育。

提质增效,党建创新添"活力"。坚持以党建为引领,积极实践"党建+文明"创建模式,推进模范党支部建设,成立联合支部,以"党旗映三江"为特色

品牌,全面深化"一支部一亮点"创建工作,形成了"服务型、交融型、志愿型、业务型"等各具特色的支部亮点。创新建立"五星争先"模范党员考评管理通过双重机制,创"五级"争"五星",以"评"促进,在有突出表现的党员中评选出"创新之星""攻坚之星""学习之星""道德之星""服务之星"。2018—2021年度连续4年被宁波市委组织部授予五星级基层党组织荣誉称号。

勇挑重担,初心使命展"实力"。高质量推进中央、省、市部署的主题教育活动,做到规定动作"不走样"、自选动作"有特色",把教育成果渗透到甬江流域治理、美丽河湖创建、防洪抗台抢险、生态水质提升等急难险重任务中,注重从百年党史中汲取智慧力量,扎实干好本职工作,积极践行初心使命,严守文明"底线"。

二、传递"文明温度",拨响高品质志愿服务之弦

围绕创意带动,志愿服务传爱心。实施"保护三江 你我同行"百团计划志愿项目,开展"'河'你一起——看三江、巡三江、绘三江、护三江、讲三江"和"'节'伴童行——童心童话、童心童画、童心童化""5+3"护河节水主题志愿服务系列活动,并连续8年开展"进社区、送服务、圆梦微心愿"活动。传承弘扬雷锋精神,实践参与"慈善一日捐"、无偿献血、义务植树等活动。

围绕创优推动,扶贫帮困暖人心。建立健全帮扶共建、履行社会责任的长效机制,组织开展"我为群众办实事、我为企业解难题、我为基层减负担"的"三为"送三服务主题实践活动。开展群众性宣传教育活动,走进乡村,将科普教育、环境保护、志愿服务等贴心服务送到群众身边。注重激发结对村和农户对于增收的主观能动性,提高村民的科学文化素质,及时推广借鉴好的做法,切实落实政策举措。

围绕创卫行动,绿色环保筑同心。积极开展"关爱山川河流""世界水日""清水润苗"等活动;开展新时代爱国卫生运动,做好门前卫生保洁,做到单位环境干净整洁;开展文明餐桌行动,落实分餐和公筷制度,成立膳食监督委员会,实现文明健康用餐;践行绿色生活和绿色消费,认真开展垃圾分类工作,获评2020年度宁波市生活垃圾分类示范单位。

三、根植"文明深度",吹响高素质队伍建设之号

提升干部职工的道德品质。依托"三江讲堂"品牌,践行社会主义核心价值观,广泛开展社会公德、职业道德、家庭美德、诚信建设等教育活动,创新传统文明礼仪宣传方式,让道德理念深入人心。积极发挥工会、共青团、妇委会等组织的桥梁纽带作用,培养团结协作、勇于创新、奋发有为的团队精神,营造拼搏进取、干事创业、乐于奉献的环境和氛围。

培养人才队伍的专业素养。开展水利行业职业技能竞赛、服务竞赛活动,不断提升干部职工队伍素质。成立宁波大学土木与环境工程学院研究生教育创新实践基地,创建"大师工作室",营造良好的人才培优氛围,河道中心有全国水利行业首席技师1人,入选宁波市C类专家、宁波市领军和拔尖人才培养工程、"百千万"高技能领军人才培养6人次,全国青年岗位能手、浙江金蓝领等高技能人才20余人次。

发挥优秀人才的示范引领。注重典型引路,在人才激励上取得实效,注重在河道管理工作一线培育、选树、宣传先进典型,充分发挥先进典型的示范引领作用,用榜样力量激发工作热情,促进中心工作整体提升。通过开展"名师带徒"活动,把学习成果转化为工作思路,更好地发挥"全市领军、全省领跑、全国领先"的良好效应,力争建立一支政治素质好、学历层次高、专业水平强、职称结构合理的人才队伍。

四、积蓄"文明厚度",弹响高层次文化积淀之乐

以"四明"之水滋养河道文化。打造甬城特色河道文化,积极推动水文化系列活动落地。弘扬大闸精神、三江水德等理念,建成宁波市节水教育基地、宁波水利成就展廊、中心党建展厅,与姚江大闸、保丰碶闸、化子闸等闸泵水文化形成了融合"党建文化、治水文化、节水文化、工程文化"于一体的"一廊两厅三闸"水文化展示阵地。提升水文化层次,姚江大闸获评浙江省"十大最美水利工程"、浙江省水工程与水文化有机融合典型案例。

以"文明"之水浇灌道德文化。积极开展理想信念教育和社会主义核心价值

观教育，引导广大干部职工树立正确的世界观、价值观和人生观。注重爱国传统教育，认真贯彻落实《新时代公民道德建设实施纲要》，融入单位规章制度、融入干部职工工作生活，积极引导干部职工知荣辱、讲正气、尽义务。大力弘扬优秀传统水文化，积极开展"我们的节日"主题活动，倡导文明新风。

以"百川"之水凝聚职工文化。总结提炼具有河道特色的精神文化，编写具有甬城河道特色的书籍、画册和诗歌集。打造"三关四心"（三关：关爱、关注、关心；四心：真心真意筑同心、全心全意立丹心、一心一意育匠心、诚心诚意暖人心）职工文化理念，提升职工的归属感和获得感。配设职工书屋、综合运动馆等场所，成立篮球、飞镖、舞蹈等兴趣小组，开展全民健身打卡和读书飘香等活动，形成和谐的人文环境。

五、拓展"文明广度"，奏响高质量河道管理之曲

立足顶层设计，构建河道监管体系。制定了一批河湖行业管理办法和标准，编制完成《三江全要素闭环化管理方案》《宁波市河道养护工作管理办法》《宁波市河道养护管理考核细则》等。排摸河道家底，对全市各地县级重要水域划界文本进行专家审查和划定方案编制，完成全市880千米市级以上及骨干河道的水下地形监测工作，为指导和建立全市河道轮疏机制提供技术支撑。

立足河晏水清，落实河道治理举措。全力抓好防汛防台，建立闸泵联调机制，形成"三江分洪、多区协调、百闸联动"的防汛减灾新局面，抵御超强台风，护甬城安澜。稳步推进常态清淤、"清水环通"等工程建设项目，强化城区河道水质监测体系，着力提升水体水质。不断强化保洁监管，扎实开展执法整治，推进"清四乱"常态化，全力打造高效能"法治河网"。

立足服务大局，推进民生实事项目。围绕"水清、岸绿、景美、安全"标准，每年超标准完成省级美丽河湖年度创建任务，编制完成"十四五"期间《宁波市美丽河湖建设实施方案》。推进美丽河湖及美丽河湖片区建设，以及镇村防洪小流域堤防治理工程，做好中小河流治理及乡镇水环境整治等工作。2019—2020年美丽河道创建工作连续两年列入浙江省政府民生实事工程，成功创建姚江、剡江、天明湖等市级"美丽河湖"45条。

党员"双报到" 引领文明新风尚

——河南省水利厅依托"双报到"工作推动文明创建

【摘　要】 "双报到"指省直机关党组织到街道社区党组织报到、机关党员干部到工作或生活所在社区党组织报到工作。党员"双报到"后,如何在社区阵地发挥先锋模范作用,引领文明新风尚;如何通过社区共建共治共享,提高社区治理能力和水平,强化市民文明意识,这些问题都是河南省水利厅近年来一直在探索推进的工作方向。河南省水利厅以开展机关党组织和在职党员"双报到"工作为契机,让"双报到"工作与文明创建相互促进、相互融合,同社区共同构建了党建引领共建共治共享的双赢工作局面,进一步提升了党建引领基层社会治理水平和为民服务水平,促进了河南省水利厅精神文明建设。

【关键词】 双报到　共建共治共享　文明新风尚

一、背景情况

河南省水利厅一直高度重视文明创建工作,把精神文明建设作为推动水利高质量发展的基础工程。2020年,河南省水利厅获得全国文明单位荣誉称号,如何更好发挥文明单位的示范引领作用,提升群众文明素质,让文明之花持续绽放,成为一个新的课题。近年来,河南省水利厅坚持以党建为引领,进一步明确共建思路,结合本单位实际,围绕社区群众需求,以党员志愿服务为载体,组织引导基层党组织和在职党员常态化深入社区"双报到",长效化开展活动,有效推进了社区党建共建工作。各级党组织在共驻共建过程中充分发挥战斗堡垒作用,广大党员在社区各类活动中充分发挥先锋模范作用,推动全厅精神文明建设工作迈上新台阶。

二、主要做法

河南省水利厅将社区共建、"双报到"工作作为文明创建的重点工作，力求抓好抓实。立足社区要求和水利部门实际，通过建台账、搭平台、抓考核，畅通与街道、社区的沟通联系，为"双报到"工作抓在平时夯实基础。同时，立足单位职能，发挥行业优势，精准对接资源，使"双报到"工作有动力、可持续。

（一）专题部署，建立工作台账

厅机关党委率先向街道党工委报到，并持《省直机关党组织报到联系单》向省水利厅社区报到。下发通知组织厅各级党组织、在职党员进社区报到，自觉接受社区党组织管理，认领共驻共建服务任务。河南省水利厅30多个党委（总支、支部）和3000余名在职党员已到共驻共建社区报到并开展服务，实现无空白、全覆盖。

（二）主动对接，用好社区党建平台

明确专人负责对接社区党组织，按时参加街道党建联席会和社区联合党委会，参与商议辖区内党建、社会治理等，与社区签订党建共建目标责任书；签订"路长制"区域共建协议等，并积极做好活动开展、信息反馈、情况通报，做到工作有人管、有台账、有措施。

2021年7月，郑州发生严重内涝灾情，厅文明办发出《积极参与防汛抢险志愿服务倡议书》。全厅共有32个党委（总支、支部）、552名在职党员第一时间向社区报到，积极投入抢险救灾。厅机关服务中心成立了党员先锋岗，两天两夜不眠不休，确保省水利厅社区安全度汛。沙颍河管理局、物资储备中心、水下抢险队等厅属单位组织了多支党员突击队，在郑州多个省直机关、居民小区连续几天几夜开展排水救援。郑州市防指、省民盟等多家单位给河南省水利厅送来了锦旗。

（三）强化考核，探索建立评价机制

将各基层党组织、在职党员到社区报到情况和活动开展情况列入党员民主评议和评优评先考核指标，在完善党支部分类指导、星级化管理办法中，纳入"双报到"考评内容，对积极组织开展社区"双报到"的党组织和党员志愿者优先推

荐参评"五好"基层党组织、优秀共产党员，确保工作有动力、见成效。

（四）共驻共建，实现资源共享

要求各基层党组织列出共驻共建项目清单，与报到社区组织共建、活动共联、资源共享。厅机关率先将老干部活动中心、党群活动中心列入资源清单。在厅机关党委带动下，河南省水利厅各基层党组织通过组织党员志愿者宣讲团、参与社区党员联席会、开展社区"党员志愿服务月"活动，选派优秀党务工作者与社区进行经验交流，实现与社区的资源共享、信息共享。

自 2020 年起的多轮疫情防控中，主动和社区对接，协助建立防控机制。积极开展"四送一助力"活动，第一时间向社区捐赠口罩、矿泉水及消毒原液等物资；建立疫情防控党员志愿微信群，召集志愿者在社区一线开展门卫值守、测温和管理登记、核酸检测现场管理等工作；组织党员突击队，开展公共区消毒、清理隔离住户垃圾等。充分发挥基层党组织的战斗堡垒作用和广大党员的先锋模范作用，进一步提升党员干部职工为群众服务的能力。

（五）发挥优势，突出水利特色

在全厅开展"社区共建共治 水利人在行动"主题系列活动。厅机关组织社区中小学生开展防洪防溺水安全教育实践活动；厅机关服务中心进社区开展"垃圾分类"主题节能减排活动；水利宣传中心利用宣教基地，组织社区群众、儿童开展水情教育宣传；各单位开展节水护水进校园、进社区等活动，努力推动形成全社会节约用水的良好风尚。

围绕社区需求，积极认领区域党建共建项目，开展了学习教育提升、洁美家园、文艺演出、便民助民服务等多个项目。与社区空巢独居老人、残疾困难群众签订结对帮扶协议。配合社区开展"路长制"工作，认领责任路段；呼应群众需求，组织开展消防警示教育、静音广场舞、规范暴走团等活动，得到了社区群众的一致好评。

（六）营造氛围，激发党员内在动力

完善党员信息库，要求在职党员根据自身特点和专业特长，借助主题党日、志愿服务等形式，认领志愿服务岗位、参加志愿服务和党内主题活动。健全服务回馈体系，出台志愿者积分管理和兑换细则，累计积分额可兑换相应纪念品，并

参加年度先进志愿者评选。有效引导党员亮牌、服务基层，切实改进工作作风。

三、经验启示

河南省水利厅坚持在文明创建过程中充分发挥党建引领作用，通过"双报到"进社区凝聚多方合力，在疫情防控、防汛救灾、助力全国文明城市创建等工作中成效显著。

（一）精准摸底、准确登记是开展工作的前提

"双报到"不是单位或社区某一家的事情，社区需要全面摸排辖区单位党组织情况，对单位党组织数量、党员人数、党员年龄结构等进行精准摸底，方便后续工作开展；单位党组织需要针对单位职能职责、党员特长、行业优势等准确登记造册，以便主动提供服务。

（二）发挥优势、整合资源是服务群众的关键

要引导社区针对报到单位的特点，精准对接群众需求，帮助解决社区在建设中存在的困难和问题；单位党组织和在职党员需要主动发力、久久为功，与报到社区制定服务计划，应以服务群众为原则、以充分整合党组织资源和发挥党员先锋模范作用为原则、以群众满意为原则，发挥优势、整合资源，为社区治理做出应有的贡献。

（三）定期评价、建立台账是推进工作的保障

社区要着眼于单位和党员开展活动的针对性、时效性、群众满意度等定期进行客观反馈，发现问题要及时与单位或党员沟通，下次开展服务时一并改进；单位和党员要立足真报到、真服务，绝不能搞形式主义、官僚主义，变相安排社区工作，要用实效和群众的口碑对服务成果进行评价，单位应当探索建立日常台账、积分制等管理模式，将服务评价作为党员民主评议、评先推优等的重要依据。

今后，河南省水利厅将在精准对接、常态共建的同时，以精神文明建设为主线，以"双报到"工作为依托，更加注重将战时的经验拓展到平时的工作中，以更加优良的作风、更加精细的服务推动"双报到"工作取得更大实效，为河南省水利建设做出更大的贡献。

强化文明建设　弘扬文明精神

——胶州市水利局以"五个围绕"推动精神文明建设

【摘　要】 2017年，胶州市以县级市和县第一名的成绩，成功创建全国文明城市。近年来，胶州市坚持"以人民为中心"的创建理念，通过深化全国文明城市建设，全力打造精心规划、精致建设、精细治理、精美呈现的品质之城、幸福之城，让居者心怡、来者心悦，城市文明程度和市民文明素质显著提升。胶州市水利局坚持以党建为引领，强化基层党组织建设，认真践行社会主义核心价值观，以志愿服务活动为依托，紧紧围绕胶州市经济社会发展大局，坚持"五个强化"，坚持以"建设一流队伍、培育一流作风、创建一流业绩"为目标，做到统一规划、上下联动、各负其责，全面推进了水利系统精神文明建设的同步协调发展。先后获得全国水利文明单位、全国节水型城市示范县等荣誉称号。

【关键词】 党建　核心价值观　志愿服务　精神文明建设

一、背景情况

胶州市地处美丽的黄海之滨、胶州湾畔，是全国文明城市、国家森林城市、国家环保模范城市、国家卫生城市、全国节水型城市示范县。近年来，胶州市以建设"更高水平开放型现代化上合新区"为目标，扎实推进上合示范区、临空经济区、4F级胶东国际机场建设，经济社会持续高质量发展，多次入围全国最新百强县名单。

胶州市水利局作为胶州市人民政府的重要组成部门，不断加强水利系统精神文明建设，力争为全市文明建设添砖加瓦。胶州市水利局以党员干部为依托，不断深化基层党组织建设；成立水利志愿服务队，不断深化文明实践活动，不断加

强文明创建活动；完善建设体制机制，不断在创建中凝聚更大合力。

二、典型做法

（一）强化党的建设，提升引领作用

一是注重党性教育，增强学习力。坚持以习近平新时代中国特色社会主义思想为指导，贯彻落实党的十九大和十九届历次全会精神，扎实推进"党史学习教育""作风能力提升年"活动。每年组织两次全体党员为期3天的集体学习；每季度组织一次领导干部讲党课活动；每月组织全体党员开展一次主题党日活动；每周组织党员进行集体学习。

二是突出基层党建，增强战斗力。严格"三会一课"制度，开展"作风能力提升年""共产党员先锋岗"评选等创先争优活动；充分发挥局机关党委、基层党支部的作用，以党建为引领，加快推进重点水利工作进度，增强基层党组织战斗堡垒作用。

三是密切党群关系，增强向心力。畅通民意诉求渠道，做好"行风在线""问政山东""问政青岛"等工作，利用"12345"热线、"胶州水利"微博、微信公众号等融媒体，开展便民优质服务。

（二）强化价值建设，筑牢思想根基

一是紧扣时代主旋律，践行核心价值观。组织"传家训、立家规、扬家风"等活动，选树道德模范、行业先进人物、身边好人，引导广大干部职工学习先锋模范精神，在水利系统形成争先创优的氛围。

二是深化"四德"教育，构建水利诚信体系。持续深化"四德"工程建设，积极组织参加水利部"最美水利人"先进事迹学习活动，积极参与胶州市文明办组织的"最美胶州人"评选活动，2021年在全市组织评选"最美水利人"活动，共评选出11位"最美水利人"。开展身边人讲身边事、老干部传家风等学习活动26次。

三是擦亮行业品牌，丰富文明创建内涵。积极开展新时代文明实践活动，展现水利行业风采风貌，打造胶州市"河湖驿站"和节水教育基地。依托水利志愿服务队，倾力打造"情真似水"行业品牌，提升了行业美誉度和群众满意度。

（三）强化队伍建设，夯实创建保障

一是建设学习型水利机关。开展"全民阅读""三八节阅读"等活动，营造书香水利的良好风气，鼓励干部职工学习新理论、掌握新技能、适应新需求。

二是探索创新型教育模式。利用领导讲党课、道德讲堂、水利专业知识讲座、我来讲党课、先模报告会等，建立起"道德宣讲、业务培训、外请专家、内促成长、实践体验"五位一体的学习教育模式。

三是打造"三化一型"水利队伍。组织轮岗实训、驻村帮扶等活动。选派3名第一书记驻村结对帮扶，助力乡村振兴建设。自觉践行新时代精神，涌现出大沽河治理党员先锋队、三八红旗集体等多个先进集体和个人。

（四）强化载体建设，传播文明风尚

一是开展志愿服务，培育奉献精神。志愿服务是现代社会文明进步的重要标志，是精神文明建设的重要抓手。胶州市水利志愿服务队开展"关爱山川河流"环境清洁、扶贫助困、节水爱水、徒步大巡河等公益活动70余次，其中"一缕阳光"义工队情真似水分队获得胶州市优秀青年志愿服务团队称号。

二是开展实践活动，培育文明风尚。开展"我们的节日""党员干部结新亲"等主题活动，让水利文明之花开遍水利人的精神家园。选树文明家庭、文明岗位等先进典型，大沽河堤防工程多个施工标段被评为青岛市文明工地，多名职工和团体获评青岛市工人先锋号。

三是开展帮扶共建，培育乡村水利文化。在胶州市文明城市创建中，积极投入人财物力，帮助社区村庄建设文明实践广场5处。以实施乡村振兴战略为抓手，积极用好政策、用足政策、用活政策，建成具有浓郁胶东特色的"美丽移民村"4处。

（五）强化机制建设，提升文明效能

一是计划引领。制定长期规划、年度计划和具体实施方案，与水利业务工作同部署、同检查、同落实。

二是齐抓共管。主要领导亲自抓、分管领导靠前抓、专班人员具体抓，形成上下联动、齐抓共管、全员参与的生动局面。

三是督查考评。实行目标管理和过程考核，构建有效的激励机制、约束机制

和督导机制。

四是宣传报道。依托胶州市水利局公众号、云上胶州、青岛新闻网等载体，打造全方位、多渠道宣传格局。

三、经验启示

（一）突出政治引领作用

文明单位创建活动形式多种多样，各个单位的创建内容、任务各不相同，要深化文明单位创建活动，必须坚持以习近平新时代中国特色社会主义思想为指导，统揽创建工作，不断充实和拓宽创建标准。要深入调查研究，找准本行业、本单位在创建过程中存在的突出问题，确定创建工作的形式、内容、任务，制定切实可行的方案和规划，增强创建工作的针对性。这样，文明单位创建工作才能得到深入、扎实、有效开展。

（二）建立规范有序的创建机制

强化领导作用，成立由党组书记任组长的精神文明建设工作领导小组，建立骨干力量组成的精神文明建设工作小组进行专门创建工作，明确精神文明建设的总体目标是建设精神文明单位的关键因素。制定精神文明建设的任务目标，做到既有长远目标又有近期任务，既有总体要求又有量化指标，既有安排部署又有检查考核，既有表彰奖励又有批评惩罚。有了工作运行机制，各种力量在机制中凝聚组合，使工作环环递进，才能产生预期的良好效果。

（三）切实有力的保障机制

要从全局出发，在精神文明单位的创建过程中，全程做到资金到位，做好创建工作保障是重中之重。应从水利现代化建设的大局出发，把精神文明建设纳入本单位的总体发展规划。在精神文明单位建设的各个环节中，都要保证好资金需求，尤其是精神文明创建过程中的亮点工作，要花大力气进行宣传推广。

水润万物，泽被苍生。一系列文明管理规范、一项项文明提升举措，树立起水利文明新风尚，汇聚起文明创建正能量。文明单位建设一直在路上。我们坚信，在水利人追梦的征程上，水利文明之花将绽放出更加绚丽的光彩。

文明创建助推移民事业高质量发展

——湖南省库区移民事务中心文明单位创建典型案例

【摘　要】 湖南省库区移民事务中心（以下简称"中心"）党委坚持以习近平新时代中国特色社会主义思想为指导，积极践行新时代治水思路，主动将移民工作融入全省"三高四新"、乡村振兴和水安全战略部署，坚持目标引领和问题导向，围绕服务库区、改善民生，大力开展文明创建，充分发挥了"凝心聚力、引领新风、促进工作"的积极作用，实现了文明创建与党建、业务工作的深度融合，全省移民事业不断开创高质量发展的新局面。

【关键词】 文明创建　移民事业　高质量发展

一、背景情况

中心原为湖南省水库移民开发管理局，是正厅级参公管理事业单位。2019年3月机构改革时更名，为湖南省水利厅管理的副厅级参公管理事业单位，主要承担全省大中型水库移民搬迁安置、后期扶持、资金项目监管、信访维稳等事务工作。现有在职干部职工63人（含49个参公编制），退休人员43人。近年来，中心党委大力开展文明创建，激发"凝心聚力、引领新风、促进工作"的积极作用，取得了积极成效。

二、主要做法

（一）提高政治站位，强化责任担当

中心党委自觉履行抓创建主体责任，围绕推进文明创建工作，建立和完善了党委书记负总责、班子成员分工负责、文明办组织推进、各部门抓落实的创建工

作责任体系。近两年来，中心党委听取创建工作汇报21次，专题研究部署创建工作16次，真正把文明创建工作纳入党建和业务工作绩效考核的重要内容，做到文明创建与党建、业务工作同谋划、同部署、同考核。各部门按照创建工作要点，对标对表，责任上肩，实现了压力传导到位、责任细化到人。

（二）注重党建引领，提升队伍素质

全面贯彻新时代党的建设总要求，坚持党要管党、全面从严治党，形成了党支部建设标准化、机关作风优良化、文明创建科学化的工作格局。8个党支部"五化"建设全面达标，达标率100%。一是着力思想政治教育。通过中心组扩大学习、支部日常学习、主题党日活动、领导干部上党课、理论知识测试、系列主题教育，不断加强党员教育和理论武装。在近年来的各类主题教育政治理论测试中，整体成绩均位居省直单位前列。二是着力文明素质培育。落实"两个纲要"和各项文明行为规范，设立了道德讲堂，加强干部职工"四德"建设，培育"知荣辱、讲正气、做奉献、促和谐"的道德风尚。三是着力业务能力提升。开辟了干部教育培训大课堂，每季度开展一次政策理论讲座和业务知识培训，推进干部职工业务学习制度化、规范化，有效提升了干部职工的文化素质和业务能力。四是着力典型选树带动。开展了"两优一先""三文明评比"等表彰活动，切实发挥了先进典型的示范引领作用。

（三）拓展活动载体，丰富创建内涵

一是开展社会帮扶活动。扎实开展驻村帮扶、机关党支部联基层、机关干部进社区、工会关爱贫困移民等活动，近年来，先后派出8名干部驻村帮扶，帮助3个贫困移民村如期脱贫摘帽，目前正在参与乡村振兴联点帮扶工作；深入库区走访慰问贫困移民500多户，帮助近千名贫困移民学子圆了大学梦。2011年开展"机关党支部联基层"活动至今，共投入资金3000多万元，实施帮扶项目456个，得到省领导、省直工委和省水利厅的充分肯定。二是开展志愿服务活动。近年来，中心志愿者服务队先后深入14个库区县开展了"爱心助学""关爱孤寡老人""情暖库区、送医下乡""书香伴我行"等活动，传递了爱心，传播了文明。三是开展文明餐桌、文明交通行动。制定健全相关制度规范，设置相应宣传标牌，开展文明餐桌、文明交通专题宣传教育和实践活动，引导干部职工提升文明意识。四是开展"季读一本书"活动。每个季度向干部职工推荐购置一本以上好书，在自学基础上，精选优秀篇目开展读书交流评比，形成"爱读书、读好书"的良好风气。五是开展群众性文体活动。充分发挥工会、共青团、妇委会的作用，成立了书法、摄影、乒乓球、羽毛球、气排球、篮球、瑜伽、舞蹈、健身等多个兴趣小组，经常性开展丰富多彩的文体活动，不断丰富干部职工的文化生活。

（四）优化内外环境，树立文明形象

多年来，中心坚持软硬件建设并举，着力打造环境优美、功能齐全、温馨和谐、格调高雅的文明机关。一是加强硬件建设。连续多年对先天不足、空间狭小的机关庭院进行了绿化美化亮化，解决了干部职工上班停车难的问题，机关工作生活环境日益优化。2019年，建立了"职工之家"，开辟了阅览室、健身房、瑜伽室、乒乓球室等活动场所，添置了健身器材、热水器，更好地满足了干部职工学习工作生活的需要。2021年，实施了职工食堂和机关院落改造，为干部职工提供了更加舒心的生活条件。二是加强机关文化建设。征集文明礼仪、敬业奉献、勤政廉政等文化格言，制作寓意深刻、图文并茂的格言标牌，打造走廊和部门格言文化；设置宣传橱窗和LED显示屏，加强机关文化宣传。三是加强综合治理。严格落实综合治理责任，突出人防、物防、技防措施，升级强化财务室、机要室、文印室、档案室等重点部位的安全防护措施，增设了机关院落监控和门禁系统，加强防爆、防盗、防火等安全检查，认真开展应急知识宣传、应急疏散演练活动，创建了无盗、无黄、无赌、无毒、无邪、无火灾的"六无"院落。中心连续11年被评为平安建设先进单位。

（五）推进事业发展，创造一流业绩

文明创建工作为移民工作开展提供了强大的内生动力，在潜移默化中推动了移民事业的持续健康发展。近年来，湖南移民搬迁安置、脱贫攻坚、重点移民村建设、产业发展、避险解困、资金绩效等多项工作走在全国移民领域前列，移民收入大幅提高，生产生活条件显著改善，获得感、幸福感、安全感不断增强。湖南省水库移民脱贫攻坚、移民避险解困、三峡移民信访维稳等工作经验做法获全国推介。2021年10月，在湖南省郴州市召开的全国水库移民工作会议上，观摩

了湖南移民工作成果。湖南移民资金绩效连续大幅攀升，连续3年获评全国优秀等次。此外，中心信访维稳、平安综治、为民办实事、重点项目建设、建议提案办理、档案管理等多项工作进入全省先进行列，多次受到省委、省政府和省水利厅表彰；机关干部作风测评多次名列省直单位前列；党建工作经验多次被省直工委推广，党风廉政建设工作得到省纪委领导的高度肯定。2名同志被评为全省和水利部脱贫攻坚先进个人。2020年，中心荣获湖南省直机关文明标兵单位和省直模范职工之家称号；2021年，中心荣获第九届全国水利文明单位称号；2022年，中心机关工会荣获全国农林水利气象系统模范职工之家称号，中心信访维权部被评为湖南省文明窗口单位。

三、经验启示

（一）领导重视是文明创建工作的关键

中心文明创建工作所取得的成绩，与中心党委的高度重视和常抓不懈密不可分。坚持领导带头，从党委班子抓起，从班子成员自身做起，一把手负总责，班子成员各负其责，各部门对标对表，将文明创建任务落实落地，为文明创建工作提供了坚强的组织保障。

（二）文明创建重在人人参与

要广泛宣传发动，强化干部职工参与文明创建的意识，扩大受众面，提高参与面，增强覆盖面，让创建内容人人知晓，创建活动人人参与，形成上下互动、部门联动、全员参与的浓厚氛围。

（三）文明创建要与党建、业务工作深度融合，统筹安排，相互促进

要坚持以党建为引领，通过"机关党支部联基层"、主题党日、志愿者服务等主题鲜明的党建活动，助推文明创建工作。要将文明创建工作与党风廉政建设相结合，为文明创建工作营造遵纪守法、文明守礼、崇德向善的良好氛围。要坚持文明创建工作与业务工作相融合，发挥文明创建载体作用，大力营造干事创业的浓厚氛围，提振干部职工精气神，确保业务工作高质量开展。

党建引领　文明添彩　问水南粤　再创辉煌
——广东省水利水电科学研究院文明创建案例

【摘　要】广东省水利水电科学研究院（以下简称"水科院"）党委始终坚持以习近平新时代中国特色社会主义思想为指导，自觉把精神文明建设摆到全院改革发展的重要位置进行谋划。一是党建引领，加强理想信念教育，筑牢思想根基，充分发挥党支部战斗堡垒作用，夯实文明创建工作基础。二是系统谋划，提升内部管理效能，将文明创建工作与业务工作同布置、同检查、同落实、同考核。三是文明添彩，组织开展系列文明活动，激发全院干部职工的热情，使职工的精神面貌焕然一新，获得感、幸福感、归属感明显提升。

【关键词】　文明创建　党建　支部　文明单位

一、背景情况

近年来，水科院党委坚持以习近平新时代中国特色社会主义思想为指导，深入贯彻落实习近平总书记关于加强社会主义精神文明建设的重要论述精神，自觉把精神文明建设摆到全院改革发展的重要位置进行谋划，两个文明一起抓、一起硬，以党建带文明促发展，在为广东水利高质量发展做好技术支撑中展现出新担当、新作为、新业绩。

二、主要做法

（一）党建引领，文明创建强筋铸魂

1.加强理想信念教育，筑牢思想根基

水科院党委始终坚持把学习习近平新时代中国特色社会主义思想作为党委会

议第一议题,带头深刻感悟"两个确立"的决定性意义,树立正确的党史观、政绩观,自觉把增强"四个意识"、坚定"四个自信"、做到"两个维护"落实到行动上。制定党委理论学习中心组学习办法和年度计划,充分发挥党委的核心领导作用,围绕党的十九大及十九届历次全会精神,习近平总书记关于治水重要论述、对广东的重要讲话和重要指示批示精神,习近平总书记关于宣传思想文化工作和精神文明建设的重要论述等,定期组织学习研讨,引领党员干部先学一步、学深一层,打造信念坚定、忠诚可靠的水利科研队伍。

2. *发挥支部堡垒作用,夯实工作基础*

深入推进全面从严治党各项工作,规范党支部设置和"三会一课"、主题党日、党员过政治生日等活动,积极探索基层党建与业务工作深度融合。"不忘初心、牢记使命"主题教育期间,就广东万里碧道建设工作问计于民,相关报道在《新闻联播》播出,引起积极反响。党史学习教育期间,水科院先进支部结合项目出差,深入学习和挖掘地方水利史和党中央关于水利改革的精神,引导党员把所学所感所悟转化为指导实践、解决问题的力量。疫情防控期间,积极发挥党员先锋模范带头作用,相关人物事迹报道被中国水利等多家媒体转载,探索建立支部一对一关心机制,及时帮助解决因疫情居家办公的同事的实际困难。开展"学习强国"分享活动,相关信息两次在"学习强国"平台报道。创建"广东水利红色传承讲习所",增强支部组织生活的仪式感和实效。2020年《打造"广东水利红色传承讲习所"助推基层党建工作》获评水利系统基层单位文明创建优秀案例,2022年《打造红色传承讲习所 开创新时代基层党建新局面》入选广东省机关党建工作百优案例。

(二)系统谋划,文明机制落地落实

1. *做好系统谋划设计,完善工作机制*

水科院党委在注重抓好科研生产的同时,始终把精神文明建设作为一项系统工程抓紧抓好。在2017年第七次党员大会报告中明确提出"努力在建设全国一流省级水科院的新征程上走在前列"的奋斗目标和"严治党、调结构、求创新、亮品牌、育人才、强作风、促和谐"七方面任务,通过近5年的努力,取得了显著成效。成立文明单位创建工作领导小组,制定《创建文明单位工作规划》,将文明创建工作与业务工作同布置、同检查、同落实、同考核，使全院精神文明创建活动有组织、有领导、有计划地持久深入开展。

2. 提升内部管理效能，重视单位文化建设

建立健全体现水利行业特色、符合科研规律的制度体系，适应新形势设立水利规划研究中心和河长制研究院；探索事业单位法人治理模式，内部治理规范有效。顺利通过质量、环境和职业健康安全管理体系认证，成为全国第一家通过三体系认证的省级水利科研院所。积极发挥门户网站、公众号和宣传栏等信息平台作用，发出好声音、传递正能量。开展建院60周年"六个一"系列活动，举办庆祝广东水利试验基地建设20周年活动，充分展示水科院深厚的文化底蕴和职工良好的精神面貌。高标准建成学术报告展览厅和退休职工活动中心，持续优化完善办公大院和飞来峡试验基地设施建设。

（三）文明添彩，创建行动走深走实

1. 弘扬核心价值观，开展文明风尚行动

把社会主义核心价值观教育融入科研生产工作，激励干部职工爱国敬业、诚信奉献。制定《职工文明守则》，引导规范干部职工职业礼仪、文明上网等。发挥工会、共青团、妇委会等群团组织作用，打造"职工之家""团青之家""妇女之家"和道德讲堂，举办各类专题讲座、道德经典诵读、好书推荐等活动。策划开展"我们的节日""最美劳动者""最美这一刻""同乐生日会"等系列活动，激发职工的工作热情，进一步增强全院职工的凝聚力和向心力。定期组织文明优美办公室评比，开展文明餐桌、节水节能和垃圾分类宣传，绿色低碳的文明工作生活蔚然成风。疫情期间成立巾帼志愿服务队，积极参加疫情防控各项工作，做好职工心理疏导，开展线上志愿服务，录制方言防疫知识通过微信公众号传播。每年组织慈善爱心捐款活动，开展对口帮扶工作，走访慰问结对帮扶户，助力脱贫攻坚。组织开展敬老慰问活动，以实际行动倡导孝德关爱的社会风气。积极开展慰问送暖活动，探望住院和特殊困难职工，开展重大节日走访慰问。开展"解决小诉求 凝聚大力量"活动，建立职工小诉求档案，解决群众的揪心事。

2. 弘扬新时代精神，展现文明单位风采

学习宣传"时代楷模""最美水利人"等典型，传承和弘扬劳模精神。组织

干部职工学习余元君、郑守仁先进事迹，邀请院内各级劳模和"时代楷模"东深供水工程建设者代表讲经历、谈感受。注重选树各类先进典型，组织业务技能比赛，培育创新工作团队，定期开展社会主义劳动竞赛，营造"比学赶帮超"的氛围。2019年水科院被授予广东省五一劳动奖状。水科院杨光华入选2019年广东"最美水利人"，被推荐参评第三届全国"最美水利人"；刘霞获得全国巾帼建功标兵荣誉称号；邱静被授予南粤巾帼十杰和广东三八红旗标兵称号；陈嘉颖被授予广东省五一劳动奖章。

三、经验启示

（一）强化组织领导，明确责任分工

水科院党委要进一步加强中心引领作用，总结以往文明创建工作中存在的问题和不足，将问题层层分解，细化量化，规范到岗，责任到人。营造创建氛围，加深全体职工对创建工作的认识，提高工作人员投身创建活动的热情。

（二）突出工作亮点，提高创建水平

加强精神文明建设是更好围绕中心、服务大局的重要保障，水科院党委将继续把水科院文明单位创建工作与常态化疫情防控和省委"1+1+9"工作部署、"851"水利高质量发展蓝图等重点工作深度融合，不断改进文明创建方式方法，创新活动内容载体，以丰富多彩的创建活动推动文明创建工作再上新台阶。

（三）凝聚创建共识，汇聚创建合力

全院进一步提高政治站位，把精神文明建设作为增强"四个意识"、坚定"四个自信"、做到"两个维护"的务实之举摆到更重要的位置，不断增强抓好新时代精神文明建设的责任感、使命感、紧迫感，立足建党百年新起点，以更加昂扬的斗志、更加务实的作风、更加扎实的工作，团结拼搏，接续奋斗，聚力实施"851"水利高质量发展蓝图。

第二篇 水之柔（柔情似水·水文化）

深度挖掘南水北调内涵　打造水情教育特色品牌

——惠南庄泵站工程积极推进水情教育科普

【摘　要】 惠南庄泵站自正式运行以来，主动承担社会责任，依托现有的场所及设备设施，建立布局合理、种类齐全、特色鲜明、规模适度的水情教育基地，积极开展水情教育科普。在不断的探索实践中，逐步解决节水科普人才队伍薄弱、科普载体缺乏、创新性不够等问题，充分利用现有力量打造水情教育队伍，推动节水科普载体建设，不断创新科普方式，全面展示南水北调工程的成就和发挥的巨大综合效益，让公众充分认识水资源的重要性，自觉树立和践行"绿水青山就是金山银山"的理念。

【关键词】 惠南庄泵站　节水科普　科普载体　公益活动

一、背景情况

南水北调中线既是战略工程、民生工程，也是生态工程，更是国家水情的重要展示窗口。惠南庄管理处（以下简称"管理处"）积极贯彻落实习近平总书记关于加强社会主义精神文明建设的重要论述精神，大力弘扬社会主义核心价值观，严格遵循"节水优先、空间均衡、系统治理、两手发力"的治水思路，落实"先节水后调水、先治污后通水、先环保后用水"的调水原则，依托惠南庄泵站现有的场所及设备设施，建立布局合理、种类齐全、特色鲜明、规模适度的水情教育基地。

惠南庄泵站作为向首都北京供水的"心脏"，截至2022年5月11日，已输送南水超76.8亿立方米，已成为北京市城区生活供水的主力水源，占比超过73%，水质各项指标稳定达到或优于地表水Ⅱ类指标。南水进京以来，2015年北京地下水水位16年来首次回升，密云水库蓄水量逐年回升，发挥了显著的社会效益、生态效益和经济效益，为首都经济社会的可持续发展和人民生活水平的提高提供了强有力的水资源保障。

为进一步让社会公众认识水资源的重要性，管理处充分依托这个世界超级调水工程，统筹做好水情教育科普，全面展示南水北调工程建设过程和成就，集中反映南水北调在经济、社会、生态等方面发挥的巨大综合效益，讲述南水北调的感人故事，激发公众爱党爱国爱南水北调的情怀，自觉树立和践行"绿水青山就是金山银山"的理念。

二、主要做法

（一）扎实推进水情教育工作开展

1. 建立健全基地管理组织体系

管理处充分利用现有力量打造水情教育队伍，成立了以处长为组长，综合科主管、各科室业务骨干组成的综合服务、现场讲解、后勤支援、技术保障、安全保卫教育团队，全力做好活动规划、统筹、管理和相关设备设施的维护等工作，确保活动顺利开展。

2. 加强基地"软件"建设

一是加大讲解员培训力度，通过"请进来，走出去"相结合的方式，调动讲解员的工作积极性和主动性，提高讲解水平，提升服务意识。二是利用培训机构和周边村镇的教师队伍资源，请他们担任管理处的校外辅导员，发挥他们的优势对中小学生进行教育。三是做好水情教育课程开发、参观线路制定、讲解稿完善。基地现有宣传册、读本读物4种，专题课程5门，视频宣传资料8份，动画科普资料7份，为水情教育工作的开展提供了坚实的基础。

3. 强化基地"硬件"保证

基地现有主体建筑物2处、对外宣传展示窗口1处、工程沙盘1套、可拼装模具4套、展板10块、多媒体演示系统2处、责任碑园区1处、水文化区1处、水泵模型及PCCP管道实物1处，设备设施种类齐全。同时，基地设有1名水情教育专职人员，2名讲解员，3名兼职人员，15名志愿者。

4. 建立健全安全责任机制

制定科学有效的水情教育活动安全保障方案，每次活动时提前做好安全教育工作，把活动可能的安全风险告知参观的各类社会团体、学生和家长。同时，基地有安保室2处、警务室1处，基本实现人防、物防、技防相结合的安全防范系统，能够确保来访人员安全和泵站安全运行。

5. 加强宣传，营造良好舆论氛围

基地充分利用新媒体、网络、报纸、微信公众号等宣传途径，全方位、多层次开展水情教育宣传，致力于打造南水北调水情教育品牌基地。

（二）开展因地制宜的水情教育活动

1. 精选主题，丰富水情教育课程

在"世界水日"、节水宣传周、科技活动周、"全国科普日"等活动期间，组织社会团体以及中小学生开展节水主题教育活动，有效地科普了节水知识，普及了科学用水方法；活动时积极征求学校师生的建议，组织水情教育专职人员、讲解员前往北京节水展览馆、中国水利博物馆、江都水利枢纽等地调研，不断做好水情教育内容拓展；针对不同学段的学生开设实践课程，与相应学科的专题教育课程衔接融合，促进提升综合素质，发展核心素养。

2. 推进水情教育科普载体建设

结合不同参观团体的特点，社会团体注重了解工程建设、现场运行管理情况，学生团体注重知识普及、激发兴趣和独立思考能力，管理处规划"南水北调奇游记""节约用水，从我做起""守护我身边的一渠清水""安全饮水，健康你我"4条活动主题路线，旨在让各类团体感受南水北调工程的魅力，增强节水、护水的意识，在生态文明建设的背景下，积极构建全社会节水、爱水、护水的科学理念。

3. 创新水情教育科普形式

科普形式做到"三个一"，即编制一套适应不同年龄层次的课程，全方位各年龄段开展水情教育科普；打造一个流动课堂，进校园、进社区、进农村，将水情教育科普送到课堂，送到群众家门口；推出一堂水情教育线上课。管理处克服疫情的影响，充分利用网络和新媒体平台，为社会公众和学生团体开展线上直播。在此基础上，管理处水情教育工作得到南水北调中线公司的大力支持，于2021

年度建成南水北调中线工程对外宣传窗口，利用数字屏幕、电子水晶沙盘等现代化展陈手段，让社会公众以全新的视角，在声、光、电的绝妙体验中，探索南水北调工程的前世今生，不断丰富水情教育体验。

（三）水情教育工作成效

1. 学生满意，家长满意，社会满意

截至目前，已累计接待社会公众356批次，约6900人，学生团体102批次，约9200人。每次活动发放课堂质量调查表，学生、家长、社会公众对研学活动组织、课程开发的评价均为非常满意。

2. 科普效果好，媒体关注

基地每年编制水情活动规划，制定课程开发、教育资源开发、互动体验活动设计等内容，确保教育内容实时更新。同时，积极做好南水北调公民大讲堂宣传，在《中国南水北调报》、南水北调中线局网站、管理处公众号积极宣传；新华社、《新京报》、长江水利网、《中国水利报》、中国光明网、经济网、《北京晚报》也分别对惠南庄泵站水情教育活动开展情况进行了相关报道。

3. 南水北调惠南庄泵站作为中线窗口的影响力与日俱增

房山区大石窝镇南尚乐中学邀请管理处每年寒暑假前授课；清华大学水利系将惠南庄泵站确定为认知实习定点单位；教育部办公厅授予全国中小学生研学实践教育基地称号；房山区大石窝镇新时代文明实践所授予新时代文明实践基地称号；水利部、共青团中央、中国科协办公厅授予国家水情教育基地称号。

三、经验启示

惠南庄泵站自正式运行以来，主动承担社会责任，依托现有的场所及设备设施，积极开展水情教育科普，线上线下全面铺开，形式不断创新，得到了各类团体广泛的肯定，并取得了良好的效果。荣誉的取得，得益于南水北调中线公司、北京分公司的高度重视和大力支持，得益于社会各界团体、各学龄段学生以及群众的热情参与。通过工作实践，主要有六个方面的启示。

一是要筑强水情教育主阵地，确保科普内容有丰富的教育内涵和较大的社会影响，依托各种节日开展科普活动，带动人们关注日常节水科普知识，营造节水、

爱水、护水的良好氛围。二是制定一套完善的水情教育活动工作方案，指导水情教育活动开展，确保服务常态化。三是要培养拥有一批高素质专兼职管理人员和讲解员团队，确保每次活动规范有序进行。四是要编制一套比较完整规范的图、文、声、像水情教育材料，让各类参观团体都能有所收获，切实增强水情教育体验。五是要拥有一套完整科学的保障体系，确保来访人员安全和工程安全运行。六是要以基地现有设备为依托，不断完善功能分区，努力把基地建设成为具有教学、宣传、展示、实践、研究"五位一体"功能的水情教育示范基地。

勇立潮头守安澜　文明创建促发展

——长江水利委员会水文局长江口水文水资源勘测局文明创建工作实践

【摘　要】 长江水利委员会水文局长江口水文水资源勘测局（以下简称"长江口局"）是长江委水文局下属正处级事业单位，获得第九届全国水利文明单位和2021年度上海市文明单位光荣称号。近年来，长江口局深入学习贯彻习近平总书记关于加强社会主义精神文明建设的重要论述和重要指示批示精神，强化党建引领，探索创新模式，筑牢文明根基，实施文化工程，拓展阵地资源，持续深耕细作，打造水文化特色，以文明建设新成效全面推动高质量发展。实践证明，文明创建是一项系统工程，是推动中心工作强有力的抓手，更是提升职工幸福感和获得感的有效路径。

【关键词】 党建引领　创新模式　文化工程　水文化特色

一、背景情况

长江万里东注，从江阴以下长江口河段形成"三级分叉、四口入海"的恢宏格局。长江口局成立于1979年，是长江委水文局下属事业单位，负责长江干流江阴以下河段水文、河道、水质基本资料收集，为长江口综合治理、长江防洪、水资源开发管理、水生态修复、涉水工程建设等提供专业技术服务。多年来，长江口局高度重视精神文明建设，明确提出加强文明单位创建，打造长江口水文化特色，以文明建设新成效推动高质量发展。

二、主要做法

（一）加强党建引领，把准创建方向

长江口局坚持用习近平新时代中国特色社会主义思想武装头脑，深入学习贯彻习近平总书记关于加强社会主义精神文明建设的重要论述和重要指示批示精神，增强"四个意识"、坚定"四个自信"、做到"两个维护"，加强干部职工理想信念教育，深入推进精神文明建设。

发挥党建引领作用。打造"治水管海先锋"党建特色品牌，大力涵养廉洁的政治生态，各党支部创新支部工作法，形成"一支部一特色"。坚持行业联学联建。深化拓展学习成果，推动文明创建与业务工作相融合，根据水文外业流动性大的特点，在野外项目工地成立了临时党支部，党员"亮身份，担重任，保安全"，该案例入选湖北省直工委基层党建优秀案例。

把准文明创建方向，大力弘扬社会主义核心价值观。组织"治水历史名人"宣讲，凝聚共筑"中国梦"共识。经常组织党员到红色教育基地和结对单位现场教学，创办《倡廉学习园地》刊物，全局党员干部保持廉政勤政，无违纪违法现象发生。

（二）探索创新模式，筑牢文明根基

加强顶层设计。构建"1+4+4"创建格局，即1个领导小组，由党政主要领导挂帅，相关部门各负其责，全员积极参与；4个主题，局下属水文、河道、水质、科研等不同专业科室，形成不同创建目标主题；4项举措，包括"一套规范、一项工程、一片阵地、一组平台"，一套规范是指文明创建体系建设有规可循，一项工程即职工人手一册《水利文明单位创建手册》，涵盖文明创建应知应会知识、水利职工职业道德岗位规范、公民基本道德、社会公德、家庭美德、个人品德等内容，一片阵地是指在办公场所专设文明宣传栏，一组平台是指开设相关宣传专栏。

抓好长效机制。将文明创建工作任务列入年度党建工作计划，每年制定《长江口局文明建设实施要点》，深入开展群众性精神文明创建活动，研究部署不同时期的工作目标，从加强思想道德建设、健全制度体系建设、丰富职工文化生活、

拓展文明阵地等方面，明确单位文明建设的基本内容。通过完善机构、增强力量，形成党政工团齐抓共管、全局上下积极参与的氛围，职工对文明创建的知晓率、满意度高。

营造浓厚氛围。以创建全国水利系统文明单位、上海市文明单位双文明单位为契机，对加强这项工作进行专门动员部署。组织开展向全国水利系统先进工作者钟宏联、最美水利人郑守仁等身边的先进人物学习活动。结合单位成立40周年，收集各时期各专业相关的珍贵文物，整理老旧测量物件，更新改造陈列室。汇集老领导和职工撰写的70余篇回忆文章，出版反映40年奋斗史的专著《长江入海流》。通过门户网站和橱窗、刻字上墙等形式，加强文化体系宣传。

（三）实施文化工程，打造独特阵地

实施基层测站文化提升实体工程。长江口局机关在上海，下属基层测站分布在江苏太仓、常熟、江阴和上海崇明等地区。结合水文测站点多、线长、面广的特点，以国家基本站徐六泾、江阴水文站为示范点，实施文化提升工程，在基地设置富有独特水文化元素的雕塑、景观、门厅、文化墙、走廊等，打造赏心悦目的庭院环境，形成长江口水文化特色。

打造"一室一厅"文化阵地。"一室"为职工活动室，对内部职工开放，提供读书站、茶歇室、健身房等设施，成为职工工作交流、思想碰撞的汇集地。"一厅"为长江口水文化展厅，对外部单位和社会公众开放，涵盖水文水资源、水质监测、海洋测绘、工程水文、应急监测科普知识，长江口河段全息数字沙盘、徐六泾潮流量在线系统4D演示，具有很强的观赏性和交互性，是上海市水务海洋行业优秀文化阵地。

拓展4个宣传阵地。即"一传播""一专栏""一讲堂""一餐桌"，通过长江口水文官方微信号、宣传栏、文明讲堂、文明餐桌，使文明风尚、文明礼仪、文化创意等在全局干部职工中深入人心。

（四）持续深耕细作，丰富实践内涵

通过持续深耕细作，举办各项文明创建活动，极大地丰富了实践内涵，提升了职工的幸福感和获得感。

一是大力弘扬中华传统文化。结合"我们的节日"主题，举办传统手工制作、

退休老同志重聚、留沪青年交流、迎春趣味文体联谊等活动,开展"传统大家谈""传承家风"分享会,组织参观上海花博会、职工运动会、健步走等集体活动,进一步增强集体的凝聚力和职工的幸福感。

二是积极选树典型弘扬正能量。涌现了一批身边的先进人物,比如30年如一日坚守基层测站的优秀党员浦泽良,长江委水文局"十佳家庭"徐昕、程肖雪夫妻,送医护女儿去武汉抗疫一线支援的水文站职工李安平,多次在外业期间勇救落水遇险人员的测量队员们。以这些先进人物事迹为原型创作短视频节目,多次在网络微春晚、宣讲会、公众号传播,引发社会关注,弘扬了正能量。

三是热心志愿公益服务。积极开展"关爱山川河流"水利志愿服务和新冠肺炎防疫、赛事保障、美化岸线等各类志愿服务。热心社会公益,每年年初,全局职工自觉拿出一日工资为慈善做贡献,积极帮扶三峡库区范家坪村,长期资助上海青浦东西村贫困户、金杨街道孤寡老人和困难学生家庭,获评浦东新区金杨街道"慈善之星"集体。

四是将安全文化融入文明创建。常年以"安全生产月"培训教育和职工安全生产运动会为抓手,深入开展全员"安康杯"竞赛和安全班组10000活动,单位安全生产形势稳定向好,获评全国"安康杯"竞赛优胜单位。

(五)推动中心工作,增添发展动能

长江口局坚持服务治江大局、服务水利发展、服务国民经济发展,抓中心工作提升文明创建,抓文明创建促进中心工作。

1. 认真履行水文防汛测报基本职能

深入学习贯彻习近平总书记治水重要论述和重要指示批示精神,全面收集长江口水文、水质、河道基础资料,及时准确上报各类水情信息。在水体污染、水上搜救、崩岸监测等突发事件中第一时间处置险情,多次受到表彰。

2. 积极服务流域经济社会发展

强化科技支撑,率先建成徐六泾潮流量在线监测系统,与水利、交通、生态环境等部门共建共享,有力地保障了长江口地区的防洪安全、航运安全、供水安全。取得国家水文水资源调查评价、建设项目水资源论证、测绘、水利工程质量检测四项甲级资质,服务长江流域经济社会发展,以及三峡、长江口深水航道等国家重点建设工程。

3. 搭建人才创新创造平台

长江口局是上海市科委上海河口海洋测绘工程技术研究中心、武汉大学大学生实习基地，承担多项国家研发计划和省部级科研课题，先后荣获国家大禹水利科技进步奖、国家测绘科技进步奖、航海科技进步奖等省部级科技奖项20余项。成立"海测先锋"、美富创新工作室、李保创新工作室，强化科技赋能。通过举办技能比武、师徒带教，加强专业人才队伍建设。开展优秀人才培养选拔，打造学习型团队，2人入选长江委"5151"人才，2人入选水文局首席专家，全局职工中有教授级高级工程师7人，高级以上专业技术人员39人，技术力量雄厚。

三、综述

文明是一阵清风，爽朗了人们的心情；文明是一盏明灯，照亮了前程的光明；文明是一场细雨，滋润了干涸的心灵。实践证明，文明创建是一项系统工程，是推动中心工作强有力的抓手，更是提升职工的幸福感和获得感的有效路径。

长江口水文人励精图治40载，在获得全国水利系统先进集体、全国水利系统抗洪抢险先进集体、全国水利系统模范职工之家、全国"安康杯"竞赛优胜集体等多项荣誉称号的同时，"事业发展是根本、经济发展是基础、文化建设是保障"的理念早已经深入人心。

治水尖兵，逐梦长江。新时代奋进勃发的号角已经吹响，长江口局将以习近平新时代中国特色社会主义思想为指引，巩固全国水利文明单位、上海市文明单位"双文明"建设成果，推进文明建设久久为功，持续开花结果，勇立潮头，不负使命，再创新的辉煌。

弘扬汉水文化　打造水工程文化品牌

——汉江水利水电（集团）有限责任公司开展汉江流域水文化建设试点工作案例

【摘　要】 在充分挖掘丹江口水利工程文化功能的基础上，梳理汉江水文化遗产，深入挖掘汉江水文化蕴涵的价值；推动丹江口水利枢纽工程与水文化深度融合，提升水利工程的文化内涵和美誉度；增设丹江口工程展览馆的展示内容，发挥好传播治水文化的载体作用；开展文化宣传教育传播活动，大力提高职工群众的水文化素养，实现水利工程与水文化、企业发展与绿色发展的有机融合，从而将丹江口水利枢纽打造成具有影响力的水工程文化品牌。

【关键词】 汉江　水文化　示范工程

一、背景情况

汉江是一条流淌着历史文化的大河，为中华文明的创造和积累发挥了重要作用。汉江水利水电（集团）有限责任公司（以下简称"汉江集团公司"）作为丹江口工程运行管理单位，因汉江而生、伴汉江而兴，在64年的发展历程中，水文化建设一直与丹江口水利枢纽的运行管理和汉江集团公司的改革发展同行同向、相互支撑、相互促进。

进入新时代，习近平总书记高度重视文化建设，做出了一系列重要论述。2021年2月22日，水利部办公厅印发的《2021—2022年水文化工作重点任务清单》对汉江流域水文化建设试点工作提出了具体要求：以汉江流域为试点，梳理汉江水文化遗产，围绕丹江口水利枢纽工程打造汉江水文化示范工程为核心任务，加强汉江文化传播交流，探索流域管理机构与流域各地及有关部门、研究机构协作的水文化发展模式。2020年7月3日,长江委党组印发的《关于文化塑委和推进长江水文化建设的指导意见》中提出的"开展汉江水文化建设试点"也明确了三项重点任务:一是梳理汉江水文化遗产;二是打造汉江水文化示范工程;三是加强汉江文化传播交流。

汉江集团公司从战略和全局的高度,充分认识到了水文化建设的重要性和紧迫性,积极开展汉江流域水文化建设试点工作,以丹江口水利枢纽工程为核心,推进汉江水文化建设,从光辉历史进程中汲取文化自觉的动力,在构建水文化体系中筑牢文化自信的根基,将丹江口水利枢纽打造成具有影响力的水工程文化品牌,不断谱写水文化继承、弘扬、发展、繁荣的新篇章。

二、主要做法

在水利部和长江委的部署指导下,汉江集团公司围绕丹江口水利枢纽工程打造汉江水文化示范工程这一核心任务,坚持系统布局、分步分区实施的原则,在充分挖掘丹江口水利工程文化功能的基础上,开展一系列水文化研究活动,深入挖掘汉江水文化蕴涵的价值理念,形成汉江水文化理论框架;推动丹江口水利枢纽工程与水文化深度融合,提升水利工程的文化内涵和美誉度;以水情教育基地、水利风景区为依托,建设多元化水文化宣传载体;开展文化宣传教育传播活动,大力提高职工群众的水文化素养,实现水利工程与水文化、企业发展与绿色发展的有机融合。

(一)开展汉水文化遗产调查

水文化的遗产与内涵是千百年来传承的宝贵财富,作为比长江和黄河还要早7亿多年的汉水,其遗产与内涵之丰富可以追溯到人类起源,开展汉江遗产调查摸底工作是挖掘保护传承汉水文化的重要手段。汉江集团公司从物质类和非物质类两大方面出发,通过线上查阅电子资料、线下翻阅各地档案资料、实地考察、座谈调研等方式,全面、深入调查和梳理水利文化遗产,并经过多轮专家论证,整理形成《汉江水文化遗产名录》。

(二)打造汉江水文化示范工程

汉江水文化示范工程的建设以丹江口水利枢纽为核心,对水文化的融入进行

总体规划，通过对汉水文化体系进行分析、梳理与归纳，从地理、历史、人文层面展开，结合场地空间实际，明确了水文化场景打造方式和展示内容。总体规划分为近期规划和远期规划两大部分，从治水文化、工程水文化、历史水文化等3个层面展开，形成"一带三幕十八景"的系统展示区。

近期规划分为两期建设，主要是在丹江口大坝左岸和右岸的工程管理区。左岸管理区为一期工程，目标是打造汉水文化综合展示区（工程文化、治水文化、法治文化、廉洁文化）；右岸管理区为二期工程，建设汉水文化综合体验区（工程文化、治水文化）。

远期规划计划在丹江口大坝左岸原工业厂房区打造汉水文化 IP 小镇，建设汉水延伸文化的综合展示和体验区（历史水文化、艺术文化、民俗文化等），丰富参观者对文化的体验感和参与感，同时促进文旅产业发展。

目前，总体规划和近期一期工程设计已经完成，施工正在逐步推进，已建成的项目有：

水脉广场。丹江口工程作为南水北调中线水源工程，水文化展示内容离不开南水北调工程。水脉广场位于丹江口大坝前广场，此处依山体而建气势恢宏的南水北调中线工程调水水脉图（长63米、高23米），配以声光特效，栩栩如生地描绘出"一库清水北送、润泽民生福祉"的历史使命。水脉图下落地而建全长63米的光辉岁月宣传栏，选取丹江口工程63年（1958—2021年）建设运管历程中的经典场景，以图文画卷形式铺展而开，镌刻出丹江口工程治水管水文化的光辉印记。

汉水文化长廊。在进入坝区前的道路两侧安装文化展牌，从汉江水文化溯源、内核、延伸和实践层面，整体呈现汉江流域的历史、地理、流域、支流、物产、传说故事（如炎帝神农、圣母女娲、治水大禹）、水利工程（如九省通衢古关道、古今江汉人工河）、途经核心城市（如汉中、南阳、襄阳）、特色文化（如荆楚文化、三国文化）、民俗、文化遗产、近代治水工程等内容，是整个工程水文化展示的核心区域，让参观者对汉水文化的足迹深入探寻。

（三）用好丹江口工程展览馆

不断修改增设丹江口工程展览馆的展示内容，使其真正发挥传播治水文化载体的作用。

丹江口工程展览馆主体展馆总建筑面积3414平方米，为3层框架结构，投资2000余万元，是集工程展示、水利科普、水情教育、水法治教育等功能于一体的大型展馆。展厅一楼由奠定基石、再续征程、情系万家、继往开来、领导关怀等5个部分组成，通过300余幅历史图片、30余份历史文献、4座场景模型、2座沙盘模型，以及珍贵的历史视频、党和国家领导人的亲笔题词等实物资料，全面展示了水利建设者自力更生、艰苦奋斗、克难攻坚、无私奉献建设丹江口水利枢纽初期工程及后期加高完建的非凡历程。展厅二楼为水利科普展厅，分为四大展区，内容涵盖水资源、水利用、水保护和水工程等方面，以模型展示、多媒体等方式科普水利知识。展厅三楼为水利研学科普课堂，先后开发多类型适合不同年龄段的中小学生研学精品课件，达到了传播水文化、水科普，讲好水工程故事的目标。展厅外延玻璃走廊为新增的水情教育和水法治教育展示区，以丰富的图文展板和视频动画介绍汉江水情、普及水法规知识，着力构建"人人参与、人人受益"的全民水情水法教育体系。

（四）加强工程水文化传播与弘扬

有计划、有重点地宣传丹江口工程润泽民生的显著效益和弥足珍贵的建设管理经验，增强社会公众对水利工程和水文化的关注度。

一是以弘扬和传承丹江口工程治水管水文化为目标，挖掘丹江口工程60余载建设历程记忆，已出版《丹江口工程往事漫忆》《丹江口工程往事》以缅怀治江先辈、追忆工程往事、激励后来之人。二是总结提炼红色文化。立足实际、由远及近，对丹江口红色文化故事进行总结，挖掘人物事迹，起草编撰《汉江红色水文化故事集》，传承丹江口红色基因。三是制作汉江流域水文化宣传片，涵盖汉江水文化、丹江口工程、南水北调中线工程、绿色生态发展等内容，将在各宣传平台进行展播，点亮南水北调中线工程源头品牌。四是发挥丹江口工程"国家水利风景区""国家水情教育基地""全国爱国主义教育示范基地""全国中小学生研学实践教育基地""全国科普教育基地"五大荣誉品牌效应，用好丹江口工程资源优势，促进文旅产业发展。五是结合水文化工作建设进展情况，在社会媒体、水利行业媒体和内部媒体上开展汉江水文化内容、精神和工作开展情况的宣传，大力推广工程建设管理的工作经验亮点和水文化建设成就。

三、经验启示

一是从整个汉江流域的角度把握水文化建设蓝图，持续地优化汉江水文化建设体系和规划；二是水文化建设立足水利，还要跳出水利，注重汉江传统治水文化的挖掘，提炼优秀传统水文化的精髓；三是坚持与时俱进，从汉江集团公司管水治水实践中总结、整理、丰富和提升水文化，展现新时代治水文化；四是在传承水利历史文化、弘扬水利工程文化、突出水利工程特点等层面深度挖掘汉江水文化建设项目的潜质；五是借助丹江口水利枢纽及南水北调中线水源地的资源优势，打造源头文化品牌。

众手浇开文明花　和谐发展谱华章

——黄河水利委员会水文局（机关）全国文明单位创建案例

【摘　要】 黄河水利委员会水文局（以下简称"黄委水文局"）（机关）坚持以习近平新时代中国特色社会主义思想为指导，大力培育践行社会主义核心价值观，传承弘扬"艰苦奋斗、无私奉献、严细求实、团结开拓"的黄河水文精神，实施"党建引领、创新驱动、业务立局、经济强局、人才兴局、文化润局"发展战略，锚定"智慧水文、富强水文、美好水文"建设目标，明确"围绕中心、突出特色、创建品牌、精益求精"创建思路，构建以思想领航、铸魂立德、文化润泽、先锋建设、品牌创建为着力点的创建格局，内修定力、外塑形象，形成了班子领导有力、干部作风优良、业务技术先进、服务社会高效、机关风清气正、文明氛围浓厚的工作局面。

【关键词】 黄河水文　三个水文　文明创建

一、背景情况

黄委水文局作为黄河流域水文行业管理机构，担负着黄河流域（片）水文站网规划，水文气象情报预报，干支流河道、水库及滨海区水文测验，水资源调度管理，水质监测，水资源调查评价，水文基本规律研究和水文测验保护区内的水政监察工作，为黄河保护治理和流域经济社会发展提供基础支撑。机关设有14个职能部门和5个科研、生产、后勤保障部门。2006年以来，黄委水文局（机关）先后荣获全国水利文明单位、省级文明单位称号，连续多届保持双文明单位荣誉称号，获评全国五一劳动奖状、模范职工之家、全国水情工作先进单位、水利部抗震救灾先进集体等，连续15年被评为平安建设先进单位，2020年成功创建全

国文明单位。

二、主要做法

（一）强化组织领导，优化工作机制

黄委水文局党组始终高度重视文明创建工作，成立工作领导小组，形成一把手亲自抓、分管领导具体抓、部门各司其职、职工全员参与的工作格局。落实"年初动员、季度推进、年末总结"三步走，将文明创建融入日常经常，纳入绩效考核，与党建、业务工作同部署、同推进、同检查、同考核，建立健全财政、人员、阵地等保障机制，整合资源、汇集力量、突出特色、协同推进，凝聚了强大的创建合力。

（二）突出价值引领，打造特色品牌

激发党建"红色引擎"作用，深化"党建＋文明创建"机制，擦亮"黄河水文红旗党支部"党建品牌，构建"1+6黄河水利党建示范带"，涌现水利先锋党支部2个、黄河先锋党支部10个、黄河水文红旗党支部24个，以行业特色党建促进精神文明建设提档升级。

把社会主义核心价值观融入水文事业发展、水文文化建设、精神文明创建等各方面，利用专题讲堂、主题电影及网络等全方位宣传，推动落地生根；开展文明处室等"六个文明"评比；依托足球、书画、摄影等8个协会，开展丰富多彩的活动，弘扬文明之风。全局现有全国文明单位3个，全国水利文明单位3个，省级文明单位10个，6个局属单位机关全部为省级及以上文明单位。涌现出以全国先进工作者田双印、全国五一劳动奖章获得者谢会贵、全国水利系统先进工作者边春华等为代表的120多位省部级以上劳模。

打造"黄河水文公众开放日"特色品牌，获评全国科普日优秀活动、河南省直优秀志愿服务项目。倡导绿色环保，开展宣传教育、保护环境、义务植树、水法规普及等活动；下沉社区，助推文明实践，开展水电暖电脑维修、民情家访、清洁家园、法律进社区、移风易俗等活动；服务城市，开展疫情防控、绿城使者、全城清洁、路长制、文明交通、重大赛事执勤保障等活动。

（三）聚焦主业主责，全面提质增效

完整全面贯彻新发展理念，积极融入水利高质量发展，主动服务黄河流域防

汛抗旱、水资源管理和水生态环境监测等，为黄河连续22年不断流、东居延海连续17年不干涸等提供了坚实的支撑。2016年以来，及时准确监测预报干流17场编号洪水，特别是2021年，面对新中国成立以来最严重秋汛，全局上下团结一致，千余人连续作战，超常规实测流量2015次、开展洪水预报943站次，密集开展水文气象预报会商400余次，发布预警预报信息近万次，打赢了秋汛洪水测报硬仗。黄委水文局8个集体、31名个人获得黄委嘉奖，先后收到部队、地方政府、单位部门感谢信等26件。

强化顶层设计，深入实施创新驱动发展战略，为建设幸福河贡献水文力量。制定黄河水文发展"十四五"规划体系，配合编制完成《黄河流域生态保护和高质量发展水安全保障规划》。制定黄委水文局落实规划纲要思路举措，编制完成《黄河水文基础设施建设"十四五"规划》，并纳入《全国水文基础设施建设"十四五"规划》，得到国家发改委和水利部联合批复。主编完成的《水文设施工程施工规程》《水文测量规范》《水文调查规范》等成为国家标准或水利行业标准。持续加大新技术、新装备应用力度，推进"智慧水文"建设，水位、雨量、蒸发、气象观测实现自动采集、传输。近年来，多项新技术和成果入选《水利部水文测报新技术装备推广目录》《先进实用水利技术推广目录》，智慧水文站系统入选全国智慧水利优秀应用案例。12项成果获大禹奖等省部级科技进步奖，156项成果通过黄委"三新"认证。

（四）厚植文化沃土，弘扬文明新风

编印《黄河水文文化手册》《机关岗位行为规范》，建立黄河水文核心价值体系；编制《黄河水文文化发展规划》，勾画文化发展蓝图；编著《水文感动黄河》《守望大河》《九曲风铃》等"黄河水文文化三部曲"；与华侨大学共建"黄河文化研学实践基地"，促进"请进来走出去"双向交流。建成以读书阅览室、志愿服务站等"五室一站"为固定场所，以网站、微信公众号等为网络平台，以内刊、简报、画册等为纸媒载体，以荣誉展示厅、电子显示屏、专题纪录片等为展播媒介的"四位一体"文化矩阵。

坚持以人为本，建立职工救助帮扶制度，职工重大疾病医疗救助的覆盖率达100%；春节"送温暖"、汛期"送清凉"、开学"送箱包"、暑期"幼儿托管班"

等，不遗余力地为职工办好事；开展援疆援藏和对口帮扶，5个对口单位全部脱困摘帽。热心社会公益，开展结对帮扶，资助贫困小学，派驻第一书记，助力脱贫攻坚；参与无偿献血、慈善捐款等，获评无偿献血优秀合作单位、无偿献血优秀团队、慈善推动奖等。重视生态文明，开展节能减排、绿色生活、垃圾分类等行动，实现"无纸化"移动办公，获评黄委节水机关；推进机关绿化、美化、亮化工程，打造"推窗望绿、出门见景"的优美环境。

三、经验启示

（一）围绕一个中心

始终坚持服从服务于黄河水文工作大局，坚持服从服务于黄河流域生态保护和高质量发展大局，坚持中心工作部署到哪里，文明创建就延伸到哪里，把文明创建作为推动和促进中心工作的重要手段和基本途径，为推动黄河水文高质量发展唱响主旋律、打好主动仗，使文明创建有生机、有作为。

（二）强化两个机制

一是强化"党建+文明创建"机制。坚持党建引领，以水文"红旗党支部"特色党建品牌推动党建与精神文明建设融合发展，赋予精神文明创建新的时代内涵。二是强化全员参与联动机制。积极搭建职工便于、乐于参与的平台，充分引导职工发挥主力军作用、强化主人翁意识，切实做到思想上认识到位、行动上快速有力、投入上全力保障、推进上形成合力，营造"全民动员、全员参与、全面创建、全力以赴"的良好氛围。

（三）突出三个结合

一是结合上级要求，规定动作不走样。对标对表、紧扣主题，着力在思想建设、行为养成、文化生活、内外环境、组织领导上下功夫，保质保量完成规定动作。二是结合模范机关建设，自选动作接地气。寻求符合机关实际的创建路子，组织开展贴近职工需求的活动，最大限度地发挥职工的主观能动性，使创建工作不生硬不敷衍、生动活泼。三是结合行业特色与单位特点，创新动作有特色。围绕提高经费保障水平、提升水文服务社会能力、满足职工美好生活需要三个目标，增进职工的认同感、归属感、荣誉感、责任感，打造风清气正、求真务实、和谐奋进的创建局面。

用心用情打造新时代淮河文化传播阵地

——治淮陈列馆文明创建纪实

【摘　要】 治淮陈列馆是淮河水利委员会对外宣传展示的重要平台，是一座集收藏、展陈、宣传、教育和研究等多种功能于一体的综合性展馆。近年来，始终以习近平新时代中国特色社会主义思想为指导，深入学习贯彻习近平总书记关于文化自信的重要论述和关于治水重要论述和重要指示批示精神，积极践行"十六字"治水思路，努力打造成为培育和践行社会主义核心价值观的重要场所，充分发挥省级爱国主义教育示范基地的模范示范作用，向社会公众展现了波澜壮阔的治淮历程，传播了优秀的淮河文化，弘扬了治淮精神，彰显了治淮人开拓进取的时代风采。

【关键词】 淮河文化　治淮宣传　水情宣教　文化兴水

一、背景情况

治淮陈列馆始建于 20 世纪 50 年代，1958 年，因治淮委员会撤销而停展。1990 年，庆祝新中国治淮 40 周年之际重建，展厅面积约 800 平方米。2010 年 10 月，随淮河水利委员会搬迁至现地址，重建后再次面向社会开放，是集收藏、展陈、宣传、教育和研究等多种功能于一体的综合性展馆。作为再现新中国治淮历史画卷、展示治淮丰硕成果的重要平台，治淮陈列馆始终以习近平新时代中国特色社会主义思想为指导，深入学习贯彻习近平总书记关于文化自信的重要论述和关于治水重要论述和重要指示批示精神，积极践行"十六字"治水思路，充分发挥省级爱国主义教育示范基地的模范示范作用，通过组建优质讲解团队，开展文化研究，面向社会公众开展丰富多彩的主题科普宣教和志愿服务活动，培

育和践行了社会主义核心价值观,有效传播了淮河文化,传递了治淮声音。

二、主要做法与创建成效

(一)主要做法

1. 利用丰富馆藏资料,打造治淮历史文化长廊

治淮陈列馆展厅面积约350平方米,共有2个展厅,展陈内容分为12个板块。展区建有淮河流域三维数字沙盘、黄河夺淮线路电子挂盘、典型洪水淹没范围多媒体触控互动系统等,展览新中国治淮(从1950年到2020年5个阶段)大量珍贵的历史图片,展陈老一代国家领导人有关治淮的批示、题词、锦旗及重要文献等内容,通过多种展陈手段全面系统展示新中国治淮光辉历程、辉煌成就及淮河文化等,是再现新中国治淮历史画卷、展示治淮丰硕成果的重要平台。治淮陈列馆全年(除法定节假日)开放,接待社会各界来宾参观。认真做好中小学、大专院校、社会各类团体等集体参观活动服务;主动做好各类专业考察、技术研究等重要水事活动参观服务,努力发挥宣传平台作用。

2. 创建专业讲解团队,讲述精彩淮河故事

治淮陈列馆讲解组是沟通陈列馆和参观者的桥梁与纽带,现有讲解员11名,均为兼职,以职工为主,且全部为共产党员,平均年龄30岁,承担着陈列馆讲解接待、水情教育、志愿服务等工作。自成立以来,讲解组始终以创"一流讲解,一流服务,一流团队"为目标,坚持政治引领与业务提升相结合,立足讲解岗位,积极践行青年文明号"敬业、协作、创优、奉献"的精神理念,努力发挥让社会各界认知淮河、亲近淮河、热爱淮河、研究淮河的重要作用,热情接待每一批参观人员,以流畅的语言、优雅的动作、良好的形象,为陈列馆对外工作树立了一面文明、团结、责任、服务的青春旗帜,成为讲述治淮历史、传播淮河文化、传递治淮声音的一扇靓丽窗口。开馆至今,讲解组已先后圆满接待全国各地及境外参观者数万人,极大地提升了治淮影响力,为淮委赢得了极高的美誉度。

3. 借助多样形式载体,开展立体式展示宣传与宣教

多年来,治淮陈列馆通过编撰书籍、举办专题展览、开展科普宣教等多种形式,传递治淮声音,扩大治淮宣传影响力;充分挖掘淮河流域深厚的历史积淀和文化底蕴，不断提升淮河文化研究水平，推动淮河文化创新转化、创新发展。

一是文化研究。近年来，参与编纂《淮河志》系列志书、《河湖大典·淮河卷》《中国水利史典·淮河卷》《淮河水情教育读本》等书籍。参与策划拍摄制作治淮宣传片，编印宣传册。制作完成多部淮河保护治理年度工作回顾专题片，与相关业务部门合作编印打击非法采砂、水资源保护、水利工程建设等多个主题宣传册；拍摄制作各类重大水事专题宣传片，拍摄制作的新中国治淮70年宣传片《长淮壮歌，盛世华章》在水利部微信公众号上展播，为《人民日报》、新华社、中央电视台等国内主流媒体记录反映淮河保护治理的生动实践和取得的辉煌成就提供大量影像资料。

二是专题展览。围绕水法宣传、水土保持、水资源管理与保护、水利工程建设、治淮人物等内容，结合"世界水日""中国水周"等主题，定期策划举办主题鲜明、形式多样的专题展览，全方位、多角度展示淮河保护治理的历程及成效，展现治淮人的时代风貌。近年来，先后在北京中国国际展览中心、水利部等地策划制作新中国成立70周年治淮成就展"牢记使命 筑梦淮河"、中国共产党成立100周年"淮河安澜 水韵华章——新中国治淮成就展"等专题展览，并协助中国水利博物馆推出"淮水东流应到海——新中国治淮70年专题展"，在更高规格、更高层次的专业平台上展示了新中国治淮70年光辉历程和辉煌成就，宣传淮河文化，提升治淮影响力。

三是主题教育。定期策划开展主题教育活动，面向社会公众进行爱国主义教育、水情教育、淮河文化传播等。围绕"世界水日""中国水周""世界环境日""国际志愿者日"等重要节点，策划开展了"关爱母亲河 保护水资源"节水护水爱水主题活动、"走近淮河母亲 倾听治淮故事"治淮陈列馆科普开放活动等，通过主题鲜明、内容丰富、寓教于乐的宣传，唤起公众对淮河的关爱保护以及对淮河保护治理事业的关注。

四是志愿服务。治淮陈列馆讲解组积极参加志愿服务活动，发挥自身优势，开展"进校园、进社区、进农村"水情教育活动，定期组织"宣传进校园、读本进校园、校园小课堂"等活动，通过有关部门联系偏僻乡镇农村学校，为那里送书、送文具，接送学生参观治淮陈列馆。深入社区，开展"社区送书、社区集中宣传日、社区参观、社区讲堂"等活动。

（二）创建成效

1. 治淮陈列馆先后被评为安徽省第五届爱国主义教育示范基地、安徽省科普教育基地、蚌埠市爱国主义教育示范基地、蚌埠市科普教育基地、河海大学大学生社会实践基地及河海大学研究生培养基地。建成开馆以来已先后接待全国各地及境外参观者近2万人。参观者中有关心治淮事业的各级领导，有许多全国各地慕名而来的普通水利工作者，有来自水利及各类院校的师生，有80余岁高龄的老水利工作者，有不足10岁的幼小学生，有来自西藏、新疆等偏远地区的贵客和港澳台的同胞，亦有来自荷兰、日本等国外的同业者等。值得一提的是，2020年10月28日，淮河生态经济带第二次省际联席会在蚌埠召开，流域五省分管副省长、29个合作城市的市长、与会专家、代表共近500人参观陈列馆，展示效果得到了肯定和好评。2020年11月5日，"院士专家淮河行"的7名中国科学院、中国工程院院士和15名水利专家参观陈列馆，极大扩大了陈列馆爱国主义教育基地的影响力。

2. 治淮陈列馆讲解组被授予第20届全国青年文明号、安徽省青年文明号标兵、安徽省青年文明号、蚌埠市五一巾帼标兵岗、蚌埠市青年文明号、淮委工人先锋号等荣誉称号。讲解组成员积极参加全国水利科普讲解大赛及省市级爱国主义教育基地讲解员技能比赛，在第二届全国水利科普讲解大赛中荣获优秀奖，在安徽省第二届爱国主义教育基地讲解员大赛中荣获优秀奖。

3. 参与编撰的《中国水利史典》荣获第四届中国出版政府奖图书提名奖、第六届中华优秀出版物奖图书奖。

4. 陈列馆科普宣传主题活动多次受到《中国水利报》、中国水利网、安徽新闻联播、蚌埠新闻联播、《蚌埠日报》等主流媒体的关注报道，极大提升了影响力；以治淮陈列馆讲解组为骨干参与的"节水护水青春行·关爱淮河母亲河""'青'润淮河"节水护水志愿服务项目先后荣获全国志愿服务大赛银奖和铜奖。

三、经验启示

（一）强化政治性，打造与时俱进的治淮文化传播阵地

以习近平新时代中国特色社会主义思想为指导，深入贯彻习近平总书记"十六字"治水思路和关于治水的重要论述和重要指示批示精神，结合新时代淮河保护治理的生动实践、取得的新成就，及时做好展厅的资料更新，进一步强化科技引领和高质量服务，心怀"国之大者"，打造与时俱进的治淮文化传播阵地，积极融入淮河保护治理高质量发展的新征程。

（二）突出群众性，开展公众广泛参与的科普宣传主题活动

充分发挥治淮陈列馆平台优势，突出群众性，开展受众范围广、群众喜闻乐见的科普宣传主题活动及志愿服务活动。加强与中小学、大专院校、机关企事业单位等社会团体沟通合作，联合蚌埠日报社小记者团开展的治淮陈列馆科普宣传活动已连续开展多年，有效唤起了公众对淮河的关爱保护和对淮河保护治理事业的关注。

（三）注重文化性，做好淮河文化的发掘、保护、传承、弘扬

深入学习贯彻习近平总书记关于文化自信的重要论述，贯彻落实水利部"十四五"水文化建设有关部署要求，利用馆藏资源，发挥治淮陈列馆讲解组的专业优势，积极参与开展淮河文化研究，充分挖掘淮河流域深厚的历史积淀和文化底蕴，编纂了《淮河志》系列志书、《河湖大典·淮河卷》《中国水利史典·淮河卷》《淮河水情教育读本》等一批优质书籍；通过开设线上、线下专题展览，制作画册、专题片、微视频、微动漫等多样的文化产品，丰富淮河文化传播形式和路径，把淮河文化的当代价值发掘和提炼好、宣传和运用好，推动淮河文化创新转化、创新发展。

强化文明创建引领　促进水务民生保障

——天津市水务局文明创建纪实

【摘　要】 天津市水务局深入开展精神文明创建活动，自觉承担起"举旗帜、聚民心、育新人、兴文化、展形象"的使命任务，着力在坚定理想信念、履行社会责任、涵养职工素养上下功夫，铸忠诚凝魂、强担当聚力、创业绩修身，锤炼干部职工的"忠诚心""事业心""上进心"。探索性建立网格片区制学习模式，打造"四个不能"为民服务工作机制，兴水惠民，增进民生福祉，营造了崇德向善、明德惟馨的良好风尚，凝聚起砥砺奋进的强大精神力量，服务天津水务高质量发展，助力天津社会主义现代化大都市建设。

【关键词】 网格片区制　"四个不能"　文明创建　示范引领

一、背景情况

2021年，天津市水务局坚持以习近平新时代中国特色社会主义思想为指导，深入学习贯彻党的十九大和十九届历次全会精神，全面贯彻落实水利部文明委和天津市文明委关于精神文明建设的各项部署要求，深刻领悟"两个确立"的决定性意义，不断增强"四个意识"、坚定"四个自信"、做到"两个维护"，自觉承担起举旗帜、聚民心、育新人、兴文化、展形象的使命任务，培育和践行社会主义核心价值观，唱响爱党爱国爱社会主义的时代主旋律，着力筑牢干部职工理想信念之基；深化文明实践、文明培育、文明创建，推进水务行业文明创建上水平，为水务事业高质量发展提供坚强思想保证，为全面建设社会主义现代化大都市提供强力水务支撑。

二、主要做法

（一）聚焦首要政治任务，铸忠诚凝魂，炼就信念坚定的"忠诚心"

一是逐级分层系统学。局党组把学习贯彻习近平新时代中国特色社会主义思想作为长期坚持的首要政治任务，扎实开展党史学习教育，充分发挥理论学习中心组领学的"旗舰"作用，局处两级理论学习中心组开展学习教育专题学习400余次，专题读书班90余次，开展各类宣讲350余次，讲党课460余场，切实推动习近平新时代中国特色社会主义思想入脑入心。全局各级党组织严格落实"三会一课"、谈心谈话等党内组织生活制度，持续跟进学习习近平总书记系列重要讲话精神，学习贯彻党的十九大和十九届历次全会精神，深入学习《习近平谈治国理政》等重点书目，利用党员集中学习、党课宣讲、主题党日、"微党课"、过政治生日等多种方式，层层强化党员学习教育，将理论学习融入日常、抓在经常，在学思践悟、真信笃行中提高党员的思想理论水平，自觉把政治过硬和本领高强贯通起来，运用新思想蕴含的立场、观点、方法，解决在水务工作中的矛盾问题。

二是网格片区针对学。按照"工作性质相近、党建工作优势互补"的原则，探索实行党支部"片区制"管理模式，每个片区聘任片区长，按照片区实际情况差异化制订学习计划、开展学习教育活动。通过实行片区长督导、工作例会、重大问题反馈三项机制压实责任，确保学习教育落地见效，各项任务有序推进。整合联合党日、党建督查、党建文化建设等活动信息资源，片区内开展分享交流学习、片区间开展互比互查互促，将监督触角延伸到神经末梢，在实践中检验学习效果，打通学习教育的"最后一公里"。

三是拓展渠道灵活学。2021年，全局各级党组织紧密结合党史学习教育，积极开展形式多样的学习实践活动，组织红色观影373场次，组织红色参观见学685场次，接受革命传统的精神洗礼，传承弘扬伟大建党精神和共产党人精神谱系，进一步汲取精神养分，赓续红色血脉，锤炼精神品质。大力宣传学习动态和成效，在"学习强国"、水利文明网、今日头条等新闻媒体刊发宣传信息618篇，楼宇宣传屏发布水务人学史力行微视频52个，编辑局内学习教育简报155篇，营造了浓厚的学习氛围，让当代马克思主义的真理旗帜在天津水务高高飘扬。

(二)积极履行社会责任,强担当聚力,树牢为民服务的"事业心"

一是创新"四个不能"工作机制,着力在为民服务上出实招。天津市水务局积极开展"我为群众办实事"实践活动,聚焦百姓群众、水务系统、基层职工三个层面的实际需求,在办实事、解难题中检验精神文明创建成果。积极履行社会责任,打造"四个不能"工作机制,即责任不能推,严格实行首问负责,发现问题由发现部门和责任人主动牵头认领,让群众各类涉水问题第一时间有人问、有人管、有人办;效率不能低,按照"不让群众多等"的工作原则,坚持做到问题不拖拉、尽快办,能立即解决的问题,3~5个工作日解决到位,暂时无法解决的,第一时间向群众做好解释说明工作;效果不能差,建立问题解决回访机制,对已办理完成的问题,通过"实地＋电话"等方式进行回访,不满意的及时反馈重办,确保解决问题群众满意率达到100%;反思不能少,通过梳理群众反映的问题,及时分析工作中存在的共性薄弱环节,针对性建立机制、完善制度,制定一个措施,补齐一类短板,避免同类问题反复发生。2021年全年为群众办实事、解难题253件,各类好事181件,收到锦旗和群众感谢信90件,以抓实的作风、优质的水务服务,树立了水务行业积极作为、服务为民的良好形象。

二是践行社会主义核心价值观,着力在社会贡献上展作为。大力弘扬践行社会主义核心价值观,认真贯彻落实《志愿服务条例》,20个志愿服务项目在天津市文明办立项,精准设计服务项目,提供"手臂外伸式"志愿服务,接受市民群众"点单"。全面组织开展"关爱山川河流"系列志愿服务,参加志愿者达到500余人次,发放宣传袋800余个,发放宣传资料3000余册,现场解答群众疑问100余次。开展节水进社区、进学校、进企业等公益科普活动,增强社会公众共同节约与保护水资源的责任感和使命感。落实"向群众汇报"、入列轮值等制度机制,通过"走进直播间""百姓问政""行风坐标"等方式,及时了解群众诉求,为群众解决实际问题。2021年,通过志愿服务方式为社会办实事、解难题54件,真正做到"民有所呼,我有所应",获得了百姓群众的一致好评和广泛认可。

(三)着力涵养职工素质,创业绩修身,铸就担当作为的"上进心"

一是强化理想信念教育。在全局各部门、基层闸站、工地布设社会主义核心价值观24字主题词，利用电子屏滚动播放党的十九大和十九届历次全会精神，积极涵养职业道德。2021年汛期，天津降雨频次高、强度大、突发性强，天津水务职工充分发挥先锋模范作用，冲在前、干在先，在迎战台风"烟花"等多场强降雨中，提前落实中心城区29处易积水片区和16处易积水地道"一处一预案"措施，做到大雨2小时、暴雨5小时积水排除，有效保障了全市安全度汛，展现了职工知重担重、攻坚克难的良好精神风貌和文明新风采。

二是积极培育文明新风尚。每年清明节，组织广大水务干部职工开展网上祭扫英烈活动，让"云祭扫"引领文明祭扫新风尚。积极组织开展丰富多彩的文体活动，在春节、五一劳动节、国庆节等重要时间节点，组织开展文艺汇演等系列活动，营造昂扬向上的文化氛围。每年定期组织干部职工开展篮球、羽毛球、乒乓球等体育比赛，满足职工多样化、多方面的精神文明需求。

三是发挥先进典型示范引领作用。大力选树推荐"道德模范""天津好人""劳动模范"等先进典型，组织开展向"最美人物""时代楷模""中国好人"学习活动，层层学习先进典型事迹，发挥先进模范的示范作用，营造了比学先进、创优争先的良好氛围。积极参加天津市道德模范推荐评选，天津好人、水利行业最美水利人评选活动，涌现了以全国先进工作者回庆为代表的众多先进典型，3个集体、9人受到省部级表彰。天津市水务局荣获天津市精神文明单位、全国水利文明单位称号，通过多种形式，宣传先进典型，大力弘扬职业道德、社会公德和传统美德，为水务发展提供思想力量和精神动力，进一步巩固文明单位创建成果。

三、经验启示

一是培育新人、坚定理想信念，是强化精神文明创建的根基。天津市水务局精神文明建设工作以习近平总书记重要讲话精神为指引，把培养担当民族复兴大任的时代新人作为着眼点，层层发挥党员干部、青年团员、职工群众的参与积极主动性，强化理论武装，筑牢理想信念，以社会主义核心价值观为引领滋养，以新时代文明中心为坚实阵地，推动精神文明建设工作走深走实。

二是正向激励、强化示范引领，是确保精神文明建设取得实效的关键。在新形势下做好精神文明建设工作，必须激发干部干事创业的内生动力，天津市水务

局大力选树先进典型，发挥示范带头作用，营造学先进、比先进、赶先进的良好氛围，培树了崇德向善、明德惟馨的美好风尚，让文明之花在水务行业竞相开放。

三是以上率下、层层压实责任，是确保精神文明建设取得实效的保障。精神文明建设是党和国家工作的重要组成部分，精神文明建设工作涉及方方面面，必须动员全体干部职工共同参与。天津市水务局切实压实精神文明建设政治责任、领导责任，压实"一把手"第一责任人责任，担起主责、首责，将精神文明建设融入各项水务工作中，统筹谋划部署，层层传导"热力"，分管领导认真履行"一岗双责"，一级做给一级看、一级带着一级干，做到横向到边、纵向到底。

天津市水务局全面加强精神文明建设，坚持长效常态机制，以有力抓手落细落实各项创建举措，创新载体展形象，延伸触角出亮点，层层创建树品牌，在深化文明创建中不断总结经验，凝聚精神文明创建的新资源、新力量，进一步开创文明创建的新局面，为水务高质量发展提供思想之源和精神动力。

用文化凝聚力量　用文明展示形象

——江苏省淮沭新河管理处文明创建案例

【摘　要】 江苏省淮沭新河管理处（以下简称"管理处"）立足基层水利管理单位实际，围绕全国水利文明单位创建目标，通过打造党建文化、亲情文化、榜样文化、志愿文化、爱心文化、创新文化等特色载体，让单位精神文明建设与水利现代化建设融合发展，相得益彰，在文明创建工作中实现了单位环境和谐美丽、干部职工文明向上、主业履职效益提升、社会责任担当有为的实际效果，积累了一批可复制、可推广的文明创建成果。

【关键词】 六个文化　凝聚力量　展示形象

一、背景情况

管理处为江苏省水利厅直属水利工程管理单位，管理着八大枢纽为骨干的32座大中型水工建筑物，服务于苏北4市18个县（区），承担防洪、排涝、灌溉、挡潮、降渍、供水、航运、发电等多项任务，年均供排水100多亿立方米，为保障人民生命财产安全和促进地方经济发展做出了积极的贡献。

近年来，管理处始终坚持以习近平新时代中国特色社会主义思想为指导，围绕文明创建促进单位发展、提高职工素质、展现单位形象的工作思路，通过开展系列贴近工作、贴近职工、服务社会的文明创建活动，不断增强水利精神文明创建工作的针对性和时效性，进一步增强水利文明单位的吸引力和感染力，水利文明单位创建工作的能力和水平得到了显著提高。

二、主要做法

（一）用党建文化营造文明创建氛围

加强理想信念教育。围绕树立理想信念，组织党员干部赴西柏坡、红旗渠、井冈山、中共一大会址、嘉兴南湖等革命圣地开展党性教育；围绕能力提升，组织党员干部赴北京大学、清华大学等高校开展技术管理人才能力提升培训；围绕习近平总书记"十六字"治水思路，开展"学习新思想，建好水生态"为主题的解放思想大讨论活动，让党员干部畅所欲言，汇聚发展智慧力量。

建成党史党建展馆。建成党史党建暨社会主义核心价值观培育馆，馆内分设党史展厅、淮沭党建展厅、大美淮沭展厅与清风长廊、魅力淮沭廊。接待了全省水利系统、高等院校、社会各界等 40 余家单位、2600 余人次的参观交流，被江苏省水利厅列为党建情景教育基地和淮安市德润清江浦区新时代文明实践中心。

营造良好创建氛围。一是加强社会主义核心价值观宣传。利用宣传橱窗、电子显示屏等媒介，张贴宣传 24 字社会主义核心价值观标语和宣传画。二是积极践行新时代精神。组织开展"我心中的新时代精神"征文和演讲，选派优秀选手参加全国水利系统演讲比赛。三是注重新媒体建设宣传。利用门户网站、微信公众号等信息媒体，讲好淮沭好故事，弘扬社会正能量。

（二）用亲情文化凝聚文明创建力量

开展生态菜园建设。作为丰富职工业余生活的一个新手段，处属基层管理所立足资源优势打造"生态菜园"，优选种植蔬菜瓜果 20 多个品种。生态菜园不仅丰富了职工餐桌，还为基层水利职工提供了积极健康的生活方式，让他们切身感受"家"的味道。

建立大病救助基金。自管理处出台了《职工重大疾病医疗救助管理办法》后，职工在遭遇重大疾病时，就可以及时得到管理处工会的医疗费用救助，解除了职工的后顾之忧。救助机制出台以来，已为 85 人次职工发放大病救助补助金 53.9 万元，政策得到了广大职工的广泛拥护和支持。

开展职工之家创建。通过建设职工茶吧、职工书屋，对职工食堂、职工宿舍进行改造升级，点缀文化元素，通过文化植入，引导职工对水利事业的认同感。

开展"办公环境美、工程环境美、职工食堂美、职工宿舍美"为主题的评比活动，进一步改善基层职工的生产生活条件，让基层单位环境面貌焕然一新。

（三）用榜样文化打造文明创建队伍

评树身边先进典型。管理处陆续开展了"十佳文明职工""十佳最美淮沭人""十佳党员模范家庭"等评选表彰活动，赴地方水利系统开展先进事迹巡回报告，展示管理处干部职工乐于奉献、勇于担当的精神品格，受到了服务对象和水利同行的充分肯定与高度认同。

发扬水利工匠精神。一是开展"名师高徒"比武。通过创新职工培养教育新模式，采用"师徒结对、同台竞技"的方式，有效地激发广大职工的学习参赛热情。二是成立以"江苏十大水利工匠"张文珍同志名字命名的"文珍技师工作室"，一批科技成果在厅系统获得应用推广。

举办道德模范讲堂。举办王继才同志先进事迹报告会。全处广大党员干部在王继才精神的感召鼓舞下，将王继才的守岛精神与守闸精神结合起来，在基层站所设立开山岛道德讲堂和开山岛防汛抗洪突击队，用实际行动坚守初心，奉献担当。

（四）用志愿文化传递文明创建能量

助力文明城市创建。管理处积极融入地方、服务发展，在社会公益事业建设中做奉献，在创建文明城市中当标兵，先后组织开展了百名干部进乡村、百名党员进社区等系列活动，积极参与社区综合整治、文明共建、走访困难家庭等活动，为地方经济社会发展聚智献力。

开展爱水节水宣传。开展"保护母亲河，争当河小青"志愿服务活动。定期与当地小学联合开展"世界水日""中国水周"宣传活动，开展"节水知识进校园，争当节水小先锋"主题绘画比赛，与同学们共同参加节水宣誓、节水承诺签名，帮助小学生从小树立节水爱水观念。

开展特色志愿服务。一是开展文明交通志愿行，定期走上街头开展文明劝导协勤活动，用行动诠释文明内涵；二是开展敬老爱老志愿服务，为老年人赠送节日礼品、唱歌献曲、打扫卫生，让孤寡老人感受到社会的关爱；三是开展烈士陵园志愿服务，把爱国主义教育和志愿服务结合起来，用实际行动铭记历史，缅怀

先烈。

（五）用爱心文化引领文明创建风尚

建立捐资助学基地。向全处职工筹集爱心基金12万元，在贵州省金沙县第五中学建立捐资助学基地，选择50名品学兼优且家庭贫困的学生，每名学生每年发放800元助学金，一直资助到高中毕业，让淮沭人乐善好施的爱心种子在贵州山区生根发芽，发扬光大。

定期开展无偿献血。通过开展健康宣传，让更多水利职工都自愿成为无偿献血者。5年来，全处已有300余人次参加无偿献血，献血总量达10余万毫升。2名同志荣获江苏省红十字会授予的无偿献血奉献奖，管理处多次被评为淮安市无偿献血先进单位。

支持精准扶贫工作。一是积极响应省慈善总会"精准扶贫，慈善一日捐"倡议，近3年募得捐款共计善款8.6万元；二是开展"与爱童行、为爱出发"爱心助学活动，为淮阴王兴小学学生捐助书包、图书和学习用品，捐赠一批篮球、羽毛球等体育器材。

（六）用创新文化呈现文明创建特色

开展"一所一特"创建。通过创新工作思路，打造基层站所文明创建特色亮点。先后建成了二河水生态文化园、古清口文化园、法治水利文化园、楚汉水文化园、民国老闸陈列馆等水情教育基地，形成了一批水工程与水文化有机融合的案例项目。

开展特色主题活动。先后开展了"巾帼标兵看水利、立足岗位献计策""青春心向党、建功新时代""七一歌颂党、为党旗添光彩""立足本职续军魂、建功立业展风采""淮沭职工大舞台"等系列主题活动……管理处每年组织开展各项主题活动40余项，把关爱的暖风徐徐吹进每一位职工的心坎里。

提升单位文化品位。组织书画家走进水利工程现场，用精湛的艺术创作了形式多样的作品，有反映生态之美的淮沭河图卷，有反映水文化之美的安澜亭、闸赋碑刻石，还有"河畅湖美、人水和谐"等书法作品……这些作品在处属单位巡回展览，让广大职工在文化熏陶中重拾自我、重塑自我，成为单位文化建设的直接受益者。

三、经验启示

近年来，管理处以创建全国水利文明单位为目标，以文化建设为主线，以特色创建活动为载体，在提高职工文明素质、提升主业发展水平和优化单位形象等方面取得了很好的效果。

一是单位新活力不断增强。在文明创建工作中，管理处坚持文明创建与业务中心工作同频共振、互融共进，以"六个文化"为创建内涵，开展形式多样的文明教育活动，全方位提升干部职工的思想境界、职业素养，进一步营造积极向上的浓厚氛围。

二是社会新风尚不断涌现。定期举办公益讲座，开展扶贫帮困、学雷锋志愿服务，推进节约粮食、文明交通、文明祭扫等主题教育，开展文明科室、文明家庭、文明个人评选，管理处"淮水润万家"志愿服务队荣获江苏省青年志愿服务行动组织奖，单位文明示范显著，文明成果硕果累累。

三是创建新成果不断取得。管理处先后获得全国工人先锋号、国家级水利管理单位、江苏省工人先锋号、江苏省模范职工之家等荣誉30余项，成功创建第九届全国水利文明单位，赢得了上级主管部门和社会各界的点赞和好评。

文明"善"水 润物无声

——江苏省泰州引江河管理处文明创建案例

【摘　要】近年来，在江苏省水利厅党组的正确领导下，江苏省泰州引江河管理处（以下简称"管理处"）认真贯彻落实习近平新时代中国特色社会主义思想和"十六字"治水方针，立足"数字引江、高效引江、大美引江、幸福引江"的建设目标，内修定力、外塑形象，形成了"以德铸魂，为队伍建设护航；以情展韵，为社会服务增温；以文化人，为文明引江润色；以建增智，为改革发展赋能"的创建理念，先后荣获江苏省文明单位、全国水利文明单位、全国文明单位等称号。创业难，守业更难。管理处将持续拓展"四以四为"内涵，推动精神文明建设更上新台阶。

【关键词】"四以四为"理念　文明创建

一、背景情况

管理处是江苏省水利厅直属水利工程管理单位，主要负责高港枢纽泵站、水闸、船闸等运行管理，24千米引江河河道行业管理，里下河腹部地区湖泊湖荡监管及省级防汛机动抢险工作。

近年来，在江苏省水利厅党组的正确领导下，管理处以文明单位创建为契机，以提高职工素质为抓手，三个文明建设相互促进、协调发展，实现了管理处"十三五"圆满收官、"十四五"良好开局。管理处先后荣获江苏省文明单位、全国水利文明单位、全国文明单位、国家水情教育基地、全国中小学生研学实践教育基地等称号，管理处"青春引江 公益力量"志愿服务项目获第五届中国青年志愿服务项目大赛金奖等多项荣誉，"引江法韵"获评省级法治文化建设示范点，充分展现了引江河人靓丽的文明风采。

二、主要做法

（一）以德铸魂，为队伍建设护航

政治引领把方向。认真学习贯彻习近平新时代中国特色社会主义思想，扎实开展"不忘初心、牢记使命"主题教育、党史学习教育，定期开展党性教育培训，举办"马克思主义·青年说"党建沙龙、"学用新思想"知识竞赛、"红色记忆"党史故事大家讲等主题活动，利用"三会一课"、主题党日、专题党课等载体，教育引导党员干部职工不断锤炼政治品德，把准政治方向。

廉政教育筑防线。组织开展"党风廉政教育月"系列活动，定期举办廉政建设专题讲座，组织党员干部集中观看廉政宣传片，赴法院庭审现场、警示教育基地开展廉政警示教育，赴张謇家风家教展示馆开展"清廉好家风"主题教育，不断涵养廉政品德，筑牢思想防线。

法德并举强素质。定期举办普法培训班，开展普法宣传，结合水利工程管理和生态河湖建设，开展法治六进活动，切实增强社会大众节水护水意识。推进法治文化建设，融合历史传统文化及引江河水文化，打造引江法韵法治文化园。强化思想道德建设，加强"四德"教育，努力形成"重法厚德、法德并举"的良好氛围。

（二）以情展韵，为社会服务增温

志愿服务暖人心。弘扬志愿精神，建强志愿服务队，常态化开展无偿献血、关爱孤寡老人、圆梦助学、环境保护等公益活动。围绕主责主业，组织开展"保护母亲河·争当河小青""节水护水·志愿先行""清水航路"等志愿服务活动。持续拓展国家金奖项目——"青春引江 公益力量"志愿服务品牌，大力开展"同'引'一江水、共护母亲河"志愿服务。

结对共建履责任。开展结对共建、帮建联建，管理处与连云港市班庄镇东接驾庄村开展"城乡结对、文明共建"活动，促进城乡一体文明建设；与泰州市张甸镇三盟村开展富民强村帮促行动，推进乡村全面振兴。在管理处内部开展机关党支部与基层党支部结对共建，积极参与泰州市"好邻居"党建微联盟、"5+1+2"

党建联盟活动，开启"共建、共创、共享、共赢"新格局。

水情教育提服务。依托国家级水情教育基地、研学基地和大型水利工程，面向社会公众开展水情教育，开展全国科普日、水利科普周水情教育活动，水情教育进机关、进企业、进校园、进社区等活动，开发"走进引江河、水利知识大闯关"小游戏，"线上"开课，"云端"学习节水护水知识，评选"爱心小水滴"节水护水小使者，不断提升管理处的影响力和知名度。

（三）以文化人，为文明引江润色

引江河文化融入日常生活。积极探索水文化的传承、弘扬和创新，凝练"求实、竞争、创新"的引江河精神。创作《清清引江河》《走进引江河》等系列歌曲，拍摄管理处新的形象介绍片，编制管理处视觉识别手册，对处徽、处旗、网站、车船外观、办公用品、画册等进行统一的形象策划，使立体的引江河文化可感可知，让广大市民对引江河浓郁的水文化有了更加深刻的印象。

引江河文化融入环境建设。编制了《泰州引江河水文化发展规划》《省泰州引江河水利风景区规划纲要》。对管理处生态环境进行统筹规划，围绕"凤凰"文化主题，构建"一轴两翼、一核三带"文化板块，建成凤凰引江赋、里下河韵、长江水脉、水美江苏等系列文化展示板块，打造引江河水科普和水文化知识的主题公园。

引江河文化融入文明创建。定期开展"我们的节日"系列活动，举办主题道德讲堂，发布文明引江20条，打造引江河最闪亮的文明名片。广泛开展具有浓郁引江河水文化特色的"一堂""一队""一牌""一桌""一传播"活动，促进了良好风尚的传播。选树宣传"最美引江河人""引江河好青年""最美半边天"等身边先进典型。在处区设立的遵德守礼提示牌、红色文化展示牌等也极富引江河水文化特色，受到大家的好评。

（四）以建增智，为改革发展赋能

智慧水利建设提质效。按照"智慧先进、安全规范、精干高效、生态靓丽"目标，推广运用数字孪生技术，加快智慧引江河建设，在工程管理精细化、安全生产标准化、工程管理信息化、河湖监管网格化、防汛抢险专业化等方面力求取得新突破，持续提升智慧决策、智慧治理、智慧服务水平，助推水利现代化建设。

匠心人才建设展风采。以党建"红心"引领业务"匠心",教育引导干部职工立足岗位,弘扬和传承劳模精神、工匠精神,致力三精管理,聚力项目驱动。持续开展"每月一试""每年一考"活动,推行工匠进课堂,定期举办岗位讲坛、业务讲坛、成长讲坛。以技师工作室为平台,推动难题破解、技术攻关、科技创新,开展劳动竞赛、技能竞赛、巾帼建功,评选"匠心班组""工匠之星",培育工匠型技术技能人才。

制度机制建设促规范。管理处强化制度建设,从建章立制着手,抓内部规范管理。以文明单位创建、国家级水管单位复核等为契机,从组织建设、设备管理、运行管理、财务管理、水政执法、湖泊管理等方面修订完善300多项规章制度。印发了《重要制度汇编》《党风廉政建设制度汇编》等,真正做到用制度管权、管事、管人。

三、经验启示

文明创建永远在路上,我们要以气吞万里如虎的精神归零出发,逐光而行。近年来,管理处不断丰富创建内涵,逐步提升创建实效,持续深化巩固文明创建成果,通过"四以四为"的创建理念,谱写了新时代精神文明建设与水利高质量发展齐头并进的新篇章。

(一)建机制,健全创建工作的组织网络

文明单位建设是一项内容复杂、牵涉面广、实践性强的系统工程。我们从三个方面入手做好文明建设工作:一是建立领导机制,形成主要领导亲自抓、分管领导专门抓、相关部门具体抓的工作局面;二是建立目标管理机制,把文明单位建设工作列入年度目标管理考核内容,制定总体规划和年度计划,层层分解任务,责任具体到人;三是建立舆论监督机制,在单位内部征集、悬挂创建宣传标语,营造创建氛围。

(二)强认识,奠定创建工作的思想基础

"思想是行动的先导"。创建文明单位首先要解决思想认识的问题,在创建过程中,我们通过召开动员会、部署会、推进会等,让广大干部职工清楚创建的意义及重要性,从上至下统一思想,变"要我做"为"我要做",积极主动地投

入到创建活动中去,才能展现出创建活动的自身魅力和内在价值,达到预期效果。

(三)抓载体,激发创建工作的内在活力

创建文明单位是一项综合性、全局性的工作,需要形式多样的各种载体做支撑,只有不断创新具有特色的活动载体,才能使文明创建更加具有特色、富有成效。注重"细胞"建设,扎扎实实地开展好每一项活动,将"细胞"创建贯穿到每一项具体工作和日常生活中,充实创建活动的内容,才能确保创建工作不流于形式,不走过场。

花开文明　清润港城

——连云港市水利局以文明创建促进水利高质量发展

【摘　要】 连云港市水利局坚持"五个文明"一齐抓，着力建设"政治生态好、自然生态美、精神文明程度高"的水利，努力促进文明创建与业务工作同向同行，先后获得国家级和省部级多项荣誉，综合考核持续位于全市第一方阵，较好地实现了水利高质量发展和单位文明程度的同步提升。

【关键词】 文明创建　水利业务　深度融合

一、背景情况

连云港市水利局高度重视精神文明创建工作，既是积极响应习近平总书记来江苏视察时提出的建设"强富美高"新江苏和"争当表率、争做示范，走在前列"新要求的具体行动，也是顺应人民群众对美好生活新期待，助力全市实现高质量发展、后发先至的必然选择。通过深化文明创建，旨在协同抓好"五个文明"建设，推动业务工作提质增效。

二、主要做法

（一）培根铸魂、补钙强基，着力建设政治生态好的水利

一是深化理论武装。以学习宣传贯彻习近平新时代中国特色社会主义思想为主线，党组中心组领导带头学，固定学习日党员集中学，"学习强国"平台全员常态学。接续开展"不忘初心、牢记使命"主题教育、党史学习教育，举办党性修养、干部能力提升等培训班，先后到开山岛、抗日山、市纪委清风苑、盐城新四军军部旧址等教育基地开展主题党日活动，通过线上线下系列教育，深刻理解

"两个确立"决定性意义,增强"四个意识"、坚定"四个自信"、做到"两个维护"。

二是落实党建责任。深化"清润"党建品牌创建,承办两次现场观摩会,参加两次全市经验交流会,3个子品牌获得市级机关高质量发展先锋队、决战决胜突击队称号,3个子品牌获评红旗党支部优秀党建品牌。开展"党旗飘扬心相随""从抗疫大考看制度优势""讲好党史故事,激发奋进动能"等主题演讲竞赛,在全市"颂歌献给党"歌咏比赛、"百年心向党、建功新时代"文艺竞演、红色故事宣讲大赛中屡获佳绩。通过设立党员示范岗、党员责任区,成立党员突击队,在急难险重的任务面前,党员冲在一线、堡垒筑在一线、红旗飘在一线。

三是形成廉政常态。落实党风廉政建设责任制和中央八项规定精神,开展廉政法规知识竞赛和廉政测试,建设"水韵清风""水清石自廉""廉政安澜"3个市级机关廉政示范点,定期开展廉政教育月活动,抓住项目安排、资金使用、工程建设、招标投标、水资源管理、安全生产、水政执法等重点环节,落实廉政风险点排查及防控措施等,围绕水利建设、石梁河水库采砂整治等关键领域嵌入式监管,促进水利系统党风行风持续好转。

(二)兴水利民、优化环境,着力建设自然生态美的水利

一是助力重点工作高效推进。开展河湖"三乱"和"两违"整治,国考断面优Ⅲ类比例达到100%,入海河流全面消除劣Ⅴ类,建成市级幸福河湖30条,河长制工作2020年、2021年度连续两次获得省委、省政府重大决策部署真抓实干成效明显地方督查激励,河长制信息4次被《水利部简报》采用,石梁河水库采砂整治及生态修复成效获中央环保督察组和省市肯定,石梁河水库幸福河湖清水进城行动得到市委、市政府的高度重视。

二是助力乡村振兴提质增效。农村饮水安全工程实现"同水源、同水质、同管网、同服务",全市农村供水入户率99%以上。灌云县66个农民用水者协会经验在全省推广,赣榆区高效节水灌溉示范县创建在全省率先完成。"美丽库区 幸福家园"建设及石梁河片区43个经济薄弱移民村精准脱贫,使群众拥有更多获得感、幸福感、安全感。

三是助力清润港城宜居宜业。2020年出现"四个超历史"洪水的情况下，确保了全市人民生产生活基本正常。推进10余项水利工程基本建设，提高了城市排水除涝功能及水环境质量。市区河道建成2.5万平方米的生态浮岛，多闸科学调水常态化，主城河面保洁制度化，保持"水清、岸绿、景美"的良好水环境。高标准推进水资源管理和节水型社会建设，严格控制用水三条红线，创建各类节水型载体。

（三）树形增信、引风领尚，着力建设社会文明程度高的水利

一是以"四同"促常态。局党组将文明创建活动与年度工作同策划、同部署、同落实、同考核，结合2018—2020年全国文明城市创建，与海州区市东社区开展共驻共建，与赣榆区汪于村"城乡结对、文明共建"，全面落实新冠疫情防控。组织"最美水利人""十佳文明家庭""最美家庭"评选活动，把中华优秀传统文化、社会主义先进文化、廉政文化统筹考虑，开展了春节、清明节、端午节、中秋节等"我们的节日"主题活动，使之相融共济，以新风尚引领新发展。

二是以活动促落实。开展"水利大讲堂""走进大学堂""实践大课堂"教育100余场次，开展文明礼仪培训和技能培训，组织窗口文明之星文明岗位服务竞赛，开展行业技能比武和多项知识竞赛，常年组织文明交通、文明上网和文明旅游活动；选树"献血先进"徐明、"技术能手"张亮亮、"碧水卫士"陶文硕等典型，多人荣评五一劳动奖章、三八红旗手、巾帼建功标兵等。落实水利基本建设信用体系和诚信考核评价制度。制定《政务服务事项办理工作管理办法》，实现"一张网"数字化全覆盖。

三是以成果促干劲。创建"清润·小水滴"志愿服务品牌，获评全市精神文明建设十大工作品牌、全市无偿献血先进单位、"与雷锋车同行"志愿服务示范站。在省部级文明单位创建工作中持续获得好评，连续获得综合目标绩效考核第一等次，极大地带动了干部职工的工作热情。多个集体获得青年文明号、工人先锋号、五四红旗团委、巾帼文明岗等荣誉称号，社会主义核心价值观的宣传已深入人心。

三、经验启示

1. 领导带头是关键

领导干部以身作则，率先垂范，广泛宣传发动，凝聚集体共识，成为文明创建工作的"主心骨""火车头""领头雁"，淬炼了一支以"争当表率、争做示范、走在前列"为使命的水利队伍，推动形成同心同向共创文明单位、见贤思齐提升道德水准、崇德向善提高文明程度的生动局面。

2. 融合发展是方向

近年来，着力深化"清润"党建品牌、"清润·小水滴"志愿服务品牌和3个廉政建设品牌创建，并不断与水利业务工作深度融合，形成"党建+文明创建+水利业务"发展模式，相互促进、相辅相成、相得益彰，为连云港市水利高质量发展提供不竭的原动力。

3. 服务社会是目标

践行以人民为中心的发展思想，在建设"河安湖晏、水清岸绿、鱼翔浅底、文昌人和"的幸福河湖中，充分展现"水安全有效保障、水资源永续利用、水生态系统治理、水文化传承发展"的美好前景，走出一条富有连云港特色的水利建设路子，实现了服务发展、服务民生的新成效。

缵禹之绪创伟业　合力绽放文明花

——浙江省绍兴市曹娥江大闸运行管理中心文明创建案例

【摘　要】　浙江省绍兴市曹娥江大闸运行管理中心深入践行习近平总书记"十六字"治水思路，紧紧围绕水利改革发展总基调，加强队伍建设，提升管理水平，坚持水与社会、水与文明和谐共建。始终把水文化建设贯穿于工程建设、管理和文明创建的全过程，传承治水文化，打造精品工程；规范运行管理，谱写安澜新篇；汇聚文明力量，发展民生水利；注重文化交流，实现共建共享，集中展现了治水兴水的人文关怀和文化魅力，促进了优秀治水文化的保护传承，加强了水文明交流互鉴，推进了水利业务领域和精神文明领域的全面发展。曹娥江大闸以独特而浓厚的文化气息，成为浙江乃至全国水工程和水文化结合的典范。

【关键词】　水文化　水生态　水文明　民生水利

一、背景情况

绍兴依水而生，因水而兴。上古大禹治水，汉代马臻开筑鉴湖，明朝汤绍恩修筑三江闸，反映出绍兴悠久的治水史和灿烂的治水文化。随着时代的不断发展，水利工程被赋予了更高的使命，除了兴水利、防水害，满足社会生产生活对水的需求外，还要不断满足人民群众在精神方面的需求，体现鲜明的地域特色和厚重的文化底蕴，实现水利工程与人文、环境相融合。而将绍兴先贤的治水精神、古代水利工程建筑风格、治水典故传说与现代水利工程建设有机结合起来，传承和发展好绍兴水文化，是时代赋予大闸建设管理者的历史责任。

"缵禹之绪"创伟业。曹娥江大闸的建成，是绍兴治水历史的延续，是大禹治水精神的传承与创新，更是对水利行业精神的弘扬。曹娥江大闸把水利工程与

生态景观,现代文明与历史文化,城市水利与休闲、旅游完美结合,满足了人民群众对水利工程的精神需求,推动了当代水文化繁荣与共享,增强了水文明传播与交流,助力新阶段水利高质量发展。

二、主要做法

(一)传承治水文化,打造精品工程

精心设计,追求完美。大闸工程把文化元素融入工程规划建设的始终。在工程建设管理中,将环境与文化配套工程列入主要建设内容,并以生态型、文化型、景观型水利工程为目标,以传承绍兴特色水文化为主线,将绍兴先贤的治水精神、古代水利工程的建筑风格、古三江闸的"应宿"文化等元素有机融合。又以追求完美的精神,完成了陈列馆布展、交通桥石雕、碑亭文化镌刻、名人说水景石点缀等水文化布置工作。

深入研究,多元表现。特邀绍兴知名文化人参与文化项目研究,使大闸工程融水闸文化、星宿文化、石文化、曹娥江文化等为一体,提升了工程的内涵和品位。如"四灵守望"景点中对青龙、朱雀、白虎、玄武的物化诠释和石刻文字,使人们在浏览欣赏景色的同时,又增长了对古代天文知识的了解。"名人说水"刻石群,广泛搜集古今中外有关"水"的精辟之言,在108块景石上依石选句,省内外书法高手赐寄墨宝,刻字艺人精心雕镂。

注重传承,弘扬乡情。闸区文化布置具有厚重的历史传承,从远古神话、民间传说到古今中外名人说水,从大禹三过家门到马臻开凿鉴湖再到现代社会的围海造田,每一处文化布置都突出了华夏民族水利文化的历史传承和绍兴水利史上的大事盛事。如"娥江流韵"文化项目,在28个闸孔石栏板上集中展示了曹娥江流域的名胜古迹和典故传说,按时空顺序排列,犹如一册形象化的乡土教材。

(二)规范运行管理,谱写安澜新篇

保障高效运行,筑牢安全屏障。上善若水,曹娥江大闸承载起了时代赋予的使命——造福民生。大闸建成后,上游蓄清水为平湖,下游挡海潮于无形,全市海塘系统自此连为一体,隔断了钱塘江对曹娥江的海水倒灌,阻挡了河口风暴潮的内侵,彻底结束了曹娥江潮汐顶托的历史。闸上河道的防潮(洪)标准从50

年至100年一遇提高到100年一遇以上，萧绍平原的排涝标准达到20年一遇。安澜镇流背后，是闸人合一的休戚与共，是大闸人干在实处、勇立潮头的担当作为。大闸秉承"安全、负责、奉献、高效"的管理理念，紧紧围绕"融入大湾区、实践民生水利、打造品质大闸"的总体目标，按照科学调度、安全运行、开发建设三条主线，致力打造水利工程现代化管理标杆。大闸工程管理做到了效益充分发挥、管理规范精细、调控科学高效、机制良性顺畅、环境优美宜人与氛围文明和谐，先后获得国家级水管单位、水利安全生产标准化一级管理单位等荣誉称号。工程运行13年来，大闸已累计调度2477次，运行2067天，启闭闸门31046门次，排水565.49亿立方米，成功抵御多次强降雨、梅汛及台风等灾害天气，为曹娥江"一江两岸"筑起了一道坚实的安全屏障。

守护生态文明，共促人水和谐。大闸工程左右岸各设置了一条鱼道，为洄游性鱼类提供生命通道，这是大闸秉持生态理念的匠心之作。运行后，为进一步保护洄游性鱼类资源，守护生态平衡，大闸还在鱼类繁殖期间开展纳苗调度，平均每年开闸纳苗次数约30次，启闭闸门约300孔次。近年来，通过浙东引水和平原河网引水活水，工程有效提高了一江两岸河网河道的活水净水和置换能力，大大提升了河网水质，闸前水质稳定保持在Ⅲ类水以上，上游水质保持在Ⅱ类水以上，生态环境得到持续改善。同时，积极开发曹娥江水上运动、观光旅游等项目，以工程为依托，突出惠民共享理念，努力打造集"工程、环境、生态、景观、人文"于一体的水利风景区，提升人民群众的幸福感、获得感。

发挥综合效益，福泽地方民生。大闸挡潮蓄淡，换来一江清水，为曹娥江两岸开发建设提供了丰富的水资源。此外，作为浙东引水工程的枢纽工程，随着浙东引水的常态化运行，已通过闸上江道向浙东地区累计引水29.51亿立方米，大大缓解了浙东地区缺水现状，同时有力促进了河网水体流动，改善了沿线水环境。航运条件的改善，也为两岸物资运输创造了极大的方便，杭甬运河曹娥江段9千米500吨级航道通航保证率从建闸前的50%左右提高到90%以上。防洪标准的提高、淡水资源的保障、水环境的改善、两岸融资环境的提升，为绍兴大城市北进、开发建设滨海新区创造了有利条件，也在浙江推进大湾区建设和长三角一体化进程中，发挥着重要的水利保障作用。

（三）汇聚文明力量，发展民生水利

践行文明理念，志愿服务常态化。大闸设立"保护曹娥江、共护钱塘江"志愿服务站，组建"绿水娥江"志愿服务队，积极开展非法捕捞劝阻、增殖放流、义务植树、水质监测、参观讲解服务等活动。深入推进"三进三服务"等主题实践活动，加强企业服务指导，通过合理化调度运行，保障防洪排涝安全与取水安全两不误，及时掌握企业运煤需求及通航保证水位，在确保防洪排涝安全的前提下，尽力延长通航时间，助力企业电煤运输保障。抓好党员干部"两地报到、双岗服务"志愿服务活动，党员与社区"契约化"共建，支持新农村与五美社区建设，深化贫困村结对帮扶，通过走访调研、建言献策、资金帮扶等助推乡村振兴。

深化文明风尚，助力水城建设。选树先进典型，积极参与"践行核心价值观 争做最美水利人""最美治水人""党员先锋岗""先锋标兵"等评选活动，营造"比学赶超""争先创优"的良好氛围。积极发挥自身在"五水共治"和"重建水城"中的作用，努力为解除绍兴水患之忧恪尽职守。做好库区水质监测，加强污水排放监控，对违规捕捞船只和渔具开展集中整治清理，对闸上河道水域及沿岸垃圾进行打捞和清理，保持江面清洁。组织干部职工参加"五水共治""污水零直排"等中心工作，助力美丽绍兴水城建设。

优化景区环境，促进水域开发。积极打造融合水利设施观光、钱塘江涌潮观光和曹娥江水上休闲运动于一体的"中国第一河口大闸旅游度假景区"。景区建设品质不断提高，被授予国家水土保持生态文明工程、国家水利风景区等荣誉称号，被评为浙江省十大最美水利工程和绍兴市十佳魅力新景区。逐步完善景区配套设施建设，通过在景区连续举办观潮节、游艇展、摩托艇赛等活动，推动休闲旅游业发展，不断扩大景区影响力，充分展示大闸水文化内涵，使大闸国家水利风景区功能得到进一步开发，每年到大闸来的游客有20多万人次。

（四）注重文化交流，实现共建共享

丰富宣传推介，展现水文化魅力。全面梳理挖掘大闸工程建设、运行管理等方面取得的成绩，积极参与绍兴市水文化研究会有关工作，宣传推介水文化，先后出版了《娥江十二景》《名人说水》《曹娥江大闸建设纪实》《曹娥江大闸建设论文集》和《大闸风韵》等书籍，制作了大闸工程建设、工程运行管理、水文化、曹娥江国际摩托艇公开赛、"娥江飞虹　文明新篇"等专题宣传视频。积极参加"水润浙东　逐梦浙江共富路"融媒体采风活动、"先行者的风景——建党百年全媒体新闻行动""人民治水·百年印迹"等宣传活动，展现大闸治水兴水的人文关怀和文化魅力。

加强水情教育，培育水利精神。依托曹娥江大闸工程和大闸陈列馆，积极开展国情和水情教育，组织青少年群体前来参观，依托自然人文景观，寓爱国主义教育于游览观光之中，使游客获得文化浸润带来的精神体验。在每年的"世界水日""中国水周"，与曹娥江两岸中小学合作开展亲水爱水护水主题活动，引导青少年增强节约水资源、保护水生态、遵守水法规的思想意识和行动自觉，给水利工程赋予更高的使命。做好"青少年走进重大水利工程"宣传报道，扩大国情水情教育的覆盖面和影响力。

建立研学基地，提升文化影响。积极开展水文化研究与探讨，持续广泛开展在校学生研学实践教育活动。组织开展省内外水利部门间的交流，相互取长补短。与省内两所高校建立战略合作关系，在大闸设立实践教育基地，推动大闸在国家级水管单位基础上管理进一步提升，推进水利专业人才引进和培养，增强水利科研能力，提高工程现代化管理水平，努力把大闸打造成为影响广泛、具有示范引领作用的研学实践教育基地。

三、经验启示

（一）接续文化传统，聚焦传承创新

"上善若水，水利万物而不争"是中国古代水文化哲学的最高凝练。水文化是文明进步的财富，是不同文明交流互鉴的紧密纽带。要重视优秀治水文化的传承与创新发展，同时着力加强对外文化交流和多层次文明对话，推动当代治水文化繁荣发展。

（二）突出"共享"思维，打造"民生水利"

一座大闸利泽千秋润万民。曹娥江大闸是一座发挥综合效益的造福工程，一座依靠科学技术、反映开拓创新的时代工程，一座生态健康、环境优美、体现以人为本的和谐工程。在建设管理过程中，要把解决人民群众最关心最直接最现实

的民生水利问题作为出发点和落脚点,打造人水和谐的水环境、水生态,让广大群众共享水利改革发展成果。

(三)突出特色促融合,推动文明实践发酵发力

新时代水利文明实践活动要按照"深化拓展、提质增效、盘活用好"的建设思路,积极整合水文化设施资源,深入挖掘水文化特色,着力构建具有代入感、亲切感的特色实践阵地。汇聚新时代志愿服务磅礴力量,守正创新,统筹推进,助力文明实践活动走深走实。

守护红色印记　传承红色基因

——人民胜利渠水情教育基地建设工作侧记

【摘　要】　人民胜利渠是新中国成立后在黄河下游兴建的第一个大型引黄自流灌溉工程。她的建成,拉开了大规模开发利用黄河下游水沙资源的序幕,标志着党和人民在治黄事业上的新胜利。毛泽东主席亲临视察,给灌区人民以极大鼓舞。灌区在井渠结合、盐碱治理、淤灌稻改、浑水灌溉、水沙并用及计划用水等诸多方面不断探索,积累了宝贵经验,成为新中国引黄灌溉的典范和旗帜,被誉为"新中国引黄第一渠"。近年来,河南省人民胜利渠管理局(以下简称"管理局")在精神文明建设工作中,依托渠首闸、毛主席视察黄河休息室、人民胜利渠展览馆、人民胜利渠建设指挥部等红色印记,建设国家级水利风景区和水情教育基地,形成了独具特色的水文化教育平台。

【关键词】　红色印记　水情教育　宣传保护

一、背景情况

黄河治理,历来是安民兴邦的大事。新中国成立以后,党中央提出了"防灾和兴利并重"的治黄方针,决定修建引黄灌溉济卫工程——人民胜利渠。人民胜利渠1950年规划设计,1951年开始施工,在黄河中下游河道首创破堤建闸。1952年4月建成通水,结束了"黄河百害、唯富一套"的历史,拉开了大规模开发利用黄河中下游水沙资源的序幕。同年10月31日,开国领袖毛泽东主席莅临视察,亲手摇启了渠首闸门,高兴地说:"一个县有一个就好了。"看到黄河水引入枯竭的卫河时,他说:"今天看了小黄河。在人民手里,害河可以变益河。"人民胜利渠开黄河下游引黄兴利之先河,率先实行计划用水,积极开展灌溉试验、

科技攻关，在井渠结合、泥沙处理、防止土壤盐碱化等方面积累了丰富经验，成为引黄灌溉的典范和旗帜，吸引国内外众多首脑、官员、专家、友人前来参观、考察，被誉为"新中国引黄第一渠"。70年来，人民胜利渠共引水400亿立方米，社会效益达450多亿元，为灌区经济社会发展提供了水利支撑，做出了巨大贡献，是造福豫北人民的"幸福渠"。

近年来，管理局在精神文明建设工作中，依托渠首闸、毛主席视察黄河休息室、人民胜利渠展览馆、人民胜利渠建设指挥部等红色印记，深入挖掘新中国开发利用黄河中下游水沙资源的历史及成就，建设水利风景区和水情教育基地，形成了独具特色的水文化教育平台。2014年9月入选水利部第十四批国家级水利风景区，同年渠首被确立为河南省园林单位。2017年12月被命名为河南省首批省级水情教育基地。2019年8月入选水利部第二批水工程与水文化有机融合案例，2019年10月被中国灌区协会评为具有时代精神的魅力灌区。2021年11月被水利部评选为第九届全国水利文明单位。

人民胜利渠作为河南省水情教育基地，现已成为河南水利对外宣传的一个窗口、一张名片，不断向世人展示新中国开发利用黄河中下游水沙资源的历史及成就，深受社会公众的好评。截至2021年底，各类党政机关、企事业单位、大专院校、社会团体、当地群众等到基地参观学习交流经验，受众人数达30万余人次，取得了良好的社会宣传效果。

二、主要做法

长期以来，我们注重把文化元素融入水利工程规划设计、维修改造之中，彰显水利工程的文化内涵，形成独具特色的水文化教育平台。

（一）全面规划水情教育基地

为高标准推进水情教育基地建设，2020年管理局委托专业公司编制了《人民胜利渠渠首水情教育基地规划建设方案》，紧扣国家黄河重大战略规划纲要精神，结合人民胜利渠渠首区域的实际情况，围绕黄河安澜、生态保护、文化弘扬、高质量发展、水资源集约节约等进行扎实研究，谋篇布局，突出一核、两轴、两翼共14个节点，为打造渠首国家级水利风景区、全国水情教育基地提供依据和指导。

（二）建设渠首文化场馆、设施

近年来，对人民胜利渠渠首闸、渠首大门、毛主席视察黄河休息室、人民胜利渠开灌 30 周年纪念碑、人民胜利渠展览馆、毛主席休息室广场、展览馆广场进行了整修改造，其中在休息室广场新建的文化设施有广场文化石雕塑、时代礼赞浮雕、造福百姓浮雕、栏板群雕等，都由花岗岩石材精心雕刻而成，再现毛主席视察人民胜利渠、灌区发展繁荣、农业丰收等景象；在展览馆广场新建的文化设施有飞龙浮雕、观澜亭、黄河母亲碑等，是对祖国腾飞、黄河恩泽的礼赞，集思想性、观赏性、艺术性于一体，深得广大群众喜爱。

近年来，在渠首水情教育核心区共栽植竹子 1000 棵，红叶石楠 17220 棵，桂花树 10 棵，树状月季 7 棵，紫荆树 5 棵，女贞 6 棵，移植冬青 6500 棵，进一步改变、提升水情教育基地的环境面貌。

（三）打造总干渠生态、文化长廊

人民胜利渠在 20 世纪 50 年代修建伊始就十分注重工程建设与传统文化的结合，总干渠一号、二号跌水等主要建筑物外观均采用中国传统建筑的歇山式建筑风格与对称审美相统一，并配套建设有连廊亭台等管理与观光相结合的建筑。

近几年，通过植树、清淤疏浚，管理站点及管理设施、闸门机电设备维修改造，渠道堤防维修加固，管理道路硬化等工程建设，总干渠两侧交通便利，绿树成荫，总干渠上亲水平台、观景亮点、温馨提示、安全警示标识随处可见，安全运行标准不断提高，成为一道靓丽的生态、文化长廊。

（四）开发运用视觉识别系统

2015 年，管理局面向全社会征集人民胜利渠徽标，开发视觉识别系统。近年来，广泛应用于主题墙、展板、信纸、信封、文件袋、档案袋、茶杯、提示牌、办公设备等十数个项目，进一步彰显人民胜利渠的自身特色和品牌形象，增强了社会公众对人民胜利渠品牌的认知度。

三、经验启示

近年来，管理局在精神文明建设工作中，大力弘扬水文化，形成了独具特色

的水文化教育平台。一是深入挖掘红色教育资源。对人民胜利渠灌区进行航拍，撰写宣传文稿，制作人民胜利渠宣传片、画册和宣传折页。和武陟县嘉应观景区联合组织治黄历史文化宣传交流活动，利用横幅、展板、宣传册及宣传片向社会各界宣传治黄历史和红色文化。充分利用灌区建设发展时期的珍贵资料做好宣传教育工作，在弘扬传承黄河文化的同时，发挥红色教育功能，推动治黄精神在新时代创造性转化，让参观者在馆内汲取知识、开阔视野、激发创意。二是丰富宣传教育内容。依托黄河文化、治水精神，打造勤政担当教育基地，深入挖掘黄河文化、治水文化。如大禹"三过家门而不入，舍小家为大家"的奉献精神，林则徐"苟利国家生死以，岂因祸福避趋之"的爱国精神，诸多功臣、能臣、廉臣"为官原本求善政、治水从来先治心"的忠诚、干净、担当精神等。省、市、县各级行政机关、企事业单位纷纷组织党员干部来此开展主题党日教育活动，接受爱国主义教育，激发广大党员干部昂扬的激情、磅礴的朝气和奋进的精神。三是延伸教育传播空间。2020年结合中央电视台《国家宝藏》栏目，治黄兴水文化代表——人民胜利渠和嘉应观，代表河南亮相中央电视台《"黄河之水天上来"国宝音乐会》，对武陟黄河文化之乡和人民胜利渠暨嘉应观水情教育基地进行全方位宣传，扩大宣传效应。河南日报社、新华社河南分社、香港商报社，省驻焦新闻媒体、市属新闻媒体及相关县级融媒体中心等50家媒体采访团走进水情教育基地，开展主题采访活动。

弘扬河道文化　打造文明风景

——荆州市长江河道管理局公安分局文明创建侧记

【摘　要】 荆州市长江河道管理局公安分局（以下简称"公安分局"）深入学习习近平生态文明思想，贯彻习近平总书记关于长江经济带"坚持生态优先、绿色发展，共抓大保护、不搞大开发"的发展理念，以习近平新时代中国特色社会主义思想为指导，以党建为引领，积极开展文明单位创建工作，丰富干部群众精神文化生活，加强干部职工思想道德建设，增强法治意识，开展文明风尚行动，传承中华传统美德，弘扬时代新风，组织志愿服务队大力开展志愿服务，参与地方精准扶贫、乡村振兴、疫情防控等工作，积极履行社会责任。以河道管理为主线，发掘河道精神，弘扬河道文化，创建水文化品牌，打造人水和谐环境，使长江堤防在作为人民生命财产的保护屏障的同时，更成为满足人民美好生活需要的文明风景线。

【关键词】 河道精神　河道文化　水文化品牌　人水和谐

一、背景情况

公安分局地处湖北省荆江分蓄洪区内，隶属于荆州市长江河道管理局。荆江分蓄洪区位于长江荆江段南岸的湖北省荆州市公安县境内，建于1952年，是新中国成立后兴建的第一个大型水利工程。东滨长江荆江段，西临虎渡河，南抵黄山头，是长江中游防洪工程的一个重要组成部分，该工程总蓄洪面积1358平方千米，有效容积71.6亿立方米。工程的主要作用是：当长江出现特大洪水，为缓解长江上游洪水来量与荆江河槽安全泄量不相适应的矛盾，开启北闸分蓄洪水，确保荆江大堤、江汉平原和武汉市的安全，还可以减轻洪水对

洞庭湖的压力。

公安分局负责对荆江分蓄洪区河道堤防实施管理、建设，管辖长江河道堤防346.682千米（其中一级堤防南线大堤22千米，二级堤防荆南长江干堤95.8千米），承担防洪抗旱、保障荆江分洪区及虎西备蓄区人民生命财产安全等职责。

近年来，公安分局以习近平新时代中国特色社会主义思想为指导，积极践行社会主义核心价值观，坚定发展信心、紧扣发展目标、狠抓发展重点，全局各项工作明显提升，干部作风明显转变，精神文明创建喜结硕果，先后获得全国职工书屋、全国水利文明单位、湖北省文明单位、省级水管单位、湖北省五一劳动奖状、省级职工书屋、湖北省职工职业道德建设标兵单位、中华诗教先进单位、湖北省楹联文化单位、档案工作目标管理省特级、全省水利财务审计工作先进集体、全省堤防系统庭院建设示范单位、荆州市新发展阶段开局先锋先进集体、公安县最美机关等荣誉称号。

二、主要做法

1. 发掘、传承河道精神

在荆江大堤上，一代代的河道人既有着任劳任怨、默默付出的奉献精神，也有着"万众一心、众志成城、不怕困难、顽强拼搏、坚韧不拔、敢于胜利"的抗洪精神。为了传承和发扬河道精神，公安分局组织专班，深入堤防管理一线采访，发掘、收集了在堤防工作的几代人的事迹，创作、出版了记录河道故事、反映河道精神的近40万字纪实散文集《长堤巍巍》。该书出版后，在河道局内部和社会上引起了极大反响。特别是年轻一代的河道人，感受到了老一代河道人的忠诚、担当、奉献精神，激励他们在河道管理岗位上继续发扬这种河道精神，承担社会责任。

为充分展示公安分局系统改革发展、开拓进取、与水抗争、保境安澜的不凡历程和辉煌成就，进一步凝聚继往开来、奋勇争先、跨越发展的强大动力，印制出版《印象河道·人物风采》《印象河道·长堤风华》两本宣传画册，画册以"风采、风华"为主题，以照片为主，文字为辅，直观、全面、客观地总结公安河道发展，是一部展现公安河道变迁、展示公安河道新姿、展望公安河道前景的宣传画册。画册通过对历史与现状的散点扫描，勾勒出今日成就的横断面，讴歌了公安河道人艰苦创业、奋发有为、追求卓越的精神风貌，激励全局上下团结拼搏、乘势而上、再创辉煌的豪迈气概。

2. 创建河道文化品牌

公安分局党委深刻认识到，文化是一个单位长远发展的内在源泉。提高干部职工的文化素质和文明内涵，是文明单位创建的重要途径和最终目标。公安分局为干部职工配置职工书屋、阅览室、书法室、健身房、篮球场、羽毛球场、乒乓球室等文体活动场地，在分局机关先后建起文化池、文化长廊、文苑、文化雅厅、文化碑亭等11个活动场所和文化阵地，成为干部职工传承红色基因、锤炼坚强党性的平台。厚培文化土壤，打造精神谱系，"以水为魂、水韵公安、长堤巍巍、大江作证"，这是公安分局党委的精神标签，为提升河道文化内涵，公安分局将精神标签融入社会主义核心价值，用文化引领道德风尚。目前，所属各单位、各科室都有反映各自精神文化的精神标签，现已成为分局精神文化一大特色亮点工程。

以先进文化打造先进典型，湖北电视台、荆州电视台、荆州报社等重要媒体多次聚焦公安分局岸线管理、长江"哨兵"等先进事迹，荆州市扶贫先进个人、公安县劳模高孔慧等先进模范事迹。所属埠河管理段副段长邹昌尧"呵护长江35年"的不凡历程荣登"学习强国"学习平台，受到社会各界的广泛关注和赞誉。公安分局每年还定期举办文体活动和竞赛；每年通过新时代文明大讲堂、春季课堂、党课等活动，宣传党的政策方针、法律知识、文明礼仪，组织干部职工讲述身边的先进人物事迹、好人好事，激发全系统积极向上的热情。同时，通过创办《荆堤风》刊物、"大美堤防"微信公众号、市局网站等，为干部职工提供新闻发表和文艺创作的平台，展现河道人风采。公安分局具有特色的文明创建活动，已经形成了"以文兴局、以文铸魂、以文捍堤"的河道文化品牌，吸引了社会各界前来参观交流，成为地方文明创建的名片。

3. 打造人水和谐环境

荆江分洪区因其特殊的地理位置，多年来，作为人民生命、生活屏障的长

江大堤，也成为限制老百姓生产生活的"围栏"。为了安全，很多老百姓沿堤筑台建房居住，大堤堤面晴天一层灰，雨天满地泥泞，沿堤居民出行不便。同时因为洪涝灾害潜在的风险，也制约了经济的发展。1998年公安县遭遇特大洪水袭击以后，国家加大了对水利工程建设的投入，目前荆江分洪区内堤面全部硬化。

习近平总书记说要"让群众望得见山、看得见水、记得住乡愁，让自然生态美景永驻人间，还自然以宁静、和谐、美丽"。近年来，公安分局以习近平总书记长江大保护指示为契机，联合公安县人民政府对长江大堤沿岸进行大力整治，拆除了长江边的民居、工厂、码头及违章建筑等。300多千米的堤防沿堤栽植了风景树，公安分局岸线管理员、志愿服务者常年进行维护。在城区修建滨江公园，栽植风景树、建设草坪、休闲步道等，一扫过去脏、乱、污的状况。以前江边只能看到杂乱的建筑和垃圾，如今站在大堤上，长江风景一览无余，可以欣赏到"星垂平野阔，月涌大江流"的壮观景象。

4. 建设文明风景线

"文化兴国运兴，文化强民族强。没有高度的文化自信，没有文化的繁荣兴盛，就没有中华民族伟大复兴。"生活条件的改善，还不能满足人民群众日益增长的美好生活需要。公安分局将文化、文明与堤防有机结合，打造"长江大保护、景区堤防、绿色银行、智慧堤防"4个品牌建设，在沿江段面修建了江滩公园、栏杆文化长廊、"杜息亭"、日晷、文化广场等，所属各管理段以水文化、水文明为基础，打造"一段一品一特"等水文化品牌地，将文化建设融入环境中，擦亮文明风景底色。在300多千米的堤防上，大力推动"党员积分制"的做法，扎实开展"党员示范岗""党员示范堤段"争比活动，建设生态文明、长江大保护宣传教育基地，打造"清廉藕苑"等文化场所，向社会展示水文化、地方文化、清廉文化，在自然风光中融入浓厚的文化气息。

三、经验启示

1. 党建+文明创建

文明单位创建，要健全"党建+文明创建"机制，党建与文明创建深度融合，加强党委领导，以上率下，在创建工作中充分发挥党组织的领导作用和党员干部的先锋模范作用，把文明创建作为党支部和党员工作的重要内容。

2. 全民共建共享

生态环境和生活环境的改善，直接造福地方百姓。因此，要通过河道局干部职工文明行为的示范，文明意识的传播，充分激发全社会积极参与的热情，共同参与文明堤防的建设，共享创建的成果，共享美好生活环境。

水润荆楚谱赞歌　以文化人助发展

——湖北省漳河工程管理局文明创建案例

【摘　要】　漳河工程已有60多年的历史，沉淀了深厚的文化底蕴，凝练了"艰苦奋斗、开拓创新、担当善为、求实奉献"的漳河精神。湖北省漳河工程管理局（以下简称"漳河局"）作为漳河工程建管单位，高度重视精神文明建设，积累了丰富的创建经验，此案例以漳河水文化建设与发展为主线，分享精神文明创建的主要做法和成功经验。

【关键词】　党建引领　漳河水文化　"五个一"

一、背景情况

漳河水库作为湖北省辖的最大水库，漳河灌区作为湖北最大灌区、全国九个200万亩以上的大型灌区之一，在60多年的建管过程中，坚持以党建为引领，深入挖掘精神内涵，凝练出"艰苦奋斗、开拓创新、担当善为、求实奉献"的漳河精神，形成了深厚的漳河文化底蕴，滋养了一代又一代漳河水利人，为文明富裕美丽和谐智慧漳河建设提供了强大的精神支撑。漳河局作为漳河工程的建管单位，先后获得全国水利系统文明单位、湖北省文明单位、全国文明单位、全国巾帼文明岗等荣誉称号，精神文明建设取得了骄人的成绩。

二、主要做法

1. 坚持党建引领，打牢漳河水文化根基

坚定理想信念，建强文明队伍。把学习宣传贯彻习近平新时代中国特色社会主义思想作为精神文明建设的首要政治任务，促进广大干部职工进一步增强对党的创新理念的政治认同、思想认同、理论认同、情感认同。通过主题演讲、征文、调研报告等，宣传贯彻习近平新时代中国特色社会主义思想，提升干部职工理论基础；通过理论学习宣讲、专家辅导、红色教育等，深入学习习近平新时代中国特色社会主义思想的核心要义、精神实质、实践要求，提升干部职工整体素质；通过技能培训、形势政策教育，认真贯彻落实新时期水利工作方针，深刻领会习近平治水兴水重要思想，准确把握水利改革目标，认真研究漳河发展新理念。

强化组织领导，建立工作机制。研究制定精神文明创建工作要点、工作清单，把文明创建与全面从严治党、生态建设、防汛抗旱、水利改革等中心工作深度融合，纳入统一管理轨道；注重督导，把文明创建纳入年终考核，采取统一部署、分级组织、整体发力相结合的办法；对照创建体系进行查缺补漏，完善干部人事考核、管理、提拔、纪律处分、党务、安全生产等多项制度的汇编，加强职业道德和岗位行为规范建设，有序推进漳河局精神文明建设工作。

打造党建品牌，营造文明风尚。以支部为单位，创建了"三抓三谈三增强""活力四干、润泽一方""阳光人事"等多个有影响力的党建品牌，践行新时代精神和漳河精神。开展核心价值观教育实践，利用宣传栏、微信公众号、画册、道德讲堂、读书活动、传统节日等宣传窗口，开展遵德守礼树牌立墙活动。开展"明礼知耻·崇德向善"各类主题实践活动。倡导节俭养德、绿色共享的文明餐桌、文明交通、文明旅游、文明上网活动等。

2. 建设文化"五个一"，构筑漳河特色水文化

打造一批文化基地。依托漳河水利工程和红色文化基因，重新布展升级漳河工程历史文化主题展览馆，建成湖北省水情教育基地、荆门市爱国主义教育基地、荆门市干部培训现场教学基地，最大限度地保护漳河工程遗址遗迹的历史真实性、风貌完整性、文化延续性；建设近2000平方米的展厅，珍藏中共一大代表、国家领导人董必武为漳河工程的亲笔题词，漳河水利工程建设时期的代表性实物、手稿、文献、音视频、图片等珍贵史料；用数字化技术修复纪录片《驯伏漳河》，展现漳河建设的艰巨过程。结合漳河人兴水治水爱水护水历程，将爱国主义教育与水情教育、红色基因与漳河精神融为一体。

在漳河总干渠打造水文化长廊，作为水科普、节水爱水的一个重要宣传窗口，

以知水、治水、节水、管水、新水五部分传播水文化知识,集中展示"水美漳河见碧波、四通八达惠万家"的人水和谐美丽画卷。

创作一批文化精品。编印漳河局职工散文诗歌集《漳河文苑》,作为全局干部职工共同的精神家园,2001年创刊至今,每年编辑印发一册,已近300万字,在湖北省水利系统也是一张靓丽的文化名片。拍摄多部反映漳河改革发展成果、先进人物故事的影视作品,入选全国党员干部远程教育课件库。组织摄制的《亲亲漳水》公开出版,标志着我国首部由水利人自己策划摄制的大型水文化纪录片正式面世。微电影《黄文革的秋天》《谁家老屋》分别获得全国"美丽河湖·美丽乡愁"主题微电影大赛最佳微电影奖和优秀作品奖。先进人物宣传片《水火相融守渠人》在全省水利系统展播,并荣登"学习强国"。策划拍摄的《我与宪法有故事》获得全省水利系统普法微视频大赛一等奖。防汛救灾主题微纪录片《第52次》被中国网、央视频、"学习强国"、荆楚网、云上荆门等媒体大力宣介和展播。微党课《碧水丹心写担当》讲述漳河局党员突击队在防汛抗旱和水资源保护、疫情防控方面等的先进典型事迹,纳入省委组织部课件库。这些优秀文化作品,大力提升了水工程文化内涵,提升了漳河文化软实力。

培养一批文化骨干。漳河局走出了2名中国作家协会会员、1名湖北省作家协会会员、2名荆门市作协会员,走出了获得国家冰心散文奖、湖北省屈原文艺奖、楚天文艺奖和荆门市象山文艺奖、"五个一工程"特等奖的水利作家。党的十八大以来,干部职工公开出版散文、小说等专著10余部,在国家级、省级和市级报刊和重要网络媒体发表文学作品和论文作品1000余篇(首)。

筑牢一批活动阵地。漳河局建设了300平方米的职工文体活动中心,展出职工书画作品,配备种类丰富的健身器材。建有职工书画室。隶书作品《观沧海》亮相第五届湖北书法艺术节并获得优秀作品奖,部分会员受邀参加了荆门市迎新春书画展。美术作品《白衣天使》获得全国第八届"书香三八"书画作品二等奖。组织干部职工参与中国灌区协会"我和我的祖国——灌溉排水70周年"征文活动、"抗击疫情·湖北水利人在行动"征文活动等,多篇征文获奖。中国工人出版社出版发行的《筑梦新时代 巾帼绽芳华》中,收录了漳河局18篇获奖佳作。

建好一片传播园地。加强和水文化杂志社、"学习强国"湖北平台、人民网、长江云、央视频、荆楚网等媒体的沟通合作,不断扩大漳河文化传播的影响力。增强同地方和行业的文化交流,积极参加荆门市塔影社区朗读者活动、湖北省水利厅职工羽毛球篮球比赛、职工公文大比武等,满足不同层次的职工文化需求,不断提升干部职工的幸福感和归属感。

3. 开展群团活动,传承漳河水文化血脉

深化志愿服务工作。开展"绿满荆楚"植树、无偿献血、环境保护、堤坝保洁等志愿服务活动;持续实施"温暖工程",春送健康、夏送清凉、秋送助学、冬送温暖;漳河局水利水电志愿服务品牌——"阳光电力在行动"走进漳河福利院、漳河胜利社区,提供亲情陪护聊天、卫生清扫、电路电器检修维修等便民服务,承担社会责任,彰显漳河文明风貌。

丰富文化体育活动。承办湖北省水利厅党史知识竞赛,召开庆祝建党100周年大会,颁发"光荣在党50年"纪念章,举办文艺汇演,组队参加湖北省水利厅红色歌咏会,收看"七一"庆祝大会直播,观看红色电影《榜样》,聆听郑守仁事迹报告会等,提升干部职工思想道德内涵,满足干部职工的文化需求,增强干部职工的精神力量。以"我们的节日"为主题开展节庆文化活动,如清明节祭扫烈士陵园、缅怀先辈,"五四"青年节带领青年重走漳河先辈们的奋斗之路,端午节开展诗朗诵、端午小课堂、红色故事大家讲活动,重阳节组织退休老同志开展文艺演出等,展现新时代传统节日的新气象,传承中华优秀传统文化。开展登山,绿色骑行、象棋、扑克、门球、钓鱼比赛,趣味职工运动会,职工技能培训等各类寓教于乐的文体活动,促进干部职工全方位发展,促进漳河水文化多元发展。

三、经验启示

1. 党委重视是关键

漳河局党委一直高度重视精神文明创建,早在1997年,就根据党的十四届六中全会落实精神文明创建工作,成立了领导小组,筹划部署,高层设计。久久为功,滴水穿石,漳河局的精神文明创建成果不是一朝一夕之功。

2. 学习教育是灵魂

加强思想理论学习。通过"集中研讨+自学""红色教育+党课""三会一课"、主题党日等形式，全力抓好政治学习与交流。利用现有的漳河工程历史主题展览馆，开展红色教育。加强业务学习，建立师资库，通过线上线下联动的模式，抓好业务培训，如建立首席技师工作室等，通过传帮带，提升单位技能人才技术水平。

3. 营造氛围是支撑

注重发挥工青团妇组织的桥梁、纽带作用，引导群团组织积极开展各类活动，丰富职工文化生活，推进单位形象提升。

弘扬水利精神 汇聚文明力量

——湘潭市水利局"三个突出、三个打造"推进文明创建

【摘　要】 扎实开展文明单位创建，是广大干部职工思想觉悟、道德水准、文明素养和行业文明程度得到提升的有力有效途径。为积极推进新时代水利高质量发展，近年来，湘潭市水利局坚持以习近平新时代中国特色社会主义思想为指导，大力弘扬新时期水利精神，以"三个突出、三个打造"推动湘潭水利行业文明创建与业务工作不断迈上新台阶。湘潭市河长制工作获得国务院真抓实干督查激励。湘潭市水利局获得湖南省文明单位、全国水利文明单位、水利部全面推行河长制湖长制先进集体、省级文明卫生单位等荣誉称号，为湘潭水利事业快速有序发展注入了强大精神动力，且在湘潭市水利行业起到了行业引领作用。

【关键词】 文明单位创建　"三个突出、三个打造"

一、案例背景

湘潭市水利局是湘潭市人民政府主管水行政工作的正处级组成部门，先后被评为全面推行河长制湖长制先进集体、省级文明单位、市绩效考核优秀单位、全市平安建设工作先进单位、全市依法决策示范领导班子、省级文明卫生单位等。湘潭市河长制工作在2019年受到国务院真抓实干督查激励表彰，2021年受到省政府真抓实干督查激励表彰，涌现了全省扶贫先进个人刘晓英、水利部全面推行河长制先进个人欧阳晓、"最美护河员"龚金发、"最美扶贫人物"王辉等一批先进典型，全面展现了水利人的担当与作为，为湘潭经济社会高质量发展提供了可靠的水安全支撑和保障。

二、主要做法

近年来，湘潭市水利局坚持以习近平新时代中国特色社会主义思想为指导，着力培育和践行社会主义核心价值观，大力弘扬新时期水利精神，推动湘潭水利行业文明创建与业务工作不断迈上新台阶。

（一）突出思想引领，打造创建共识

一是以理想信念"塑魂"。将全面贯彻落实习近平新时代中国特色社会主义思想作为精神文明建设的首要任务，深入学习习近平新时代中国特色社会主义思想。抓实"不忘初心、牢记使命"主题教育、党史学习教育，深入乡镇村开展"五联五问"走访调研，聚力解决农村饮水安全、河湖"四乱"整治等群众关心的水利热点难点问题。在党史教育中，围绕"学党史、讲好水利发展史、办好为民实事"，深入韶山第一支部陈列馆、韶山灌区陈列馆、陈赓故居、东山学校等地参观学习，重温韶山灌区、东山水闸等水利工程建设史，引导广大干部职工深刻理解习近平总书记提出的"节水优先、空间均衡、系统治理、两手发力"的新时代治水方针，传承和发扬水利行业优良传统，以昂扬的姿态、饱满的热情投入到推动水利高质量发展工作中。二是以核心价值观"立心"。强化教育引导，将社会主义核心价值观融入理论教育全过程，融入选人用人工作。加强正面宣传，利用门户网站、宣传栏、电子屏等，广泛开展社会主义核心价值观、"我们的节日"等主题教育活动，开展"清明文明祭扫""敬老服务献爱心""帮扶联点社区留守儿童"等文明实践活动，引导全局干部职工深刻把握社会主义核心价值观的丰富内涵和实践要求，凝聚推动水利改革发展的强大精神力量。三是以道德教育"明目"。通过"学先进、树标杆"，发挥先进典型引领作用，定期组织举办道德讲堂，开展余元君事迹报告会，邀请全国道德模范杨怀保、文花枝讲先进事迹。在湘潭市水利系统组织开展"守初心、担使命"演讲比赛、"最美水利人"评选活动，选树了全省扶贫先进个人刘晓英、水利部全面推行河长制先进个人欧阳晓、"最美护河员"龚金发、"最美扶贫人物"王辉和 10 名湘潭市首届"最美水利人"等一批湘潭市水利系统先进典型，由身边人讲身边事，用身边事引领身边人，激发湘潭市水利系统干部职工争当水利行业精神文明的倡导者和引领者。

（二）突出深度融合，打造文明特色

一是党的建设与文明创建"同频共振"。坚持"党建+文明创建"，实施"党建领航"工作，全面推进党支部"五化"建设，立足岗位要求，积极创建学习型、创新型、廉洁型、服务型机关，建设党员活动室2个、"学党史　悟思想　兴水利"阅读角，成功创建五星支部4个。充分发挥党组织战斗堡垒作用，采取领导带班子、党员带群众的模式，推动志愿服务活动深入开展。湘潭市水利局注册志愿者人数占员工总人数的100%，在职党员注册志愿者人数占在职党员总人数的100%。积极参与学雷锋、联点共建、结对帮扶等志愿者工作，经常性开展法治宣讲、文明劝导、无偿献血等志愿服务活动。在湘江保护、乡村振兴、疫情防控、创建全国文明城市、创建国家卫生城市工作中，水利系统党员干部们坚持走在前、做表率，充分发挥先锋模范作用，汇聚团结奋斗的强大力量。二是干部素养与文明创建"同轴共转"。坚持"文明创建+提升"，积极参加水利部、省水利厅组织的"新中国成立70周年"水利成就展、历史治水名人展、向"时代楷模"余元君专题学习、向"最美奋斗者"郑守仁同志学习等一系列活动。不断积极创新文明实践媒介，提升干部文明素养。如编排《守护绿水青山》舞台情景剧、开展"河你有约——徒步全国示范河流"活动、与湖南科技大学等高校联合组成生态文明宣讲团深入社区学校宣讲、举办水利青年党史教育读书会等，大力宣传新时期治水方针，展现新时期水利行业风貌。三是水利文化与文明创建"同质共标"。坚持"文明创建+水利"。围绕水利中心工作，深入开展"世界河流日""清四乱"专题大调研、"世界水日""中国水周"宣传活动等，在湘江沿江风光带打造水文化长廊，在湘潭市中小学试点建设节水教育基地，湘潭市县级及以上具有独立或联合办公场地的水行政主管部门均成功创建节水机关，打造样板河湖68条，让人民群众共享水生态文明成果，水文化宣传的深度和广度不断拓展，文明创建与水利文化得到深度融合。尤其是组织发起的河长助手，在湘潭市近年来的河长制工作中发挥了重要作用，成为湘潭市推进河长制、落实河长制的一张靓丽名片。

（三）突出夯基固本，打造长效机制

一是坚持"一把手抓创建"的领导机制。成立由局主要负责人任组长、局班子成员任副组长的文明创建工作领导小组，形成了"一把手"负总责、创建工作

班子抓协调、各科室分工抓落实的创建机制。先后组织召开动员会议、推进会议、调度会议,安排部署推进文明创建工作。局党组会议坚持每半年听取一次创建工作情况汇报,局务会议不定期研究解决突出问题,做到了与业务工作一同决策部署、一同督办落实、一同检查考核,形成局文明办统筹协调、各科室各负其责的文明创建的工作格局。二是坚持绩效考评的责任机制。逐项对接创建指标,将创建任务细化到科室、到人并纳入工作绩效考核,对在创建过程中出现重大问题的实行一票否决制,进一步压实了文明单位创建工作责任,为全局创建水利系统文明单位工作的开展提供了坚强有力的保障。三是健全"人人参与"的推动机制。成立学雷锋志愿者服务队,积极开展法治宣讲、文明劝导、无偿献血、"千万帮扶""对口扶贫"等活动。全面开展文明科室、文明家庭、文明楼院评比活动,主动参与市文明办组织开展的"歌颂伟大祖国 展示文明风采"主题诵读、"文明婚礼"等,组织开展法治教育、健康知识讲座、消防培训、全民阅读、全民健身、工间操比赛等活动,形成了文明创建人人参与、人人支持的良好氛围。

三、经验启示

精神文明建设是永恒主题,只有起点,没有终点。一是必须凝聚共识、形成合力。做好精神文明建设工作,硬件是前提,思想是关键。必须引导全体干部职工从思想上、认识上、行动上来一个大转变和大提升,摒弃"单打独斗"思维,形成人人参与创建、人人支持创建、人人全力创建的积极氛围。二是必须领导领创、持续创建。要对精神文明建设工作实行"一把手"负责制,始终把精神文明创建工作与水利业务工作同规划、同建设、同检查、同考核;同时认清"一鼓作气,再而衰,三而竭",持续不断在精神文明建设工作中有新亮点、新举措、新成效。三是必须创新载体、重视过程。要在丰富创建载体、打造文明创建品牌方面下功夫,挖掘和保护好具有本地区、本部门、本行业特点的水利文化,大力弘扬践行新时代水利行业精神,以文化认同引导文化自信,以文明价值规范行为实践,把创建工作作为提升单位形象和干部职工精气神的一个重要着力点和有效点。

节水护江，责任在肩

——广东省韩江流域管理局文明创建案例

【摘　要】 广东省韩江流域管理局（以下简称"韩江局"）深入贯彻落实习近平总书记"节水优先、空间均衡、系统治理、两手发力"治水思路，以"节约韩江水，保护母亲河"为主题，持续打造"逐梦韩江"节水护水志愿服务项目，不遗余力引导流域形成节水护江的良好氛围。沿着韩江堤岸，共建有红棉公园、龙湖古码头水利公园等8个水文化纪念地，并以潮州供水枢纽为主阵地，打造韩江水情教育基地，形成"8+1"服务矩阵，配套开展志愿讲解服务。从该案例可得如下启示：作为全国水利文明单位，应自觉担负起社会责任，令文明单位的创建有名有实；水利文明创建应服务于中心工作；引导社会公众形成节水护江意识，特别是对青少年学生开展水情教育，应成为水利文明单位义不容辞的重点工作。

【关键词】 韩江水文化纪念地　志愿讲解　水情教育　社会责任

一、背景情况

近年来，韩江连续出现罕见旱情，2021年更是韩江自有水文记载60年以来最为干旱的一年，呼吁流域公众"节水""护水"刻不容缓。为认真贯彻落实习近平总书记"节水优先、空间均衡、系统治理、两手发力"治水思路，落实《"十四五"节水型社会建设规划》，韩江局以"节约水资源、保护母亲河"为主题，建设韩江水文化纪念地，持续打造"逐梦韩江"节水护水志愿服务项目，面向社会公众，以流域群众、青少年、党员干部三个群体为主要的受众对象，广泛服务于机关、学校、社区、农村等群体，引导社会形成保护韩江、珍爱母亲河的良好氛围。

二、主要做法

（一）露天展馆：送水文化入寻常百姓家

自 2018 年底开始，以韩江为主线，利用韩江现有堤岸结构或平台设施，在维持河道原有岸线的前提下进行修复平整，结合地域文化特色加以提升，打造了 8 个兼具人文教育与亲水休憩功能的开放式水文化纪念节点。自上游至下游，依次为韩汀线纪念地（梅州大埔）——韩江古水驿纪念地（梅州丰顺）——溪口古渡（潮州潮安）——韩江红色记忆广场（潮州湘桥）——红棉公园（潮州潮安）——龙湖古码头水利公园（潮州潮安）——赐茶公园（潮州潮安）——韩江河口公园（汕头澄海），从历史的经纬里勾勒出韩江踪迹，将韩江水文化送至客家、潮汕两大族群活动腹地，在潜移默化中将韩江的水利史、水常识、水故事送入"寻常百姓家"。

（二）以史为鉴：深度揭示历史治水困境

深入挖掘韩江治水历史，在龙湖古码头水利公园、韩江河口公园等纪念地全景式再现了韩江的"前世今生"。从韩江三角洲滨线演进、水系变迁到洪涝档案、治水事件、河口整治、系统治理等方面，呈现了韩江在历朝历代的水资源状况、洪旱特征、治理难点，深度揭示历史上的治水困境，取以史为鉴、警示后人之义。

（三）情感共鸣：巧用"母亲河"招牌

在推动节水护江志愿服务项目时，巧妙地运用韩江"母亲河"这重身份。在讲述水利故事的同时，融入韩江特色红色故事，追忆革命年代从韩江出发、奔赴上海参加左翼文化运动的韩江儿女，纪念红军时期为上海党中央和中央苏区传递物资文件、护送干部的中央红色交通线。通过讲好韩江故事，唤起公众的情感共鸣，增强惜江、爱江意识，呼吁公众共同参与保护母亲河行动。

（四）逐梦韩江：宣讲队开展配套讲解

组建广东省韩江流域管理局志愿服务队，下设"逐梦韩江"宣讲队，结合各种志愿服务活动，在水文化纪念地现场配套开展志愿讲解服务。宣讲队成员全部由韩江局工作人员组成，通过"请进来"和"走出去"两种方式，结合"世界水日""中国水周"、保护母亲河"韩江徒步节"、各类巡河护河行动、大学生实习、中小学生研学、流域重大水事活动等契机，派遣讲解员至现场为参观人员进行义务讲解；结合"广东省青年讲师团讲师"的身份进校园开展节水护水宣讲，扩大服务范围。截至 2022 年 4 月，由"逐梦韩江"宣讲队主导开展的志愿讲解服务累计 136 场，受众超过 9000 人次，受到多方赞誉。

（五）联袂而动：文化传播与水情教育并行

为进一步扩大节水护江的呼声，韩江局以广东省潮州供水枢纽作为主阵地，打造韩江水情教育基地，并将 8 个水文化纪念地作为基地的外延展区，纳入水情教育序列。在开展水文化传播与水情教育宣传之时，以流域群众、党员干部特别是青少年学生群体为最主要的受众对象。与中山大学、暨南大学等 5 所高校共建本科实习教学基地，为大学生了解韩江水情、水历史、水故事提供了学习场所。2021 年，基地被评为广东省直机关关心下一代工作活动基地、潮州市关心下一代工作委员会青少年教育协作单位，迎来一批批中小学师生的学习参观。

（六）特色活动：扩大节水护江影响力

项目自实施以来，积极开展同步宣传推广，结合"世界水日""中国水周"、韩江河长制湖长制联席会议和其他热点契机，有计划地策划主题活动，相继开展了三届韩江徒步节、"庆祝新中国成立 70 周年 缅怀南粤'左联'英烈"宣传纪念活动、左联成立 90 周年纪念周、"秀韩江 树文明"义务植树、大学生暑期实习等活动，积极参与韩江流域百场万人护河行动，2021 年还协助承办全国节水办"节水中国"主题歌曲征集颁奖暨推广快闪活动。截至 2022 年 4 月底，共在《南方日报》《中国水利报》《广州日报》《潮州日报》等外媒发布宣传稿件 21 篇，在微信号、南方+、今日头条等新媒体发布推文 68 条，逐渐形成颇具流域影响力的服务品牌。

三、经验启示

2021 年底，韩江局被评为第九届全国水利文明单位。文明单位的成功创建，为韩江局提供了一场重塑自我、鼓劲扬帆的精神洗礼，将局精神文明建设推上一个新台阶。在打造"逐梦韩江"节水护水志愿服务项目的过程中，我们深切地体会到作为行业系统文明单位的责任感与使命感。

（一）文明单位应自觉履行社会职责

一个单位的文明与否，除了单位内部管理规范、干部职工综合素质良好、办公环境干净舒适、精神文体活动丰富等方面外，更重要的还在于它是否能够在公众心中树立良好形象，身先士卒，自觉担负起引领社会正能量的责任。在韩江徒步节活动中，韩江局组织志愿服务队开展沿江垃圾清理活动，路过的群众看见队旗，纷纷议论，表示赞许。这种"文明时刻"正是韩江局高举"节水护江"大旗的有力支撑，只有身体力行，以身作则，宣传才会收获成效，受众才会信服。

（二）水利系统文明创建要紧紧服务于中心工作

水利行业的主要业务是"治水""管水"，行业的文明创建应紧紧围绕这条主线，既可显行业特色，又可起事半功倍之效。韩江局的主要职责是对韩江水资源进行统一的规划、配置、保护，在遭遇历史罕见干旱的特殊背景下，大力呼吁流域公众"节水护江"，既可众志成城抵御旱情，又可拉紧"节水"之弦，在社会营造节约韩江水的良好氛围。

（三）水情教育宣传工作应以青少年群体为重点对象

青少年是国家的未来，也是将来要去解决治水、用水难题的主体，只有这个群体普遍懂水、节水、爱水，国家的整体水环境才可能持续好转，中国才可能真正建成处处拥有绿水青山的美丽国度。在大力推行"节水护江"服务时，韩江局通过建设大学生实习教学基地、中小学生研学基地等方式，将青少年学生纳为水情教育重点对象，培养他们萌发"节约韩江水、保护母亲河"的意识，也使得自身在这种交流中不断碰撞出开展水情教育的新灵感。

获评全国水利文明单位，只是精神文明创建工作的阶段性成果。"创业容易守业难"，韩江局将继续把精神文明创建落实到"节水护江"的具体举措当中，不遗余力向社会公众开展水情教育，推广韩江水文化，在提升公众对韩江认知度的基础上，呼吁社会共同节约韩江水、共护母亲河。

"境—堂—戏"模式 奏响三全育人新篇章

——重庆水利电力职业技术学院推进水文化育人实践

【摘　要】 2017年，《关于加强和改进新形势下高校思想政治工作的意见》提出：坚持全员全过程全方位育人。一直以来，作为水利行业高职院校，重庆水利电力职业技术学院（以下简称"学院"）高度重视水文化建设的实践与理论研究，学院按照项目化教学方式，围绕启蒙职业意识、体验职业角色、践行职业精神的教学思路，通过营造大环境、重构大课堂、创编大戏剧，开创了"境—堂—戏"的水文化育人模式，取得了良好的育人效果、社会效应。

【关键词】 水文化　境—堂—戏　育人

一、背景情况

文化兴国运兴，文化强民族强。当今世界随着水环境、水资源、水生态等问题日益突出，国际社会对水文化越来越重视。2006年"世界水日"的主题被确定为"水与文化"。2017年，《关于加强和改进新形势下高校思想政治工作的意见》提出：坚持全员全过程全方位育人。2020年11月14日，习近平总书记在全面推动长江经济带发展座谈会上强调，要"统筹考虑水环境、水生态、水资源、水安全、水文化和岸线等方面的有机联系"。水文化建设被提到"五水统筹"的高度。水利部高度重视水文化建设，印发《关于加快推进水文化建设的指导意见》，强调要"把水文化中具有当代价值、世界意义的文化精髓提炼出来、展示出来、传承下去"。作为水利类院校，学院秉承"上善若水，学竞江河"校训精神，以优良"三风"建设为追求，将中华优秀水文化融入办学理念，坚持文化传承与发展创新、民族意识与世界眼光、情感认同与理性反思相统一的总目标，站

在科技与人文的交会处,以优秀传统文化传承的"文化自信"与现代化建设的"文化反思"为背景,以"水"为核心,创新水文化教育的"境—堂—戏"模式,将学校治理、教师教学、学生成长有机融合,实现水文化环境、课堂、实践等全员、全过程、全方位育人。

二、主要做法

(一)以水育人,一以贯之

一是凝练了以水为师的价值认同。学院在历代师生员工的共同努力下,艰苦奋斗、砥砺前行,传承中华传统水文化优秀品质,弘扬新时代工匠精神,形成了独具行业职教特色的校园文化——水文化。凝练了"上善若水、学竞江河"的校训、"崇德自强、知行合一"的校风、"润物无声、善能达才"的教风和"笃行苦练、日臻新境"的学风。尚德若水、求知若水、利物若水、清正若水、包容若水五位一体的"水文化"理念体系成为师生共同的价值认同。

二是营造了以水为境的育人氛围。围绕"水文化"核心理念,将水文化的重要元素融入道路、楼宇、广场等校园环境,打造"百米水文化长廊""千米水文化浮雕""万人水文化剧场"等主题景观,用校园景观内隐的文化、信息和历史,以无声的方式影响师生的思想观念和行为习惯,营造浓郁的水文化氛围。

三是构建了以水为魂的制度体系。将"水文化"理念融入制度建设,建成以学院章程为核心,以党务管理、人事管理、财务管理、学生管理、教学管理、后勤管理、廉政管理、安全管理为支撑的"1+8"制度体系,并不断探索固化具有水文化象征意义的典仪制度,深化师生对学院文化理念的价值认可度。

(二)以水铸台,推而广之

一是搭平台深化水文化研究。搭建了"一会一刊一论坛一基地"研究平台,着力深化水文化发展研究。"一会"即成立了重庆市水文化研究会,组建了水文化研究与应用团队,开展水文化课题研究;"一刊"即创办了《巴渝水文化》期刊,获重庆市优秀连续性内部资料称号;"一论坛"即举办全国性"巴渝水文化论坛",邀请全国知名水文化专家学者共话水生态文明、水环境治理、水资源管理等,影响力不断提升;"一基地"即成功申创重庆市人文社会科学普及基地,面向学院、水利行业及社会公众等持续深入开展水文化传播和社科普及工作，营造浓厚的水文化科普氛围，加大水文化传播的公众辐射面和影响力。

二是辟路径探索水文化教学。构建了"1+1+1"课程体系，着力探索水文化教学改革。完善人才培养方案，构建"主修专业、辅修专业和素质拓展"三大模块组成的"1+1+1"水文化课程体系，实现专业育人与文化育人同行同向。开展"川江号子""巴渝武舞"等水文化素质拓展课堂。公开出版《中国传统水文化概论》等教材5部，建成《水文化导论》《文明在水之洲》等市级精品视频公开课程，被全国60余家高校选用。

三是建载体创新水文化推广。打造了"一节一堂一站一联盟"活动载体，着力加大水文化传承推广。"一节"即组织年度水文化艺术节，为广大师生提供年度涉水文艺展示、汇报舞台；"一堂"即打造集讲座、研讨会、沙龙等多种形式于一体的"上善大讲堂"，组织开展各类水文化学术宣讲活动；"一站"即与永川区团委联合建设的"河小青"志愿服务站，组建学生志愿服务队，走进农村、社区，开展富于水利特色的志愿服务活动；"一联盟"即成立水文化教育推广联盟，整合校内外志愿团体，联合川渝两地水利行业，常态化组织开展面向师生和社会公众的水文化、水文明宣传调研。

（三）以水立制，引而申之

一是加强"水文化"顶层设计。将"水文化"建设作为发展战略，把"水文化"纳入学院建设总体规划，纳入优质院校、提质培优三年行动计划和双高院校建设特色项目，出台"十三五""十四五"专项规划，举全院之力统筹推进。

二是构建"水文化"建设格局。成立由院党委书记、院长任组长，分管院领导任常务副组长，其他院领导任副组长，相关部门负责人为成员的校园文化建设领导小组。组建了由宣传部牵头负责，各相关部门协同配合的"水文化"建设工作组，建立了例会和不定期洽商制度，形成了党政统一领导、宣传部牵头抓总、各部门具体落实、师生全员参与的大格局。

三是完善"水文化"制度体系。深化以学院章程为核心的制度体系建设，出台《关于进一步加强校园文化建设的实施意见》等文化建设纲领文件，将水文化及其要求融入教育教学、日常管理等各方面制度建设，不断健全固化新生入学、

新员工入职宣誓、升旗仪式、毕业典礼等典仪制度，规范并形成教育、宣传、活动和环境建设等方面的长效机制。

（四）以水为要，全力赴之

一是建构了新时代水利职业精神培育目标内容体系。学院在水文化育人的实践探索中，突出行业性、实践性、时代性，将中华优秀水文化传承与新时代精神弘扬有机融合，深入挖掘中华传统水哲学思想、古代治水兴水文化、当代治水精神中的育人元素，与社会主义核心价值观蕴含的工匠精神、劳动精神、劳模精神、水利精神等新时代精神深度融合，建构包含职业理性、职业情感、职业态度、职业追求、职业信仰5个要素20个维度的新时代水利职业精神培育目标内容体系，厘清了高职院校推进水文化育人的目标内涵问题。

二是开创了新时代水利职业精神"境—堂—戏"育人模式。学院以项目化教学为抓手，按照启蒙职业意识、体验职业角色、践行职业精神的教学思路，实施"境—堂—戏"育人模式，培育新时代水利职业精神。其中，"境"即营造大环境，把学院打造成独具特色的可视、可感、可循、可悟的水文化教育场域，彰显"以文化人以水育人"的时代价值；"堂"即重构大课堂，打造集知识传播、素质拓展、实践运用于一体，包括水文化教学课、素质拓展课和社会实践课在内的水文化育人大课堂，使"课堂"充分发挥启蒙、体悟、践行的主渠道作用；"戏"即创编大戏剧，编演中华水文化、地方水文化、行业水文化"三台戏"，作为全院学生水文化体验教育项目，提升其职业角色意识，汲取职业精神力量。从而有效解决了传统职业精神培养途径、方法单一，有效性差的问题。

三是研发了新时代水利职业精神培育评价体系。学院将"工程教育认证"的校内达成度评价方法与第三方校外认可度评价进行有机结合，通过建立多元化、过程化和开放性评价方案，开展定量评价与定性评价相互验证，建构了水文化育人定量与定性相结合的评价体系，实现了对"水利职业精神"学生职业精神培育的校内外达成度评价，解决了职业精神培育评价指标体系及量化评价缺失的问题。

三、经验启示

（一）文化生态建构是校园文化建设的有效途径

当前职业教育文化育人工作中所存在的教学管理与文化建设两张皮、"拿来主义"盛行校园文化建设不接地气，以及重外在硬件轻人文内涵、文化建设不系统的问题，应该通过有意识地构建契合自身办学实际的文化生态予以解决。学院水文化育人立足行业和专业，植根办学传统和文化积淀，从中华优秀传统文化中汲取养分，从新时代职业精神发展需要中订立目标，大力培育和践行社会主义核心价值观，把历史传统与当代精神和未来发展统一起来，把社会主义核心价值观的终极要求与水利职教的立德树人目标统一起来，通过文化环境打造、特色课程设置、水文化研究、品牌活动举办等途径，实现校园文化建设途径和内容的多元融合，建构起一个开放的、多元的、有序的、自组织的文化生态系统，对于其他职业院校加强校园文化建设具有示范意义。

（二）理清目标内容体系是文化育人的重要基础

当前高职院校学生职业精神培养，特别是对新时代的新定位、新使命，在教育内容、目标体系中存在的系统化设计问题，是文化育人效果不彰的重要原因。学院通过以"水"为核心，坚定"文化自信"，坚持"文化反思"，构建起使水利类高职院校学生职业精神培养更加契合新时代赋予的新定位、新使命的目标内容体系，从理论创新层面解决了铸魂与育人方向性问题，为结合行业特色和职业特征开展新时代职业精神培养，提供了可借鉴的教育策略。

（三）统筹协调系统推进是文化育人的重要路径

当前职业精神培养途径、方法单一，有效性差，在职业精神培养中第一、二课堂建设各自为政，相互割裂，理论与实践脱节的问题，是文化育人缺乏抓手的重要原因。学院创立水文化"境—堂—戏"育人模式，实现了精神与知识、素养与技术、情感与技能的有机融合，达到了知、情、意、行相统一的职业精神培养效果，为落实立德树人根本任务，推进社会主义核心价值观入脑入心，提供了可借鉴的三全育人方法论。

（四）科学制定评价指标体系是评估育人效果的重要前提

当前职业精神培育的评价指标，内涵抽象模糊且缺乏量化，效性评价十分局限。学院借鉴"工程教育认证达成度"评价方法，将工程教育理念引入水利职业精神培育成效综合评价，解决达成度量化评价。同时，通过第三方专业机构评价解决认可度量化评价，通过利益方评价、媒体评价、政府与领导评价，解决认可度定性评价，使多元评价有机结合、相互验证，为解决职业精神培养的综合评价难题，提供了有效范式。

多举措齐协力　共创文明大沽河

——青岛市大沽河管理服务中心文明单位创建案例

【摘　要】 青岛市大沽河管理服务中心（以下简称"中心"）始终坚持以习近平新时代中国特色社会主义思想为指导，深入学习贯彻习近平总书记关于社会主义精神文明建设的重要论述，落实习近平总书记提出的"节水优先、空间均衡、系统治理、两手发力"十六字治水思路，围绕"党建带文明、文明促党建"这一中心目标，坚持把党建与文明创建和队伍建设有机结合，以"五个坚持"全方位引领文明单位创建工作，夯实干部职工开拓进取的思想基础，凝聚干事创业的智慧力量，不断推动精神文明建设水平再上"新台阶"。

【关键词】 党建　志愿者服务　水文化　精神文明建设

一、案例背景

大沽河发源于烟台市招远阜山，是胶东半岛最大的河流，全长199.9千米，流域总面积6205平方千米，在青岛辖内长157千米，流经莱西、平度、即墨、胶州、城阳5区（市），流域面积4781平方千米，约占全市总面积的45%，是青岛市重要的防洪、排涝河道和供水水源地，"洪畅、堤固、水清、岸绿、景美"的大沽河素有青岛市"母亲河"之誉。

中心深入挖掘大沽河水文化，不断加强精神文明建设，深化基层党组织建设，树立志愿服务品牌，开展文明实践活动，凝聚更大合力。2017年被评为青岛市文明单位，2018年、2019年连续两年被评为青岛市文明标兵单位，2020年被评为山东省文明单位，2021年被评为全国水利文明单位。

二、主要做法

（一）坚持党建引领，提升文明创建水平

一是以党建为引领，助推文明建设取得新突破。坚持党建引领，推进党建文明双驱动。将精神文明建设纳入党建工作体系，同部署、同落实、同检查、同考核，全面落实文明创建目标任务。切实加强理想信念教育、党性教育和社会主义核心价值观教育，充分发挥党支部的战斗堡垒作用和党员的先锋模范作用。以党建带群建，以党员带群众，形成"我参与、我建设"的浓厚氛围。开展"党员服务示范岗"创建活动，参加"我学我讲新思想"水利青年理论宣讲活动等，增强干部职工的政治意识和参与意识，为全面推进精神文明建设提供扎实基础。

二是强化阵地建设，打造服务职工阵地。将党支部作为精神文明建设的主阵地，打造健康文明、昂扬向上的职工文化，满足职工精神文化需求。打造文化长廊，建设完成廉政与水文化融合一体的"清廉园地"，夯实廉政建设，不断完善职工之家、体育活动室建设，开展"职工书屋""职工讲堂"等建设活动，丰富了干部职工的业余精神文化生活，激发了干部职工的积极性，并转化成工作中强劲的精神动力。中心职工之家被青岛市总工会评为新时代职工信赖的职工之家。

（二）坚持服务社会，擦亮志愿服务品牌

一是强化志愿者队伍建设。不断完善党员带头、多方参与的志愿服务体系，强化志愿者能力素养，大力弘扬"学习雷锋、关爱他人、提升自己"的理念。先后开展"筑梦水务，无偿献血""慈善一日捐""植树造林 守护绿水青山""继承优良传统，弘扬雷锋精神"等学雷锋系列志愿活动，结合"世界水日""中国水周"进行节水宣传，广泛深入校园、社区、村镇开展新时代文明宣传、水法知识普及和捐赠图书活动，通过系列活动倡导文明新风、弘扬社会正气，不断增强干部职工的社会责任感。

二是擦亮水务特色志愿服务品牌。自 2016 年以来，邀请社会团体和中小学生志愿者开展"关爱山川河流，保护水源地""关爱山川河流，水利志愿者在行动"等水务特色志愿服务活动 7 场次，宣传河湖治理成果，倡导环保意识、生态意识，让节约用水、保护生态的理念落到基层、走进家庭，让更多志愿服务组织

和志愿者参与到保护河湖、关爱自然的队伍中来，凝聚全社会节水合力，构建全覆盖护水格局。2020年"关爱山川河流"志愿服务项目被评为青岛市文明委"四个典型100"志愿服务项目，并在2022年成功举办青岛市第一届"关爱山川河流"志愿服务节。

（三）坚持新时代文明实践，弘扬传统美德

一是培育和践行社会主义核心价值观，传承传统文化。积极开展"四德工程"主题教育活动，深入开展中国特色社会主义和中国梦宣传教育。组织开展"做爱国守法公民""做诚信水利人"等宣传活动，通过宣传教育，不断提高和引导干部职工养成文明、健康、科学的生活方式和良好的文明素质。

二是开展"我们的节日"系列活动，厚植爱国情怀。结合清明、端午、中秋、春节等重要传统节日，挖掘节日蕴含的思想观念、人文精神和道德规范，开展经典诵读、缅怀先烈、包粽子慰问老党员等活动，进一步感受传统文化的魅力，增强爱国情感，展现干部职工朝气蓬勃、奋发向上的精神风貌。

三是倡导绿色生活方式，构建生态文明。开展"文明餐桌""光盘行动"和"节水节电节约用纸"活动，引导干部职工积极践行绿色生活，加强节能减排。组织"绿色骑行"活动，培养干部职工绿色生活理念和环保出行方式。开展"爱国卫生志愿服务""环保进社区""节水进校园"等系列绿色主题活动，组织志愿者进社区、进学校开展节水宣传。2020年被评为青岛市水利行业节水机关。

（四）坚持文化引领，提升特色彰显

一是深度挖掘大沽河水文化。大沽河一路从远古走来，历经沧海桑田，阅尽胶东风情。大沽河及其流域是青岛地域文明的发祥地，大沽河文化是青岛水文化的一个重要组成部分，发掘大沽河文化是建设文化青岛的需要。拍摄完成大沽河宣传片，通过记录河流的源流、沉积的文化、流淌着的文明，讲述大沽河对于青岛走向国际化大都市的意义和价值。推动大沽河综合治理工程与水文化深度融合，将闸坝作为水情教育基地，利用其互动性、参与性、专业性较强的特点，融合工程景观、大沽河文化、地域文化，向社会公众宣传水情科普、水政策法规、水工程和水文化等。联合山东建筑大学、青岛大学附属中学等多所学校，建立假期实践学习活动基地，为学校师生进行水文化调研实践提供实践平台，打造展示大沽

河流域文化的一扇新窗口。

二是推进融合水利工程与文化建设。深化"美丽河湖"建设,探索出具有水文化特色又适宜推广的省级美丽河湖建设模式,2020年被确定为山东省首批省级美丽示范河湖;2020年山东省水利厅公布大沽河移风拦河闸为省级标准化管理试点示范工程,2021年其余10座市管拦河闸坝通过省级标准化管理评价,其中程家小里拦河闸、庄头橡胶坝通过省级示范工程评价;优化创新大沽河取水监管模式,推进河道取水口实施"一口一牌一码"的身份证式管理模式,2021年度获得山东省农林水牧气象系统"乡村振兴杯"工作创新竞赛优秀奖。通过坚持把水文化理念贯穿于水利工程建设过程,突出大沽河水文化特色,充分发挥了水在提高城市建设中的独特作用。

(五)坚持联创共建,优势互补促发展

一是参与文明城市创建,激发"红色动力"。以创建文明城市为契机,充分发挥干部职工在文明城市创建工作中的示范引领作用,通过组建"党员先锋队""志愿服务队"等方式积极开展基础设施提升、环境卫生整治、文明行为引导等工作,通过参与创城,激发了党员干部职工参与创城的"红细胞",推动党支部在创城工作中的"红色动力",形成独特的"文明信仰",在内化于心、外化于行中为青岛市创建文明典范城市奉献水务力量。

二是深化结对共建,凝聚党建合力。自与河套街道下疃社区结对共建以来,中心以结对共建为载体平台,进一步加强沟通和交流,以党建引领业务,结合水务行业特点,常态化开展党员志愿者服务等共建活动,实现资源共享、优势互补,推进基层党建与业务发展深度融合。邀请社区参加抗美援朝老兵为支部党员上党史教育课,让红色基因、革命薪火代代传承。与结对社区开展"永远跟党走——饮水思源·粽情端午"等主题党日活动,组织党员干部走访慰问社区老党员老战士,接受革命前辈的党史教育。开展"继承优良传统,弘扬雷锋精神"、无偿血等志愿服务活动,为社区群众送温暖、送服务。

三、经验启示

文明单位的创建是凤凰涅槃、蝶变花开的过程,凝聚了水务人对文明的不懈

努力和对更高目标的追求。

（一）抓好组织领导，夯实文明创建基础

成立常态化文明单位创建工作领导小组，形成党支部书记全面抓、班子成员线条推、小组成员具体做、全体人员共同参与的创建工作机制，充分调动全体干部职工文明创建的积极性，形成干部职工人人关心、人人支持、人人参与的文明单位创建的良好局面。将文明单位创建工作纳入全年工作要点，认真梳理创建内容，提目标、明任务、严责任，夯实坚实制度基础。做到职责分明，责任到人，年初有布置，年中有检查，年终有考评，有效保证了文明单位创建工作健康有序开展。

（二）落实职工全参与，筑牢文明创建根基

以单位全体干部职工为文明创建主体，广泛动员参与到各项实践活动中来。抓好宣传引导，进一步完善文化宣传长廊、党员活动室、精神文明宣传栏、图书阅览角、道德讲堂、文体活动场所等"一廊一室一栏一角一堂一场所"，健全活动阵地制度，做到文明标语上墙、上宣传栏，营造浓郁清新的文明创建氛围。

第三篇

水之星（滴水穿石·科技创新）

铸文明之师　强安澜力量

——长江水利委员会水文局长江中游水文水资源勘测局创建
全国水利文明单位工作纪实

【摘　要】 长江水利委员会水文局长江中游水文水资源勘测局（以下简称"中游局"）摊子大、人员多、底子薄，多年来，全局以习近平总书记关于加强社会主义精神文明建设的重要论述精神为指导，有效实施"党建引领＋事业发展、经济发展、文化建设＋技术创新、管理创效、服务创优"的"1+3+3"工作法，盘活人才和技术资源，丰富载体，久久为功，营造了凝心聚力干事业、团结和谐促发展的良好氛围，以文明单位创建工作的丰硕成果推动长江中游水文事业再上新台阶。

【关键词】 党建引领　文化建设　服务创优

一、背景情况

中游局成立于 1950 年 2 月，是水利部长江委水文局下属的具有独立法人资格的公益类正处级事业单位，是为长江流域综合治理、水旱灾害防御、水资源开发和管理、水生态修复、水利水电工程建设及其他国民经济建设收集水文、河道勘测、水环境检测资料的专业机构。70 年来，中游局在做好水文"尖兵"的同时，积极推动精神文明建设向纵深发展，以丰富多元的文明创建活动助推长江水文事业发展，为"铸文明之师，强安澜力量"，从以下三个方面进行了长期努力。

二、主要做法

(一)党建引领,一个中心把方向

中游局认真开展主题教育,制定《中游局党委中心组学习制度》和年度学习计划,落实学习制度。向全局党员干部和职工发放了系列学习书籍,局领导班子成员带头学习习近平总书记系列重要讲话精神,特别是关于精神文明建设重要论述,为基层支部和党员干部学习发挥了示范引领作用。

专题培训提升质量。以党员干部培训班、专题讲座、网络宣传、演讲征文、道德讲堂、学习交流会等多元方式加强意识形态教育、宣传理想信念,坚定干部群众的道路自信、理论自信、制度自信、文化自信。

坚持全面从严治党,切实履行"一岗双责",全面落实监督检查,通过签订责任书和承诺书,将责任压紧压实。举办"两学一做"知识竞赛、"红旗党支部"创建、"党员先锋岗"、红色革命传统及警示教育、干部理论培训等学习交流活动。

充分发挥党组织战斗堡垒作用和党员先锋模范作用,一名党员就是一面旗帜,在急难险重工作面前都有党员身影,以党建引领深化文明创建工作,助推水文事业和经济两翼齐飞。

(二)事业发展、文化建设、经济发展,三线作战谋发展

在防汛测报工作中,中游局全力以赴,确保"测得到、测得准、报得出、报得及时",成果资料屡次在长江委水文局水文资料整理汇编评审中荣获第一名。河道勘测项目先后获国家优秀测绘工程银奖和铜奖各1项,湖北省优秀测绘工程一等奖2项、二等奖6项。有效应对汉江水华、2012年汉北河、2014年仙隆化工等突发性水污染事故,多次荣获水质监测、应急监测先进单位称号。开发研制的"南方片水文资料整汇编软件"、缆道和船测自动系统在全国推广使用。

在文化建设创建工作中,坚持创建活动与水文业务工作"四同步",把文明创建与具体任务深入融合,通过完善机构、落实责任,形成了主要领导主抓,分管领导具体抓,部门各司其职、各负其责,全员积极参与的领导体制和工作机制,既展示了干部职工的精神风貌,也强化了部门间的协调配合,使文明创建与履职尽责成为大家共同的目标和任务,在完成防汛测报工作的同时,创建合力也进一

步增强。全员参与，党政工团齐抓共管，持之以恒真抓实干，让全局干部职工真正感受到文明创建的积极推动作用，并自觉、有效地带动、参与文明创建活动，营造了"人人知晓、人人参与"的创建氛围，有力强化了文明创建聚合力。

在经济发展工作中，通过盘活人才和技术资源，近年来中游局经济发展稳步提升，克服疫情带来的不利影响，绘制了经济发展的"逆势上扬"曲线，2019—2021年连续三年获评长江委水文局绩效考核先进集体，有力地支撑了水文事业的发展。

（三）技术创新、管理创效、服务创优，三个抓手聚合力

在大力推进文化创建的过程中，以"技术创新、管理创效、服务创优"为抓手，使创建活动主题突出、载体丰富、特色明显。

技术创新。科技创新是新时代水利文明进步的显著特征，中游局坚持科技赋能，彰显文明创建强动力，依托科技成果申报、青年论坛、科技论文专刊、职工"三人行"分享课堂、青年"创新创效创优"大赛、创新工作室、重点实验室、技能比武等，深入开展技术创新工作，取得系列水文测报实用的创新成果，极大地促进了巡测技术的发展，曾获长江委科技进步奖一等奖、水利部大禹水利科学技术奖二等奖等。

管理创效。围绕"四德"教育，广泛开展"管理规范、优质服务""树正气、比贡献、促和谐""传统大家谈"等系列主题教育活动，积极参与"践行核心价值观、争做最美水利人"、文明家庭创建、"传家训、立家规、扬家风"等活动。开展文明职工、十佳职工等评选表彰活动。组织丰富的文体活动。职工读书屋图书收藏近2000册，7个勘测分局（中心）建有职工健身活动室，配备了健身器材。每五年开展一届中游局十佳职工评选活动；每两年举办一届职工篮球赛。积极参加水利部、长江委、水文局举办的各项文艺活动，涌现出一批精神文明佳作。2012年，中游局仙桃水文站被全国总工会授予工人先锋号称号，成为全国水文行业第一个获此殊荣的水文站。2018年益阳分局被全国总工会授予全国模范职工小家称号。

服务创优。积极开展社会公益活动。成立中游水文志愿服务队，高频开展学雷锋活动，参与帮扶、公益宣传和结对共建等活动。组织团员青年积极开展"世

界水日""中国水周"宣传活动,参加武汉江滩环保志愿者活动和军运会志愿活动。资助困难职工20余万元。在抗击新冠疫情期间,共有26人在抗击疫情一线参加志愿服务,中游局水环境监测中心获评水利部2020年新冠疫情防控突出表扬、长江委抗疫先进集体,多人获评抗疫先进个人。

三、再接再厉创辉煌

中游局文明创建结硕果。多年来,共有19人次获得省部级荣誉称号,2人荣获全国五一劳动奖章,1人荣获全国先进生产者称号,1人荣获大国工匠称号,2人享受国务院政府津贴,1人荣获全国血防卫士称号,1人被评为全国水利行业首席技师,1人被评为水利部5151人才工程第三、四层次人选,3人荣获湖北省五一劳动奖章,1人荣获长江委重大贡献奖,1人荣获长江委技能人才大奖,拥有全国水利技术能手2名,全国技术能手5名,湖北省技术能手3名,湖北省杰出青年岗位能手2名,中游局科研室被评为长江委职工(劳模)创新工作室,2人被评为水文局首席专家。中游局荣获水利部水利行业技能人才培育突出贡献奖,2020年荣获湖北省文明单位称号,2021年荣获全国水利文明单位称号。

党建为核 "五维"共建
打造文明创建的"长江特色"

——长江科学院文明创建案例

【摘　要】 70年深耕沉淀,传承科研巨匠之志。长江科学院(以下简称"长科院")以党建为核,"五维"共建,深耕文明沃土,助力科技强国,以"水"为媒形成了具有"长江特色"的水利科研文化,为长江增色添彩。

【关键词】 "五维"共建　长江特色　创新文化

一、背景情况

长科院隶属于水利部长江委,始建于1951年,主要为国家水利事业、长江保护与治理开发提供科技支撑,同时面向国民经济建设相关行业,以水利水电科学研究为主提供科技服务。在编在岗职工800余人,其中专业技术人员740余人,具有高级职称人员480余人,博士250余人,硕士300余人,国家和省部级各层次专家80余人。长科院始终围绕水利科研中心工作全面推进文明创建工作,取得了优异成绩,为水利科研事业和自身改革发展提供了强大的精神动力和智力支持。

二、主要做法

长科院以党建为核,"五维"共建,深耕文明沃土,助力科技强国,致力打造文明创建的"长江特色"。

(一)体系共筑,强党建促政治清明

长科院党委始终在政治立场、政治方向、政治原则、政治道路上同党中央保

持高度一致，坚持把党的政治建设摆在首位，着力提高基层党组织和广大党员的政治判断力、政治领悟力、政治执行力，强化广大党员干部职工为治水治江强院提供有力科技支撑的使命感和责任感，引导广大职工胸怀"国之大者"，做习近平新时代中国特色社会主义思想的坚定信仰者和忠实践行者。紧紧围绕"党建带创建、创建促党建"这一目标，系统构建"党建＋文明创建"工作机制，专设精神文明建设领导小组和办事机构，形成了院党委统一领导、精神文明建设领导小组统筹部署、文明办组织协调、党政工团齐抓共管、职工广泛参与的工作格局，以高质量党建助推文明创建工作高质量发展。

（二）发展共谋，抓主业促科技强国

长科院人学习"水善利万物而不争"的高尚品格，学习长江襟河带湖的博大胸怀和一往无前的精神气概，立足岗位积极推动治水兴水大略。长科院在传承和发展治水治江科研实践的基础上，凝练了具有导向作用的"爱水、爱江、爱院"三爱文化，诠释着广大干部职工执着事业、热爱生活的情感，让"以院为家"成为共同价值取向和精神追求，在大河上下铸就水利科研的辉煌业绩。

70多年来，长科院在三峡工程、南水北调和长江堤防等200多项国内外大中型水利水电工程建设中提供了优质科技服务，在长江防洪安全、生态安全、供水安全、工程安全、通航安全等流域战略性、前瞻性、基础性问题方面开展了大量原创性科学研究，在水利水电、市政交通、能源电力、生态环保等国民经济相关领域研发和推广了一系列先进技术产品，在治水治江事业和自身改革发展实践中，解决了一系列重大和关键技术难题，还为国民经济建设相关行业提供了大量的技术服务，收获了丰硕的科技创新成果。提交科研成果10000余项；荣获国家和省部级科技成果奖励440余项，国家发明和实用新型专利370余项；主编或参编国家及行业技术标准、规程规范40余部；出版专著80余部。近年来，围绕"高质量发展"主题，长科院科技支撑能力显著提升，科技创新平台日趋完善，人才队伍活力竞相迸发，经济实力大幅提高，全院综合科技实力明显增强。

（三）文化共融，创品牌促文化繁荣

长科院自2003年以来，以"健康职工身心"为目的，以"主动介入"为手段，以"职工文体活动"为抓手，创建"蓝十字工程"体系。从全面关心职工身心健康和家庭和谐，到倡导职工"爱水、爱江、爱院"之"三爱"文化，"蓝十字工程"不断丰富其内涵和形式，由一个最初的健康理念，到博得广大职工的理解、认同、关注和参与，通过构建平台、锻造队伍、培育生态，经历了一个"在创新中发展，在发展中创新"的深化过程，逐步形成了"运动健身练体魄，文化浸润修心智"的体系构架。

在长科院工会的支持和指导下，以"自愿、自管、自办"为原则的长科院职工文体协会在完善的制度机制下蓬勃发展，至今已创设了足球、篮球、排球、网球、羽毛球、乒乓球、保龄球、舞蹈、太极、瑜伽、徒步、健身、游泳、声乐、戏曲、桥牌、文学社等17个职工业余文体协会，培养了近300名有技能、能组织、会管理的基层文体骨干，促进了单位文化工作全面、良性发展。自2009年创刊非技术类刊物《江花心语》以来已出刊48期，13年来共刊登了千余篇反映职工思想、工作、生活的各类文学作品，以及书画、摄影类艺术爱好者提供的400余幅艺术作品，多批次优秀书画、雕塑作品被选送参加水利部大型艺术作品巡回展；依托长江委大型文艺活动，推出展现科研工作者风貌、宣传科研工作成果的原创作品，多个作品获得湖北省、长江委各类比赛一等奖，在"水利系统抗击新冠疫情"主题文学艺术创作活动中，长科院成绩突出，荣获优秀组织单位奖。

广泛开展的各类文体活动，让职工在风清气正的良好科研工作氛围中保持健康向上的精神风貌，为长科院高质量发展注入更加强劲的活力。广大职工在受惠于"蓝十字工程"的同时，也激发了投身于水利科研事业、建设一流水利科研强院的饱满热情。

（四）品质共铸，勇创新促人才成长

长科院突出"科技创新"和"治水治江科技支撑"两条主线，充分发挥以劳模为代表的高技术人才示范带头作用，积极推动职工（劳模）创新工作室的创建活动，在彰显积极进取的创新文化同时，有效激发了广大职工的创新热情和创造活力。

自2012年长科院率先在水利行业建设创新团队以来，遴选资助4批次共22支院级创新团队，累计投入3000余万元。经过多年的建设，创新团队不断优化建设机制，形成了一套行之有效的创新管理办法，也取得了丰硕的科研成

果。1支团队入选水利部第二批创新团队,1支团队入选湖北省自然科学基金创新群体,1支团队入选武汉市创新团队,为后续申报国家级创新团队奠定了基础。

长科院创新团队也为长科院工会依托创新平台创建打造职工(劳模)创新工作室奠定了坚实的基础。2017年以第一批院级创新团队为基础,长科院5个创新工作室被长江委命名为委级创新工作室,2018年1个创新工作室被命名为湖北省(劳模、工匠)创新工作室,2019年升级为湖北省示范性职工创新工作室(全省20个)。自结合创新团队建设职工(劳模)创新工作室以来,凝聚各方力量,整合优势资源,形成了党政支持、工会组织、高端技术人才(劳模)挂帅、职工积极参与的创建格局。院属各专业领域的创新成果也取得新进展,近三年来,以创新工作室为基础,累计获得大禹水利科学技术奖2项、省部级科技进步奖10余项,推出大量专利发明成果,充分体现了创新发展带动全面发展的引领示范作用,也为我们推动治江事业发展提供了强大动力。

(五)民生共管,葆初心践社会使命

坚持绿色发展理念,持之以恒推进生态文明建设。作为新时期长江治理与保护的科技支撑主力军,长科院积极面向水安全保障、水生态文明建设等科技新需求,围绕水资源管理、水环境治理、水生态修复、水旱灾害防御等方面开展了大量基础性、原创性科研工作,有力落实"节水优先、空间均衡、系统治理、两手发力"的治水思路。

自2012年起,开展了国内持续时间最长、涉及专业领域最广的江源科学考察活动,积累了江源地区大量第一手基础数据及资料,较全面地掌握了长江源地区以水生态系统为主的生态环境变化规律及趋势,为推动"长江大保护"取得实质进展和长江经济带高质量发展做出了积极贡献。

长科院坚持积极参加社会公益活动,自主开展了大量帮扶共建、志愿服务、水利科普等工作,用技术、资金和一系列实际行动彰显责任担当。面对新冠疫情,长科院在党的坚强领导下,始终坚守社会责任,牢记初心使命,众志成城战疫情、共克时艰抓生产,在大江上下进行着艰苦卓绝的努力,诠释着新时代水利科研人的大爱情怀。

三、经验启示

一是高度重视,深刻认识精神文明建设的重要意义,建立行之有效的精神文明建设工作机制,以党建为核心,"五维"共建,促进"五个文明"协调发展。

二是立足主业,坚持新发展理念,传承科研巨匠之心,建设一流水利科研强院,为精神文明建设奠定坚实基础。

三是敢于创新,充分体现"长江特色",着力深化"爱水、爱江、爱院"的单位文化,提升文明单位软实力。

四是创建品牌,结合实际统筹谋划,建强"蓝十字工程"品牌载体,体现人文关怀,全面推进文明单位创建工作屡上新台阶。

潮平岸阔,未来可期。长科院将立足新发展阶段,贯彻新发展理念,构建新发展格局,永不懈怠地深耕文明沃土,为推动经济社会高质量发展做出新的更大贡献。

梦在前方　路在脚下

——珠江水利委员会珠江水利科学研究院全体员工
昂扬斗志，踔厉奋发，书写峥嵘岁月

【摘　要】 为进一步深入贯彻落实习近平总书记关于加强社会主义精神文明建设的重要论述精神，强化职工思想建设，近年来珠江水利委员会珠江水利科学研究院（以下简称"珠科院"）夯实组织领导、创新工作方法、发挥青年职工力量，加强理论学习，积极践行社会主义核心价值观，加强思想道德建设，积极开展精神文明创建活动，开展文明风尚行动，凝心聚力，勠力开拓，以职工的良好风貌和十足干劲，推动单位高质量发展和服务流域水资源管理，正在为成为国内一流水利科研机构而持续奋斗。

【关键词】 组织保障　创新引领　青年力量

一、背景情况

珠科院在水利部、珠江水利委员会（以下简称"珠江委"）等上级部门的正确领导下，坚持以习近平新时代中国特色社会主义思想为指导，认真学习党的十九大，十九届四中、五中、六中全会精神，坚持把精神文明建设摆在突出的位置，围绕珠科院中心工作和高质量发展战略，坚持培育和践行社会主义核心价值观，深入贯彻落实"节水优先、空间均衡、系统治理、两手发力"的治水思路，全院职工团结拼搏，务实创新，推动院贯彻实施新时期中央水利工作思路和部党组、委党组决策部署，各项事业得到全面发展，努力建设成为具有流域特色国内一流水利科研机构，为助推流域水利事业发展、服务珠江委中心工作提供了有力的科技支撑。

珠科院荣获广东省文明单位、珠江委先进单位称号，连续十几年保持广东省直机关文明单位称号，下属广东华南水电高新技术开发有限公司获得2016—2018年度珠江委文明单位称号，并于2019年被水利部精神文明建设指导委员会授予水利系统基层单位文明创建案例表彰单位。

近年来，珠科院深入学习贯彻落实习近平总书记关于加强社会主义精神文明建设的重要论述精神，按照水利部和珠江委关于精神文明建设的决策部署，以创建全国水利文明单位为引领，大力推进思想道德建设，深入开展群众性精神文明创建活动，珠科院经济建设、政治建设、文化建设、党的建设得到全面发展，形成了积极、健康、文明、向上的精神风貌。现将在开展理想信念教育、社会主义核心价值观建设、思想道德建设、群众性精神文明创建活动、文明风尚行动等方面的工作汇报如下。

二、主要做法

（一）践行高质量发展，业务工作成效显著

全院干部职工牢记我们党的性质宗旨、初心使命，围绕粤港澳大湾区发展等国家战略、围绕支撑流域治理管理等职能、围绕服务民生提供水利科研保障的使命，攻坚克难、主动担当、履职尽责，科研核心竞争力大幅提升，科技推广成绩斐然，人才队伍建设取得突破，治理体系激发活力，以坚定的战略定力和行动践行高质量发展战略。自"十三五"以来，获省部级科学技术奖26项，其中牵头16项，二等奖以上11项；共有45项技术入选水利部先进实用技术推广目录；"十三五"以来，坚持科技创新与市场开拓手拉手的思路，技术转让、技术开发、技术咨询和技术服务等合同额年均增长10%以上，2021年合同额比2020年度增长7.3%；业务结构更加均衡多样，高科技附加值业务逐步增多，中高端业务比例明显增加；水利科普力度加大，科技宣传精彩纷呈，"洪涝共治让城市不再看海"等宣传片获得社会强烈反响；获评全国水利系统劳动模范1人，拥有珠江委科技英才6人、水利青年科技人才1人、水利青年拔尖人才1人。

（二）强化理论学习，坚定理想信念

珠科院始终把学习贯彻习近平新时代中国特色社会主义思想、习近平总书记

关于治水的重要论述和重要指示批示精神作为理论学习常设内容。通过领导干部带头学、党支部和青年理论学习小组研讨学、里水党建园地宣传学，丰富学习形式，激发学习热情，夯实学习效果，提高思想认识。一是通过珠科院党委理论学习中心组计划，珠科院党委坚持率先学、带头学，先学一步、学深一层；二是借助"三会一课"和青年理论提升工程的实施，开展支部和青年理论学习小组系统研讨；三是通过里水基地党建园地、党委会议室（党员之家）等宣传阵地，及时宣传贯彻党的路线、方针和政策，强化职工思想建设。

（三）积极创先争优，践行社会主义核心价值观

一是认真贯彻落实《关于水利系统培育和践行社会主义核心价值观的实施意见》，把践行社会主义核心价值观融入单位绩效考核制度和干部选拔任用制度中，通过学习培训答题和宣传展示，广泛开展社会主义核心价值观学习宣传和教育实践。二是通过中心组学习、支部学习、网络平台宣传等多种方式，组织学习水利系统"最美水利人"等先进典型，指导工作实践。三是选树年度最美奋斗者、突出贡献者等先进典型，在单位内部开展"创先争优"活动，突出"有情怀，新观念，努力奋斗"的人才观和"奋斗为本，突出实绩，统筹配置，能上能下"的人力资源配置思路。

（四）加强思想道德建设，弘扬传统美德和职业道德

一是制定人员聘用制度、用工管理办法和《严肃工作纪律五项禁令》等一系列管理制度，规范职工行为，持续推动职业道德和岗位行为规范建设。二是印发《珠科院贯彻落实〈新时代公民道德建设实施纲要〉实施意见》，进一步提升珠科院干部职工职业道德水平，引导广大干部职工树立良好的职业道德。三是在单位宣传阵地进行"四德"宣传，在职工小家张贴"八荣八耻"，通过节日短信提醒干部职工文明出行、文明祭祀、文明旅游等，号召党员领导干部管好教好子女，注重家庭美德建设。

（五）积极开展精神文明创建活动，提升凝聚力和战斗力

一是以珠科院工会、共青团、妇委会等群团组织为依托，积极开展丰富多样的文体活动，增强了职工之间的凝聚力和战斗力，激发了职工团结拼搏、求真务实的精气神。二是制定《珠科院领导干部联系群众制度》，加强调查研究，了解职工需求和困难；工会开展"解决小诉求，凝聚大力量"活动，在政策允许范围内，积极为职工发放节日福利和生日蛋糕券；做好干部职工特殊困难救助和残疾重病子女帮扶等工作。三是珠科院职工餐厅按要求预留份额采购脱贫地区农副产品，继续开展重庆市武隆区帮扶工作；开展广东扶贫济困活动，积极组织爱心捐赠。

（六）开展文明风尚行动，营造健康生活方式

一是普及生态文明和绿色发展理念知识，引导广大职工干部践行简约适度、绿色低碳的工作和生活方式；开展"不剩饭、不剩菜"文明餐桌、"节约一滴水、一度电、一张纸"活动，努力形成文明用餐、反对浪费的良好风尚。二是在每年党风廉政建设工作会议上，都会特别强调禁止干部职工婚丧大操大办、高额彩礼，对待老人厚葬薄养、参与或相信封建迷信等内容。三是制定并印发《珠科院驾驶员岗位职责和管理办法》《珠科院网络安全防护10项准则》，开展文明交通、文明上网行动。

三、经验启示

（一）加强组织领导，提供有力保障

一是成立精神文明建设负责机构，构建良好工作格局。珠科院党委始终把文明创建工作列入重要工作日程，成立了以党委书记为组长，院长为副组长，各部门、公司、水保站主要负责人为成员的精神文明创建领导小组，党群工作办公室作为精神文明建设专职机构，成立了珠科院党员水利志愿服务队、创建工作小组等机构，形成"上下联动、齐抓共管、全员参与"的工作格局。

二是制订工作计划，保障精神文明建设工作投入。每年制定并印发《珠科院精神文明建设工作要点》，以创建文明单位为重点，把文明创建工作纳入珠科院高质量发展进程，与业务工作同部署、同检查、同落实，做到目标明确、计划周全、措施具体、责任落实。

三是夯实主体责任，突出党风廉政建设。珠科院党政主要负责人认真履行党风廉政建设和反腐败工作第一责任人职责，珠科院领导班子成员和各级"一把手"认真履行"一岗双责"，加强压力传导，切实履行好党风廉政建设主体责任。

（二）创新工作方式方法，提升精神文明建设工作效能

一是制度先行，确保理想信念教育有序开展。先后制定并印发了珠科院党委中心组学习制度、党支部标准化规范化建设实施方案等指导性文件，以党委理论学习中心组为引领示范，严格落实党支部的"三会一课"制度，充分调动青年理论学习小组的积极性，确保理想信念教育有序开展。

二是以终为始，把社会主义核心价值观融入单位考核和人才选拔制度中。将社会主义核心价值观的践行要求融入绩效考核办法和领导干部选拔任用办法中，大力开展"创先争优"活动，学典型、树典型，发挥优秀人员的模范带头作用，在单位内部创建见贤思齐、止于至善的积极向上的氛围，有效有力推动新时期下珠科院各项事业发展。

三是劳逸结合，通过丰富多彩的文体活动提神振气。主动策划和积极参加水利部、珠江委举办的丰富多彩的文体活动，通过举办活动提神振气，展示职工风采，发掘职工特长，增加职工间的交流，满足职工精神文化生活的需求，增强了队伍的凝聚力和战斗力。

（三）发挥青年职工力量，打造生机盎然的文明单位氛围

一是扎实理论学习，坚定理想信念，充分发挥青年理论学习小组的作用。立足青年理论提升工程，各支部安排部署青年理论学习小组的学习计划并严格落实。青年理论学习小组提交的理论学习心得最多，开展的交流研讨最实，参加各类精神文明创建活动最积极。

二是志愿参加疫情防控服务工作，贡献青年职工的力量。在遵守疫情防控各项部署的前提下，珠科院青年职工安雪、陈伟昌、陈思挺身而出、不畏辛劳，志愿加入社区疫情防控服务工作，在疫情排查、全民核酸检测等工作组织实施中发挥了共产党员的先锋模范作用，在社区带来良好反响。

三是不负青春，不负韶华，开创未来。近年来，珠科院科学技术奖获得者、科技人才称号获得者、演讲比赛获奖者等，都来自青年职工，充分体现了青年职工"有情怀，新观念，努力奋斗"和"奋斗为本，突出实绩"的工作作风。在优秀青年的带领下，珠科院职工呈现出奋发图强、披荆斩棘、驽马十驾的良好风貌，珠科院凝聚力和战斗力显著提升，为实现"十四五"各项目标开拓进取，驰向未来。

文明实践风正劲　水利发展谱新篇

——泰州市水利局文明创建案例

【摘　要】　泰州市水利局把精神文明建设作为推进水利高质量发展的有效抓手，多年来始终坚持高标准文明创建。2015年、2018年、2021年连续三次被江苏省文明委命名为省级文明单位，下属事业单位泰州市城区河道管理处先后获评全国水利文明单位、全国文明单位。面对新形势、新要求，如何寻找新的突破口，推动文明创建向更高水平迈进，成为全局干部职工面临的新挑战。泰州市水利局在市委、市政府的坚强领导和江苏省水利厅的精心指导下，坚持以习近平新时代中国特色社会主义思想为指导，以推动水利事业高质量发展和提高人的综合素质为目标，着力构建"三项"制度、着眼"三人"培育、丰富"三类"载体、促进"三务"融合，推动全局精神文明建设工作再上新台阶。

【关键词】　制度设计　队伍培育　载体搭建

一、背景情况

近年来，泰州市水利局始终把精神文明建设作为推进水利高质量发展的有效抓手，坚持高标准文明创建，坚持以习近平新时代中国特色社会主义思想为指导，以推动水利事业高质量发展和提高人的综合素质为目标，努力构建"三项"制度、着眼"三人"培育、丰富"三类"载体、促进"三务"融合，取得了精神文明建设与水利高质量发展双丰收。2015年、2018年、2021年连续三次被江苏省文明委命名为省级文明单位，下属事业单位泰州市城区河道管理处先后获评全国水利文明单位、全国文明单位。2018年，荣立泰州市创建全国文明城市集体三等功。2019年，被泰州市委、市政府表彰为十佳标兵单位，南水北调东线工程之一的

卤汀河拓浚工程获泰州市骏马奖。2020年，获评全国全面推行河长制湖长制工作先进集体、全省防汛抗洪工作先进集体、全省水利行业节水机关、全市效能考核先进单位等。

二、主要做法

（一）建立三项制度，推动文明创建长效于制

一是强化顶层设计，建立责任制度。泰州市水利局党组高度重视文明单位创建工作，专门成立精神文明建设暨意识形态工作领导小组，制定三年精神文明创建规划，逐年形成三个责任清单，将文明创建目标任务分解到局领导班子成员和处室（单位），营造点面结合、上下联动、全员参与、整体推进的良好创建氛围。二是强化目标意识，建立考核制度。泰州市水利局将文明单位创建与全员日常绩效考核深度融合，在全省首创"1套责任指标、2个网络系统、3级督查体系"的"123"绩效考核新模式，既设定性要求，也考量化指标，实现了创建与业务同向、平时与年终挂钩、领导与职工关联，促进了个人与组织的共同成长。三是强化底线思维，建立廉政制度。强化党风廉政建设，为文明创建营造风清气正的良好环境。泰州市水利局"一把手"每年亲自谋划党风廉政建设工作，组织层层签订廉政责任状和承诺书；泰州市水利局每月办公会点评党风廉政建设工作，分管领导一并汇报"一岗双责"落实情况，先后开展了"法院庭审旁听"、盐城新四军纪念馆学习参观等专题廉政教育活动，廉政剧本《归途》获得市纪委监委一等奖。

（二）聚力"三人"培育，推进文明创建内化于心

一是聚力培育政治坚定的明白人。坚持以党建统揽全局，强化干部职工党性培养。高标准高质量开展党史学习教育，"日学周讲月评学习制度""百名党员立项目""千名河长讲党史""万名群众得实惠"等创新做法多次被指导组公开肯定，并推荐为优秀代表进行交流。隆重举行"时代呼唤 奋斗有我"主题党日、"总书记这句话最让我受教育"主题征文和演讲活动，增强在党为党、在党兴党的思想自觉；立足党务业务服务"三务融合"，首创"四有四同"党建工作法，面向全市开放提高党的组织生活质量的活动现场；建立"泰水韵"党建服务品牌，被《新华日报》《中国水利报》、"学习强国"平台等媒体20余次宣传报道，

获得泰州市级一等奖；泰州市水利局机关党委连续多年被表彰为市级机关先进基层党组织。二是聚力培育奉献担当的实干人。充分发挥榜样精神和榜样力量，组织学习东深供水工程建设者、郑守仁等"最美水利人"先进事迹，在单位内选树文明职工和文明家庭，积极参加"十行百星""最美泰州人""水利系统劳模"等评选表彰活动，1人获评建设之星、1人获评省级劳模、1人获评全省优秀党务工作者、3人获评市级劳模，为干部职工树立了学习标杆。每年集中一个月时间组织中层以上干部赴基层一线开展调查研究，深入矛盾突出和问题较多的地方，推动干部在调研中掌握一线实情，破解现实难题。三是聚力培育改革创新的践行人。为增强干部职工创新能力，常态化组织新知识、新理论学习。每年围绕河长制、防汛防旱、水行政执法等水利重点内容，分类分批组织100多人次的培训和竞赛，不断更新干部职工的思维方式和知识结构。通过各类创新举措，泰州市水利局多项工作在省市有位置、有影响。"两违"整治两年任务一年完成，河长制"一法一校一会"全省独创，河长制工作得到省厅充分肯定，陈杰厅长批示"泰州压实河长责任的做法，措施实、效果好"，泰州市河长办被推荐表彰为全国推行河长制湖长制先进集体；长江航道疏浚砂综合整治"变废为宝"，预计每年创收3000万元，获得泰州市创新创优奖。

（三）丰富三类载体，推动文明创建外化于行

一是以文化载体提升情感认同度。在水利大厅张贴"清水利民"品牌标识和"干平凡工作 创一流业绩"的价值追求标语，让干部职工在潜移默化中受到熏陶；建设党员组织生活馆，形成了富有水利特色的党史长廊、党性启迪室、阅览室、支部活动室、职工健身房等活动场地，为干部职工陶冶情操提供了好去处。定期组织干部职工参观水利工程，近距离感受泰州水利发展新变化、新面貌，激发自豪感和归属感。二是以活动载体汇聚价值认可度。结合"我们的节日"，在端午节、中秋节、元宵节等传统节日开展纪念活动，弘扬传统文化；每年高标准举办4~6期道德讲堂（总堂），其中承办的全市庆祝建党100周年道德讲堂（总堂）活动被市文明办向省文明办推荐；通过推出行业先进典型、演出自创歌曲和诗朗诵、现场竞答、演讲会等创新形式，寓教于乐，教化人心，受到市文明办高度评价；开展"立下工作军令状""听老局长讲水利精神""比学习谈体会展风

采"等主题党日活动,激励全局干部职工怀揣理想、乘风破浪。三是以服务载体赢得群众满意度。指导成立"5+1+2"党建联盟(即"5"为5个市级机关部门,"1"为1个街道,"2"为2个村居及社区),把党员"为民办实事"项目作为增强服务意识和服务本领的重要载体,投入800多万元帮助挂钩村开展脱贫攻坚,先后通过资金、实物、项目等方式助力100名贫困户脱贫;在抗疫、防汛等急难险重任务面前,"党员突击队""江河引排先锋组""路面积水抢排攻坚队"冲在一线,全力保障人民生命财产安全;组建50人志愿服务队伍,常态化开展"保护母亲河"志愿服务30余次;分批次组织城区幼儿园和小学生参观节水教育基地,普及节水知识、宣讲水文化,组织观看"幸福河湖"摄影展,赢得了泰州百姓的广泛认同。

三、经验启示

(一)开展文明创建工作,必须坚持党建引领

党的十八大以来,习近平总书记对做好精神文明建设工作做出了一系列重要指示,对指导文明创建工作具有重要意义。实践证明,开展文明创建必须坚持党建引领,把学习贯彻习近平新时代中国特色社会主义思想落实到文明创建的全过程,保证正确的前进方向。把文明创建融入各项中心工作中去,不断加大组织领导力度,创新完善创建机制,压实考核考评措施,为文明创建提供根本保障。

(二)开展文明创建工作,必须坚持三务融合

文明创建要见实见效,必须坚持"党务、业务、服务"三务融合,通过强化组织建设、打造过硬队伍,实施党建品牌,挖掘"三务融合"的结合点、爆发点、支撑点,着力形成党务业务服务互融并进、竞相发展的良好局面。从实践来看,泰州市水利局将"泰水韵"党建品牌建设作为深化"三务融合"的切入口,立足水利优势,推进中心工作和服务企业、服务基层、服务群众有机结合起来,用党建品牌的认可度,增强人民群众的满意度,取得了较好的社会效益。

(三)开展文明创建工作,必须坚持以人为本

文明创建的出发点和落脚点都是人的发展,因此,文明创建必须要充分发挥人的主观能动性和创造性,坚持全员参与、人人参与,尤其要抓实支部标准化、

规范化建设，充分发挥党组织的战斗堡垒作用和基层党员的模范带头作用；要坚持创建活动依靠群众，创建成效受益群众，用党建载体推进重点项目，用党员意识激发干事激情，真正把文明创建的过程变成全体党员干部自我教育、自我实践、自我提升的过程。

（四）开展文明创建工作，必须坚持常态长效

文明创建工作是系统工程，也是长期工程，必须持之以恒、久久为功，要将文明创建融入日常工作中去，让文明成为行动自觉。同时，要与时俱进，不断创新活动载体，更新活动内容，丰富活动形式，打造特色亮点，以源头活水促进常态长效。

文明花开之江畔　浙里水文奋楫笃行

——浙江省水文管理中心文明创建助推水文高质量发展

【摘　要】浙江省水文管理中心（以下简称"中心"）坚持以习近平新时代中国特色社会主义思想为指导，贯彻新发展理念，遵循"十六字"治水思路，紧抓党史学习教育重要契机，对标水利部文明创建要求，结合水文改革发展攻坚任务，实行"三管齐下、三向发力、三维联动"的"三三工作法"，建立健全"党建领航　文明争先"工作体系，创新载体开展系列新时代文明实践活动，文明、业务双融双促成效明显。2021年成功创建全国水利文明单位，进一步推动浙江水文高质量发展，为浙江省高质量发展建设共同富裕示范区提供水文支撑。

【关键词】文明创建　凝心聚力　"三三工作法"　水文高质量发展

一、背景情况

中心位于美丽的钱塘江（之江）之畔，为浙江省水利厅所属公益一类副厅级事业单位，承担全省水文行业技术指导、水文水资源监测预报预警、水文站网建设管理等重要职责。一直以来，中心坚持以习近平新时代中国特色社会主义思想为指导，大力弘扬社会主义核心价值观，将文明单位创建与浙江水文改革发展相结合，统筹兼顾、真抓实干，2021年成功创建全国水利文明单位，为浙江省高质量发展建设共同富裕示范区提供坚强水文保证。先后获得全国水利文明单位、全国水利系统先进集体、全国水情工作先进集体、全国水旱灾害防御工作先进个人等水利部表彰10余次，2006年以来一直保持浙江省文明单位和浙江省卫生先进单位称号，培养了浙江省劳模胡永成、浙江工匠陈金浩、浙江青年工匠邵加健等优秀人才，受到省、厅表彰的优秀组织、个人超过30项次。获省级科技奖项

10余次，获省级水利科技奖项3次，获国家发明专利、实用新型专利20余项。

形成了"8+N"文化载体，即"一魂"——"把脉江河 担当作为"浙江水文精神，"一室"——"胡永成技能大师工作室"，"一岗"——"最多跑一次"水文服务窗口浙江省巾帼文明岗，"一班"——水文防汛专班，"一哨"——水文红色哨站，"一脑"——被誉为水利防汛"大脑中的大脑"的水情预报班组，"一队"——浙江水文青年先锋队，"一堂"——水文大讲堂，"N端"——浙江水文信息网、浙江水文微信公众号、江河湖库水雨情监测分析业务平台、"浙水情"手机端应用等数字化端口。

二、主要做法

（一）三管齐下，激活文明创建"红色引擎"

1. 完善机制，强化组织引领

建立健全"党建领航 文明争先"工作体系，党委统一领导、主要领导负总责、分管领导直接抓、职能部室具体抓、党支部细化抓、青工妇协同抓。将精神文明建设工作纳入中心党建工作要点和年度目标责任制考核，党委书记亲自抓部署、压任务、提要求、督进度，将文明创建与中心党建、业务工作同部署、同落实。

2. 抓紧学习，压实文明创建思想根基

注重强化理论武装，把学习贯彻习近平新时代中国特色社会主义思想和习近平总书记关于精神文明、治水工作重要指示批示精神作为核心内容，扎实开展"不忘初心、牢记使命"主题教育、党史学习教育、"对党忠诚强担当"系列教育，构建党委理论学习中心组率先学、党员领导干部带头学、支部书记引领学、党员干部自觉学的学习格局，建强"水文大讲堂"等线上、线下学习阵地，不断强化为人民服务宗旨意识，守好红色根脉、奋力争先创优。2019年"不忘初心、牢记使命"主题教育期间，正值防御"利奇马"台风关键时刻，中央主题教育指导组组长陈际瓦一行亲临中心指导，认为主题教育工作与防汛结合文章做得好。

3. 严格管理，守住文明创建安全底线

落实落细"四责协同"机制，制定中心全面从严治党主体责任清单、对中心"一把手"和领导班子监督清单，层层签订党风廉政建设责任书，专题会议及时

分析研判,按季开展政治生态评估,梳理排查党风廉政和失职渎职风险,及时修订完善内控制度,常态化开展廉政教育和正风肃纪检查,做到苗头隐患及问题立查立改与制度长效建立相结合。抓细抓实安全生产、疫情防控和网络安全各项措施,切实做到"守好自己的门、管好自己的人、做好自己的事"。

(二)三向发力,打好"组合拳"推动改革攻坚见实效

1. 文明创建与党建强基同向发力

将文明创建与加强基层党组织建设深度融合。从机制上,将社会主义核心价值观宣贯、志愿服务、爱岗敬业等列入党支部"考卷"和党员积分项,培育"一支部一品牌",成功创建浙江省巾帼文明岗,打造"水文红色哨站"。从载体上,打造了"重温习近平同志在浙江"主题党日、"我为人民站好岗""全省'水文人话担当'微党课大家讲"、省市县水文联学联建等"党建+"特色品牌,组织开展了"3·22"毅行红歌庆党诞辰、清明祭英烈等活动,营造了"赓续红色血脉 争创文明先锋"的浓厚氛围。

2. 文明创建与业务提能同向发力

引导党员干部对标浙江省高质量发展建设共同富裕示范区和水利高质量发展新要求,勇于自我革命、敢于攻坚克难,大力推动水文事业改革发展。落实"四预"措施开展水文应急监测和预报预警分析,应对钱塘江流域性大洪水、"烟花"台风等突发事件水文测报获得水利部和省委、省政府主要领导批示肯定。大力推进水文数字化变革,开展河湖水文映射和北斗三号短报文等全国试点,构建浙江水文"115 N"数字化体系,实现水雨情监测分析业务"一平台"共享共用,设计开发"浙水情"手机端应用,实现水情信息线上查、汛情预警掌上看,服务全省水利各级10000多个用户。支撑服务最严格水资源管理,助力浙江省连续六年获得"国考"优秀,"十三五"大考首次排名全国第一。

3. 文明创建与队伍建设同向发力

深化理想信念教育,学先进、树典型,组织向"最美水利人"看齐专题学习,选树"一下雨就睡不着"的省劳模胡永成、"坚守一生运河情"的拱宸桥水文站钟伟明等典型,开设"水文精神""文明创建"等专栏持续报道,弘扬"把脉江河 担当作为"的水文精神。优化干部队伍结构,启动高层次人才和创新型人才

培养，在水文数字化变革、防汛主战场、科技创新领域锤炼干部。发挥"胡永成技能大师工作室"作用，下沉一线"传帮带"，为基层解难题，通过业务技能培训、竞赛孵化全省人才，营造水文行业内爱岗敬业、开拓进取、奋勇争先的热烈氛围。

（三）三维联动，凝心聚力共绘文明"同心圆"

1. 青春飞扬践行核心价值观

青年先锋队"能文能武"，强保障，逆行一线开展水文防汛应急测报，为中心职工和社区提供核酸采样服务，值守食堂制止餐饮浪费，服务老同志活动和体检；讲奉献，组织参加无偿献血、植树、支教、垃圾分类等活动。青年理论学习小组积极宣讲党的十九届六中全会精神、习近平总书记在庆祝共青团成立100周年大会上的重要讲话精神，参加厅系统"浙水青年讲党史"微党课比赛等活动均取得优异成绩。水文青年在文明实践中进一步明晰了坚定不移跟党走，为党和人民奋斗的初心使命。

2. 工会送暖营造和谐氛围

发挥桥梁纽带作用，活跃精神文化生活，增强单位的凝聚力和向心力。组织开展"新时代大学习 跟着总书记读好书"线上阅读打卡等形式活泼的学习活动，配备健身房、图书阅览室、烘焙室等场地打造"职工之家"，组织新年包水饺、元宵包汤圆、妇女节女职工踏青、趣味职工运动会等文体活动，烘焙小组在防汛紧张时期"烤蛋糕 慰前线"，切实增强职工的认同感、幸福感和归属感。

3. 服务社会传递水文正能量

积极履行社会责任，将服务社会、帮弱扶贫作为义不容辞的担当。2018年帮助嘉兴市南湖区陈良村立项建设圩区闸门标准化管理项目，提升了村内防汛抗旱能力，2020年起与桐庐县毕浦村结对，帮助开展培育文明乡风、繁荣农村文化、建设优美环境等工作。持续为新疆、西藏对口地区提供技术帮扶，在分支水文站设立大学生水文实践教育基地。与属地小营街道、梅花碑社区长期共建，联合开展疫情防控、"春风行动"、认领"微心愿"、社区河道清理、红歌文艺汇演等活动，在"志愿浙江·文明帮帮码"平台注册成立水文志愿服务队，全员注册成为亚运城市志愿者，认真践行为民服务的初心和使命。

三、经验启示

一是党建统领的文明创建长效机制是组织保障。逐步完善"党建领航、文明争先"工作体系,形成党委统一领导、全员积极参与,文明创建与党建、业务工作"三同时"、共促进的生动局面,切实发挥领导带头作用、党支部战斗堡垒作用和党员先锋模范作用,通过清单化推进、多维度研学、多角度宣教、多层面实践,夯实创建基础、激发创建活力、提升创建成效。

二是提高思想认识转化为干事创业的热情是核心路径。突出学习型组织建设,围绕思想理论、业务技能、道德行为全面梳理学习清单、创新学习载体,让干部职工深刻理解"国之大者",牢牢树立忧患意识、危机意识、竞争意识、创新意识,以更高的站位、更广的胸襟、更韧的毅力投入到水文改革发展中,做好"耳目尖兵",永葆干事创业的激情活力。

三是以人为本培育高素质团队是长效保鲜剂。精神文明建设关键在人,通过量身定制职工"全周期"职业素养培育,细致关心职工思想动态,丰富拓展单位文化,规范"软、硬"办公环境,培育政治素质高、精神面貌好、主人翁意识强、团结和谐的干部职工队伍,形成个人与单位、文化与生产的良性循环,保证单位文明之花常开不谢。

接力帮扶　同心共筑畲乡文明

——福建省水利厅履行社会责任、帮扶共建促发展案例

【摘　要】康厝乡是福建省福安市三大畲族乡之一，水利基础设施落后，常年受水患灾害之苦，严重影响群众生产生活，乡民苦不堪言。2006年，福建省水利厅与福建省宁德市福安康厝畲族乡建立结对挂钩帮扶关系。16年来，福建省水利厅扛责在肩，久久为功，一任接着一任干，通过滚动制定帮扶规划、给予水利项目支持、强化水利技术服务、注重党建引领等措施，为康厝乡在水利基础设施配套完善、增强防灾减灾救灾能力、满足群众生产生活需求等方面做出了重要贡献，助力康厝乡如期完成脱贫攻坚任务，助推畲乡振兴和畲乡精神文明建设。在多年挂钩帮扶中，福建省水利厅总结出"三个坚持"的帮扶经验，即坚持高位引领、坚持资源整合、坚持精准施策。

【关键词】挂钩帮扶　脱贫攻坚　乡村振兴　文明创建

一、背景情况

福建省宁德市福安康厝乡地处福安市西南部，面积110.2平方千米，总人口3.2万，其中畲族人口超25%，是福安市三大畲族乡之一。水系发达，主要有穆阳溪、八浦溪、高台溪、周溪等四大流域，水利基础设施落后，常年受水患灾害之苦，严重影响群众生产生活，乡民苦不堪言。

2006年，福建省委、省政府印发了《关于实施第三批挂钩帮扶民族乡工作的通知》，福建省水利厅与福建省宁德市福安康厝畲族乡建立结对挂钩帮扶关系。16年来，福建省水利厅牢记习近平总书记对福安市康厝畲族乡的嘱托——自力更生、发展经济、奋发有为、再创辉煌，始终把福安市康厝畲族乡挂钩帮扶工作

作为贯彻落实党和国家民族政策的重要举措,在政策、技术、项目、资金等方面给予康厝畲族乡全力支持,为康厝水利基础设施配套完善、增强防灾减灾救灾能力、满足群众生产生活需求等方面做出了重要贡献,助力康厝畲族乡如期完成脱贫攻坚任务,助推康厝畲族乡振兴和康厝畲族乡精神文明建设。

二、主要做法

(一)扛责在肩,久久为功

自2006年结对挂钩帮扶以来,福建省水利厅历届领导班子高度重视康厝畲族乡挂钩帮扶工作,久久为功,一任接着一任干,在助力康厝畲族乡脱贫攻坚、推进乡村振兴中持续贡献"水利力量"。一是坚持高位推动。把对福安市康厝畲族乡的挂钩帮扶工作作为全厅工作的重要任务来抓,每年都通过厅党组会、厅长办公会、厅长专题办公会议等,研究帮扶项目、帮扶资金、帮扶措施等重点帮扶工作,确保帮扶工作取得实效。二是成立领导机构。成立厅帮扶工作领导小组,由分管副厅长任组长,厅机关党委、相关业务处室负责人为成员,并指定两位处级干部任联络员,强化帮扶工作组织领导。三是完善联动机制。建立了联席会议制度、联络员制度、帮扶工作例会制度,联席会议每年召开两次,帮扶工作例会每季度召开一次,联络员负责日常帮扶工作的沟通与联系,加强上下互动联动,推动了帮扶工作深入开展。

十多年来,福建省水利厅与康厝畲族乡干部群众携手奋斗奔小康,共同探索出一条具有典范意义的结对挂钩帮扶促发展之路。2017年底,康厝畲族乡建档立卡贫困户97户380人全部脱贫。2018年底,康厝畲族乡4个建档立卡贫困村全部摘帽。福建省水利厅直属机关党委作为牵头处室,获得全国民族团结进步模范集体表彰,康厝畲族乡被国家民委命名为第六批全国民族团结进步创建示范乡镇。

(二)把脉问诊,规划先行

多年来,福建省水利厅始终坚持"规划是行动的先导"的工作理念,紧紧围绕脱贫攻坚和乡村振兴,以水利为切入点,针对康厝畲族乡防洪防汛水利设施落后、饮水安全无保障、生态环境恶化、农业灌溉效率低、水利人才紧缺等问题精准施策，先后制定"十一五""十二五""十三五""十四五"等帮扶规划，着力增强民族乡的"造血功能"和发展能力。在制定规划时着重抓好四个环节：一是突出帮扶重点。重点解决在脱贫攻坚、文明创建、乡村振兴中群众最关心、最直接、最现实的利益问题。二是细化帮扶规划。在五年帮扶规划的基础上，精心制定三年帮扶滚动计划及年度帮扶项目计划，确保五年规划落实落地。三是统筹资金使用。把握好资金使用的三个原则，即集中使用不宜分散、有效捆绑体现效益、加强监管合理使用。四是创新帮扶方式。借力政策资源、部门资源，以"四两拨千斤"的联动效应，在制定规划时，突出社会支持和其他部门支持，联合帮扶。

（三）发挥优势，落地见效

福建省水利厅积极发挥水利部门的优势，以项目为抓手，每年从饮水安全、防洪防汛、节水灌溉、水土保持等水利项目资金上予以倾斜支持，推动帮扶规划落地落实，使康厝畲族乡水利基础设施建设得到显著加强，农业生产和抵御自然灾害能力大大提升，从根本上改变了过去康厝畲族乡水利基础设施落后的局面。仅"十三五"以来，福建省水利厅共计落实水利专项帮扶资金2708万元，支持康厝畲族乡实施8个防洪堤建设项目、8个安全饮水项目、6个水土保持项目、4个高效节水灌溉项目、1个安全生态水系建设项目。

随着一大批水利项目落地见效，带动建成康厝畲族乡百香果基地，推动洋溪"小种花生"、凤洋"芙蓉李"、高台"生姜"、界竹"晚熟葡萄"等特色农业发展，八浦溪、高台溪流域生态环境质量显著提升，推动全乡水利基础设施提档升级与乡村旅游发展齐头并进。2018年，康厝畲族乡获评省级乡村旅游休闲集镇，康厝畲族乡金斗洋村被国家民委命名为中国少数民族特色村寨，西铭村、彭洋村入选福建省第二批传统村落。

（四）强化服务，巩固基础

除了"硬件"上的支持，福建省水利厅还注重"软件"上的服务，利用省厅在人才资源、人才培养方面的优势，为康厝畲族乡开展水利技术服务，帮助提升水利管理人员能力素质，为康厝畲族乡水利事业发展打牢基础。一是坚持每年组织开展专题调研，深入一线了解掌握康厝畲族乡帮扶需求，指导编制水利发展规划，确保年年有项目，年年见成效。二是明确福建省水利科学研究院作为挂钩帮

扶技术支撑单位,帮助康厝畲族乡编制水利建设项目规划,高标准谋划水利基础设施建设。三是组织10多批60余人次的水利工程技术专家组,到康厝畲族乡项目建设现场开展技术服务,帮助解决工程建设中遇到的技术难题。四是组织强监管专家组一线指导康厝畲族乡规范水利工程建设,提升水利项目质量监管水平,确保工程安全、资金安全、干部安全。五是协调安排乡水利工作站专业技术人员到厅机关跟班学习,参加在同济大学举办的全省水利系统干部研修班培训,参加全省水利工作站长和农民水利技术员培训班培训,帮助康厝畲族乡加强水利服务能力建设。

(五)党建引领,全面提升

多年来,福建省水利厅始终坚持以党建为引领,引导广大党员在全面推进康厝畲族乡脱贫攻坚、乡村振兴、精神文明建设中勇担使命、敢作敢为、善作善成。一是结合全国文明单位创建,发动厅直属机关基层党组织和工青妇组织,到康厝畲族乡开展献爱心送温暖、结对助学等志愿服务活动。如在建党百年之际,厅领导带队慰问了康厝畲族乡3名困难党员,并为他们送上了慰问金。二是结合党史学习教育"我为群众办实事"实践活动,把康厝畲族乡梧溪村防洪堤工程项目列为"书记办实事"项目,由厅党组成员、厅直属机关党委书记挂点联系,深入推动。三是开展厅领导下基层讲党课活动,在康厝畲族乡湖心楼综合文化站,厅领导以"实事求是 勇于纠偏 团结一致向前进——我党二次历史决议的作用与贡献"为主题,为大家上了一堂丰富生动的党史主题党课,引导在座党员干部深入学习党史,树立正确党史观,以昂扬的精神状态和突出的工作业绩庆祝中国共产党成立100周年。四是针对康厝畲族乡在创建市级文明乡镇方面的短板,大力支持康厝畲族乡实施穆阳溪安全生态水系,渡头村防洪堤,梧溪村防洪堤,邮亭村、红坪村水土流失治理等一批美化亮化工程,全力支持康厝畲族乡建设宜居环境,为文明乡镇创建打牢基础。2016年,康厝畲族乡东山村入选基层党建重点示范村,2021年,康厝畲族乡成功获评市级文明乡镇。

三、经验启示

（一）坚持高位引领，充分凝聚合力

福建省水利厅坚持高位推动，厅党组深入研究谋划，全面统筹协调。厅直属机关党委书记领头挂帅，机关党委、业务处室、技术支撑厅属单位等部门协调联动，确保结对挂钩帮扶工作落到实处，抓出成效。

（二）坚持资源整合，充分发挥优势

福建省水利厅坚持"规划下沉、服务下沉、干部下沉"的"三下沉"工作法，充分发挥主管水利优势，把干部力量、社会力量和群众力量团结起来，集中优势资源，立足水利，以点带面整体推进脱贫攻坚、文明创建和乡村振兴。

（三）坚持精准施策，充分提升效益

福建省水利厅坚持效益优先的原则，因地制宜，分类精准施策，采取党建扶贫、项目扶贫、科技扶贫、人才扶贫等多种帮扶措施，确保有限的资源发挥最大的效益。

助力水利发展　党旗飘扬"志愿红"

——福建省水利规划院文明创建案例

【摘　要】 志愿服务是文明创建的有力支撑，福建省水利规划院坚持将志愿服务与水利行业服务相结合，用"党旗红"引领"志愿红"，用奉献点亮文明。一是发扬志愿服务精神，"志愿红"彰显抗疫担当。充分发挥党员、青年、巾帼志愿服务队作用，积极组织人员参加三明抗疫支援队和派驻黑龙江入境口岸小分队，践行"近邻"党建理念，构建共建共防体系。二是立足水利工作大局，"就地激活"志愿服务。福建省水利规划院志愿服务队下沉基层水利单位，提供技术服务，"就地激活"让志愿服务更便捷。三是发挥水利行业优势，夯实水利志愿服务品牌。立足工作实际，争做水利志愿"三大员"，即传承水利经验的宣传员、补短板强监管的监督员、关爱山川河流的保卫员。

【关键词】 志愿　水利服务　文明　抗疫

一、背景情况

福建省水利规划院成立于1977年，是福建省水利厅直属事业单位。主要承担福建省水利项目评审工作，承担全省江河流域、水利水电、水资源和水土保持的总体规划与综合规划的基础性、技术性工作，编制地方性水利技术规范等。福建省水利规划院坚持精神文明创建工作与业务工作相融合、同发展，将精神文明内化于心、外化于行，为推动福建省水利事业高质量发展提供强大的精神动力和丰润的道德滋养。

志愿服务是精神文明创建不可或缺的一部分，福建省水利规划院坚持将志愿服务与水利行业服务相结合，把无私奉献变成躬身实践，用公益助力文明创建，用奉献点亮文明,用"党旗红"引领"志愿红",用志愿红彰显担当作为。

二、主要做法

(一)发扬志愿服务精神,"志愿红"彰显抗疫担当

面对疫情跌宕对群众生命安全和身体健康带来的威胁,福建省水利规划院充分发挥党员、青年、巾帼志愿服务队作用,主动配合做好疫情防控各项工作。在福建省水利厅号召下,积极组织人员参加三明抗疫支援队及派驻黑龙江入境口岸小分队,水利志愿者们用爱和温暖守护着黑龙江口岸入境八闽乡亲回家的路,为打赢疫情防控阻击战贡献了自己应有的力量,用爱心善意和责任担当彰显了"奉献、友爱、互助、进步"的志愿服务精神。

1. "疫"不容辞,让青春在志愿中闪光

青年志愿服务队闻令而动、凌晨集结,下沉社区开展疫情防控工作,全力支援做好全民核酸检测引导讲解、秩序维护、信息登记等工作,在最紧急的时刻、在任务最艰巨的时刻,用实际行动助力疫情防控,让青春在志愿服务中闪光。

2. "疫"往直前,巾帼彰显"她"力量

巾帼志愿服务队主动请缨、冲锋一线,全力支援疫情防控工作。发挥巾帼细心细致的优点,积极践行"近邻"党建理念,构建共建共防体系,不厌其烦地为社区居民宣传疫情防控的注意事项,组织干部职工为疫区捐款,红色的志愿马甲在晨光微曦中穿梭,在风雨中彰显"她力量"。

3. "疫"路同行,疫情防控我们在行动

平安有序的工作环境背后有一群默默付出的普通职工志愿者,他们在自己的岗位上默默坚守,及时发放医用口罩、一次性手套、消毒湿巾等疫情防控物资,按时进行消毒清洁,认真做好出入登记等日常工作,共同筑成办公区域防疫的"保护墙",用心用情全力保障干部职工健康与安全。

(二)立足水利工作大局,"党旗红"引领"志愿红"

志愿服务是社会文明进步的重要标志,为拓展志愿服务领域,用文明创建促进业务工作,福建省水利规划院与基层水利单位、中介服务机构等通过"共建共创"的方式开展志愿服务,宣传安全生态结合、全域一体统筹、安全经济并重的规划、

评审要求,用行动践行"十六字"治水思路,做到"规范、科学、高效、廉洁"评审。

1. 接续奋进木兰溪综合治理,弘扬木兰溪治理精神

福建省水利规划院党员志愿服务队在福建省木兰溪下游生态修复与治理工程评审工作中,与项目业主、设计单位开展共建活动,宣传习近平总书记"变害为利、造福人民"的生态思想。木兰溪治理展示馆中陈列着福建省水利规划院早期参与木兰溪建设的设计资料,老一辈水利人的精神激励着新时代水利人接续奋斗木兰溪综合治理,聚焦打造"生态文明的木兰溪样本",组织专家进行反复论证,项目投资由33.4亿元优化为29.9亿元。

2. 践行习近平总书记在闽考察重要讲话精神,用好红色阵地提升服务水平

结合党史学习教育,将做好三明水生态综合修复与综合治理工程评审作为以学促行、提升"我为群众办实事"能力的重要工作,由共产党员、民主党派人士、无党派人士组成的专家技术团队,赴项目现场开展技术服务,为山区画好山水画,做好山水田文章。

3. 坚持"三下沉"工作法,"就地激活"让志愿服务更便捷

福建省水利规划院坚持规划下沉、服务下沉、干部下沉的"三下沉"工作法,将福建省水利项目评审作为主动深入基层靠前服务的载体,在积极推广"合并评审""多评合一""一次性告知服务"等工作模式的同时,把技术服务推进到项目现场,通过现场提问、现场对接、就地发现问题、就地解决问题,用"就地激活"的模式,让志愿服务更便捷,受到项目单位和中介服务机构的好评。

(三)发挥水利行业优势,夯实水利志愿服务品牌

"关爱山川河流"是水利志愿者的使命。为提高群众的水环境保护意识,为维护水环境生态秩序,福建省水利规划院组织志愿服务队伍走进社区开展"坚持节水优先,建设幸福河湖"节水爱水宣传,走进乡村开展"关爱山川河流,保护乡村河道"河道整治服务,走进基层开展"关爱江河源头,强化水资源管理"综合保护工作,走进闽江河口湿地开展"保护湿地,保护我们的家园"巾帼志愿者活动。立足单位工作实际,争做水利志愿服务的"三大员"。

1. 传承水利经验,当好宣传员

水土流失治理"长汀经验"和木兰溪综合治理入选中央主题教育案例,我们

把水利志愿服务与宝贵经验相融合，强化使命担当，在充分学习的基础上，当好宣传员角色，积极向群众宣传"滴水穿石，点绿成金"的长汀经验，传承"变害为利，造福人民"的木兰溪治理精神。

2. 补短板强监管，当好监督员

围绕"水利工程补短板，水利行业强监管"的总基调，从项目前期、项目建设、项目管理、项目质量和安全等方面入手，成立基层服务队，开展监督服务工作。

3. 关爱山川河流，当好保卫员

依托数字水利建设，整合各地水利资源，发掘水利志愿典型，广泛开展关爱水源地、关爱江河源头、关爱河流尾闾、关爱湿地、关爱城市水体、关爱乡村河道等志愿服务活动。

三、经验启示

（一）广泛宣传，努力营造良好氛围

积极践行社会主义核心价值观，动员青年干部、妇女职工、党员加入志愿服务队伍，参与志愿服务工作，弘扬"奉献、友爱、互助、进步"的志愿服务精神，确保了各项活动认识到位、氛围良好。此外，福建省水利规划院领导班子高度重视文明创建工作，带头参加各类志愿服务工作，在人员安排和经费保障上都给予了大力支持。

（二）党建引领，紧扣水利中心工作

坚持党旗"红"引领志愿"红"，由院领导牵头，组建由各专业技术骨干组成的技术服务队，坚持"三下沉"工作法，赴基层水利单位开展技术服务。充分利用当地红色资源，将志愿服务与业务工作相融合，开展共建共创活动，让党旗在基层一线高高飘扬，让志愿"红"成为基层水利单位的暖心"红"。

（三）共同参与，创建志愿服务品牌

在福建省水利厅的带领下，紧扣水利中心工作，努力创建水利志愿服务品牌，做好爱水、护水、节水的宣传员、监督员、保卫员。通过志愿服务提升能力素质，以学促行、以行促效，为服务水利高质量发展打下坚实基础，成为关爱山川河流的先行者、践行者、推动者。

抓好四个"融入" 推进文明单位创建

——湖北省水利水电科学研究院文明创建案例

【摘 要】 湖北省水利水电科学研究院(以下简称"水科院")坚持把文明融入职工思想教育、水利工程建设、单位文化建设和内部管理等多个方面,承担起社会责任,各项工作取得了新的成绩。近年来,获得全国水利文明单位、湖北省文明单位、湖北省直机关文明单位荣誉称号。

【关键词】 融入 价值取向 生态文明 社会责任

一、背景情况

水科院努力探索文明单位创建的有效路径,积极搭建平台、打造亮点品牌、强化规范管理,形成了以党建工作为统领、以文明创建为载体、以工作实绩检验文明创建与业务工作融合的工作格局,各项工作取得了新的成绩。近年来,获得全国水利文明单位、湖北省文明单位、湖北省直机关文明单位荣誉称号,多个单位和个人获评全国工人先锋号、全国水利系统先进集体、湖北省环境保护政府奖、湖北省青年文明号、湖北省五一劳动奖章、省直机关向上向善好青年等,多个参建项目获得文明工地、水利优质工程"江汉杯""大禹杯"奖项。

二、主要做法

(一)把文明价值取向融入职工思想教育

一是强化理论武装,增强理论信念。结合"两学一做""不忘初心、牢记使命"主题教育、党史学习教育等,通过深入系统学习中国共产党党史、中国特色社会主义理论体系、中国梦、社会主义核心价值观、习近平新时代中国特色社主义思想、党的十九大及十九届历次全会精神，党员干部的理想信念进一步坚定，思想作风进一步转变。

二是加强思想引导，提升文明素养。将"道德讲堂"纳入干部职工教育培训体系，通过"身边人讲身边事、身边人讲自己事、身边事教身边人"的形式，使干部职工能有所感悟、受到教育、得到提高；通过开展"文明餐桌""文明用语""文明出行""文明上网"等活动，引导干部职工讲文明树新风；通过开展无烟机关和节约型机关创建，在提高健康意识、营造良好健康工作环境的同时，努力培养简约、绿色低碳生活方式；通过"宪法宣传日""世界水日""中国水周""国家安全日"，结合"七五""八五"普法，广泛开展《中华人民共和国宪法》《中华人民共和国民法典》《中华人民共和国长江保护法》等法律法规和《中国共产党章程》《中国共产党纪律处分条例》等党纪党规教育，引导全员尊法守法、树立法治思维。

三是强化示范带动，营造良好氛围。推动"红旗党支部""优秀基层党建品牌"创建全覆盖，广泛学习宣传郑守仁、余元君等先进人物事迹和水科院劳模、五一劳动奖章获得者、先进个人、十佳青年、援藏工作优秀个人及文明职工等身边的先进典型的事迹，凝聚向上向善的道德风尚，培育文明和谐的良好院风。

（二）把生态文明思想融入水利工程建设

一是将生态文明理念融入湖泊生态保护。为深入践行习近平生态文明思想，发挥水科院作为唯一省级水利科研单位的技术支撑作用，为"千湖之省"的湖泊生态保护和修复做出贡献，水科院开创性地提出了湖北退化湖泊生态修复技术方案，针对湖北省湖泊的特点，探索出湖北省湖泊高效水质提升和生态治理技术路线，广泛应用在武汉市和周边城市城中湖，修复后的生态效果非常显著，不仅提升了市民的生活品质，还提升了湖周土地使用效益与环境景观，成为城市高质量高品质发展样板，有效推动了城市水生态文明建设的进程。水科院据此开展的科研课题"湖北省退化湖泊生态修复技术集成与示范"入选《2020年水利先进实用技术重点推广指导目录》。

二是将乡村振兴战略融入水美乡村建设。为了深入学习贯彻习近平生态文明思想，以实际行动助力乡村振兴战略，水科院在远安县水系连通与农村水系综合整治试点项目中，牢固树立"绿水青山就是金山银山"理念，以望得见山、看得见水、记得住乡愁为目标，严格落实节约优先、保护优先、自然恢复为主的方针。通过系统治理，远安县的水环境得到了极大的改善，"优质水系＋优良生态"全面提高了群众的生活品质，取得良好的防洪效益、生态效益、社会效益和经济效益。远安县水系连通与农村水系综合整治试点项目还作为全国水美乡村建设现场会推广湖北经验，水利部、财政部、湖北省水利厅对建设成效给予充分肯定。目前，水科院正努力将建设经验在沙洋、石首、仙桃、应城等地水系连通及水美乡村建设项目中推广应用，为湖北乡村振兴贡献力量。

（三）把社会责任融入单位文化建设

一是助力防汛抢险，展现水利人的责任与担当。防汛是水利人的天职，是水利人义不容辞的责任。一直以来，水科院都高度重视防汛抢险工作，以自身人才技术优势积极服务全省防汛抢险工作。每年汛期前，组织精干力量开展超标洪水预案编制和防洪调度研究，积极发挥参谋作用；充分发挥专业优势，参加泵站的紧急试运行抢排和超驼峰停机处置，为防汛救灾献计献策。水科院认真履行属地防汛责任，成立防汛巡堤工作指挥部，组建以党员为主体的防汛巡堤工作队，于2020年汛期开展了为期9天的巡堤工作。面对洪水，干部职工舍小家、为大家，奋战在长江武金堤防汛一线，在巡堤查险中践行初心使命、诠释责任担当，构筑起守护人民生命财产安全最坚固的堤坝。广大科技人员把平时的研究和巡堤实践相结合，实现了"把论文写在大堤上"的承诺。水科院的巡堤工作不但得到上级防汛抗旱指挥部的肯定，还被《湖北日报》、湖北之声、《中国水利报》等多家主流媒体报道。

二是助力疫情防控，展现家国情怀与社会担当。2020年一场突如其来的疫情不仅扰乱了人们的正常生活，也打乱了单位的正常生产和经营秩序。身处疫情风暴中心，水科院严格按照武汉市人民政府和水利厅的决策部署，将疫情防控作为重中之重，严格落实各级政府工作要求，扎实开展疫情防控工作，获得第一批洪山区无疫情小区认定，得到中央暗访组高度评价。此外，在物资紧缺、人手不够的状况下，千方百计联系货源，将筹集到的84消毒液1440瓶、护手霜1038支、暖手宝105个、纯牛奶135件、方便面200件送达洪山区红十字会。在接到水利厅关于组织党员自愿捐款支持新冠疫情防控工作的通知后，全院党员积极行动，仅7个小时就有200多名党员参与捐款，共募集到善款3万余元。水科院下属企业共计捐款30余万元，展现出企业的家国情怀和社会担当。

三是助力脱贫攻坚，以感恩回馈社会为责任。水科院历来高度重视扶贫工作，在多次向精准扶贫对口帮扶村捐款、为对口帮扶贫困人员制定脱贫方案帮助脱贫、深入贫困山区开展农村饮水安全工程建设的基础上，组织购买柑橘、茶叶、香菇、大米等爱心消费扶贫物资共计20余万元，以扎实的举措助推真脱贫、脱真贫。水科院还号召院属企业、党员干部积极向贫困地区捐款捐物，院下属公司对精准扶贫联系点和项目所在地的困难村、困难户进行对口帮扶，共组织捐款30余万元。此外，水科院还利用技术优势，积极开展技术扶贫，编制了多个脱贫攻坚水利专项规划，努力为打赢脱贫攻坚战贡献力量。

（四）把职工需求融入单位内部管理

一是坚持民主管理，倾听职工需求。通过召开职代会和平等协商会，将涉及全院职工切身利益的事情交由职代会集体讨论决定。同时，每年征集职工提案和建议，由院方和职工共同协商解决各类问题，努力做到了职工有所呼，党委及时应，力争各项提案督办落实到位，提高了干部职工的认可度、满意度。

二是强化内部控制，维护职工利益。水科院围绕干部职工关心的突出问题，把握制度建设工作重点，对涉及干部职工切身利益的20余项制度进行了讨论研究，对原有的部分管理制度进行了完善，对尚未规范的事项制定了制度进行规范，努力形成用制度管人管事的长效机制。

三是丰富文体活动，激发职工活力。水科院充分发挥工会和团委的作用，结合"书香水科院"和"我们的节日"系列活动，积极组织开展内容鲜活、形式新颖、吸引力强的文体活动，丰富职工文化生活的同时在全院营造积极向上、文明健康的良好风尚。在开展常规性的职工运动会、春游、徒步登山、篮球赛、羽毛球赛、青年读书会等活动的基础上，根据职工需求，组建了太极拳班、瑜伽班、羽毛球队等，还结合传统节日开展了征文、插花、茶艺、烘焙等活动，让职工的幸福感和归属感进一步提升。

靶向实践跑出文明创建"加速度"

——广西壮族自治区水利电力勘测设计研究院有限责任公司新时代文明实践工作案例

【摘 要】 中央全面深化改革委员会第三次会议指出,建设新时代文明实践中心是深入宣传习近平新时代中国特色社会主义思想的一个重要载体。习近平总书记在全国宣传思想工作会议上也强调,推进新时代文明实践中心建设,不断提升人民思想觉悟、道德水准、文明素养和全社会文明程度。广西壮族自治区水利电力勘测设计研究院有限责任公司(以下简称"广西水电设计院")坚持把开展新时代文明实践工作作为一项长期的系统工程来抓,努力将其打造成为学习传播科学理论的大众平台,加强基层思想政治工作的坚强阵地,培养时代新人、弘扬时代新风的精神家园,开展中国特色志愿服务的广阔舞台,以基层创造力激发文明实践的生命力,不断巩固和拓展全国文明单位创建取得更大成效。

【关键词】 新时代 文明实践 志愿服务 宣传思想

一、背景情况

2018年7月6日,中央全面深化改革委员会第三次会议审议通过《关于建设新时代文明实践中心试点工作的指导意见》,指出建设新时代文明实践中心是深入宣传习近平新时代中国特色社会主义思想的一个重要载体。在同年召开的全国宣传思想工作会议上,习近平总书记强调,推进新时代文明实践中心建设,不断提升人民思想觉悟、道德水准、文明素养和全社会文明程度。广西水电设计院坚持把开展新时代文明实践工作作为一项长期的系统工程来抓,努力将其打造成为学习传播科学理论的大众平台,加强基层思想政治工作的坚强阵地,培养时代新人、弘扬时代新风的精神家园，开展中国特色志愿服务的广阔舞台，以基层创造力激发文明实践的生命力，不断巩固和拓展全国文明单位创建取得更大成效。

二、主要做法

（一）提纲挈领，建章立制全面铺开

在新时代文明实践工作中，广西水电设计院压紧压实党建工作主体责任，结合"全国文明单位"创建经验，带领广大党员践行初心使命，巩固和提升文明创建成效，推动党史学习教育走深走实，为企业高质量发展汇聚强大精神动力。一是坚持党的全面领导，高位推动新时代文明实践工作，先后成立以党委班子为领导的精神文明建设、企业文化建设、宣传宣讲等工作小组，由党委书记担任组长，党委副书记、党委委员和公司领导班子成员担任副组长，所属各部门（单位）负责人为成员，层层落实责任分工，形成上下联动、分级负责、部门协同的工作格局。二是根据自治区国资委和上级集团关于党建活动和企业文化阵地建设要求，按照"六有标准"建设党建活动阵地暨新时代文明实践所，为广西水电设计院开展特色党建和精神文明工作提供活动阵地，也为广大党员构筑"精神家园"。三是推行文明实践区域化共建机制，以每月至少一次的频率开展新时代文明实践所——水院讲坛活动，内容涵盖党的建设、道德讲堂、技能培训、技术研讨、法律知识、合规管理等，有效调动所属部门（单位）开展新时代文明实践工作的积极性和主动性。

（二）以德润心，理论宣传潜移默化

广西水电设计院牢筑新时代文明实践工作的思想阵地，以强化思想引领、传播主流价值、打造多元文化为目的，守正创新基层宣传思想文化和精神文明建设工作，持续推动习近平新时代中国特色社会主义思想入脑入心。一是扎实推进党委会、党委理论学习中心组、党支部"三会一课"，严格落实"三个第一时间"和"第一议题"制度，重点学习宣传贯彻习近平新时代中国特色社会主义思想及习近平总书记系列重要讲话和重要指示精神，及时领会中央、自治区和上级的重大决策部署，确保学习常态化规范化。二是制定印发党委理论学习中心组学习计划，召开年度党建宣传工作会议，通过宣讲辅导、党课报告、荐文荐书、观影活

动及学习强国、广西云、新时代文明实践所等平台载体，有效将集中学习和个人自学融入日常、抓在经常。三是严格落实信息发布审核机制，强化网络安全监管，加大宣传工作力度，围绕公司改革发展、生产经营、科研创新、乡村振兴等主题广泛开展新闻活动，不断壮大广西水电设计院主流舆论宣传，打造广西水电设计院良好的社会口碑和企业形象。

（三）精准施策，多点对接服务基层

广西水电设计院把开展新时代文明实践工作与公司生产经营业务有机融合，调动各方力量，整合各种资源，创新方式方法，不断提高广大职工群众的思想觉悟、道德水准、文明素养和法治观念。

1. 优化水资源配置，促进资源合理利用

坚持习近平总书记"节水优先、空间均衡、系统治理、两手发力"的新时期治水方针，将生态文明建设理念贯穿项目设计的全过程，适时成立党员突击队，着力重大项目攻坚，加快推进国家172项节水供水重大水利工程项目中的百色水库灌区、洋溪（含梅林）水利枢纽，以及国家150项重大水利工程中的桂西北治旱龙江河谷灌区、龙云灌区等工程勘察设计工作，在成立技术服务队、开展实地调研、加快科研攻关、提供施工图纸等工作中发扬党员突击队敢打硬仗、冲锋在前的光荣传统，有效提高项目整体推进率。规划设计了桂林市防洪及漓江补水工程，结束了漓江"雨季洪水泛滥、旱季枯水停航"的历史，把优质水资源转化为推动地方经济发展的水资产。依托广西山洪灾害监测预警设施设备运行维护项目，开展桂林市、贺州市、梧州市等29县（区）、276个乡镇包括4000多个各类自动监测站和计算机软硬件设备的整体运维工作，测站数据到报率$\geq 90\%$，山洪灾害预警发布成功率$\geq 95\%$，有力地支撑当地水旱灾害防御工作，保障人民群众生命财产安全。

2. 突出党建引领，主动维护城市形象

充分发挥党员先锋模范作用，深入开展"关爱山川河流"行动，结合水利工作特点建设节水型单位，凝聚爱水、节水、护水的共识，营造职工参与江河湖库管护的良好氛围。组织到邕江河边、南湖沿岸、那考河附近清理垃圾、打扫卫生，连续六年坚持开展植树造林活动，保护生态环境。常态化开展社区公益活动，对

违规摆放和占道的共享单车进行分片式、拉网式排查和整理,向广大市民宣传"文明共享 绿色出行"理念,有效维护南宁市容市貌。利用专业技能和特长经验,为社区居民和大院住户宣讲爱国爱党、防范电信诈骗等知识,提供义务上门服务,整理电线网、疏通下水道、维修家电,为打造和谐社区、创建美丽南宁贡献力量。

3. 参与疫情防控,有效助力社区治理

贯彻落实爱国卫生运动工作部署,对抗疫知识、垃圾分类、低碳生活等内容进行广泛宣传,开展文明健康科普、灭四害、绿色家园齐守护"三个一"活动,使卫生环境明显改善,有效提高职工群众的生活素养和健康水平。

4. 暖心帮扶助困,汇聚合力彰显担当

围绕中央、自治区乡村振兴战略,全力做好上级集团下达的年度任务,强化对都安县弄坤村的对口帮扶力度,精准发力产业调研、资金支持、基建完善、普法宣传、捐资助学,扎实推动脱贫成果转化。充分发挥工会职能,落实各项慰问及帮扶制度,持续关心关爱职工,坚持开展夏送清凉、冬送温暖、年节关怀、生病慰问等活动,营造融洽的工作氛围,提升干部职工的归属感,同时关怀退休职工生活和未成年子女成长,解决职工后顾之忧,实现"温暖"常态化。坚持与项目业主、参建各方、兄弟单位、社区党委结对共建,用心用情用力解决基层困难事、群众烦心事,切实弘扬大爱无疆的传统美德,履行国企社会责任担当,不断增强人民群众的获得感、幸福感和安全感。

三、经验启示

新时代文明实践工作是一项面广量大的系统工程。广西水电设计院结合基层群众的实际需求,总结学习各地工作经验,让文明实践工作真正成为群众身边的精神信仰家园、和谐幸福家园、文化传承家园和文明风尚家园。

(一)强化顶层设计,科学谋划部署

把新时代文明实践工作作为"一把手"工程推进,通过制度机制从顶层设计层面夯实资金、场地、人员、活动等各类要素保障,构筑新时代文明实践工作大格局。

（二）凝聚文明共识，厚植群众基础

以新时代文明实践工作为载体开展各类文化活动，有机融入社会主义核心价值观宣传、形势政策理论宣讲，通过党员干部深入基层送理论、送文化、送温暖，着力打通基层宣传思想工作"最后一公里"，拉近基层党群距离。

（三）大力整合资源，提升实用效果

有效整合所属部门（单位）资源，完善新时代文明实践中心建设。充分运用党员突击队、志愿服务队、"学习强国"App、微信工作群等工作平台，实现"一站式""组团式"服务，弹好文明实践"协奏曲"。

（四）规范志愿服务，提升服务能力

在开展新时代文明实践活动前，充分调查、了解职工群众的思想动态和发展需求，将主要工作融入为民办实事的具体工作中，把新时代文明实践工作建设成不同种类、不同领域内容相互融合的一站式公共服务"共同体"，不断提升文明道德水平。

以精神文明建设助推"智慧水利"发展

——贵州省水利水电勘测设计研究院有限公司文明创建案例

【摘　要】　按照构建"智慧水利"目标,贵州省水利水电勘测设计研究院有限公司(以下简称"公司")从精神文明建设出发,以水利信息化建设为抓手,积极推进生态文明建设,为守住"两条底线"、守好"两江"生态屏障,建设天更蓝、山更绿、水更清、生态环境更美好的多彩贵州新未来贡献力量。

【关键词】　精神文明　生态文明　智慧水利

作为全国文明单位和贵州省水利生态文明建设战线上一名排头兵,公司按照水利部党组书记、部长李国英在水利部"三对标、一规划"专项行动总结大会上提出的"将智慧水利建设作为推动新阶段水利高质量发展的六大实施路径之一,以数字化、网络化、智能化为主线,以数字化场景、智慧化模拟、精准化决策为路径,全面推进算据、算法、算力建设,加快构建具有预报、预警、预演、预案功能的智慧水利体系"要求,制定了"构建智慧水利、服务生态文明"的企业宗旨,在不断提高水利信息化专业培训的基础上,高度融合3S技术、云计算、大数据、物联网、移动互联和人工智能等新一代信息技术,为水利管理部门提供空天地一体化的立体感知系统、信息共享与智能分析平台,为水灾害防御、水资源管理、河湖生态管理等水利业务管理提供智慧化的水利解决方案,赋能水利现代化建设。我们的发展方向是以水利云为核心,以河湖大数据为基础,打造水利水电工程全循环过程的信息化解决方案。

一、构建智慧水利,强化技能培训,组建工作队伍

围绕智慧水利建设,公司以精神文明建设为抓手,积极开展职工继续教育培

训。一是积极开发、优化、完善在线学习平台,建设具有专业特色的网络学习中心,有效弥补线下人才培养成本高、速度慢、地点固化的缺点,与线下的交互式培训共同构成有机的学习生态。例如,开展 BIM 培训,鼓励公司集体和个人积极参与 BIM 方向的各级技能竞赛,获得省级二等奖 2 个、三等奖 4 个、优秀奖 3 个;行业协会铜奖 1 个、优秀奖 2 个。二是建立了科研人才团队、内部讲师培养计划、专业技术能力提升计划等多元化的人才发展通道,促进人力资源合理流动,在提高员工信息化学习能力和工作能力的同时,保障公司可持续经营的人才资源。三是由贵州省首届十大工匠、贵州省五一劳动奖章获得者熊杰同志领衔,建立数字水利工程创新工作室,近三年来,工作室获得发明专利 13 件、实用新型专利 25 件,主编出版技术专著 7 部,完成达到国内领先(或国际先进)技术鉴定 3 项、国内先进技术鉴定 3 项,获得全国农林水利气象系统示范性劳模和工匠人才创新工作室、贵州省农林水利气象工会劳模和工匠人才创新工作室等荣誉称号。

二、构建智慧水利,提升数字赋能,推进生态文明

1. 数据中心机房建设

具备信息化数据中心机房建设能力,建设内容主要包括机房装修、综合布线、模块化机房系统、服务器更换、虚拟化系统及机房网络安全建设。

2. 基础数据建设

以数据共享、业务协同、信息综合利用为根本出发点,整合水利信息化基础设施、数据资源、支撑系统、业务软件、安全体系、技术成果等保障体系,完成"一个水利信息化平台"系统设计,彻底改变贵州水利厅"各自为政、重复建设、目标单一、资源割据、共享困难、效能低下"的信息化现状,打造新一代水利业务应用,为水利信息化、水利业务的可持续发展提供支撑。建设河湖数据资源中心,最终形成河湖数据资源体系,为各级河长办及河湖管理业务部门提供统一的数据资源目录及查询体系,实现统一的数据交换、共享和数据服务。

3. 水文预报预警大数据平台

针对水文长时间序列数据,运用基于深度学习的理论与方法,对数据驱动的水文预报模型进行研究,并在此基础上研发出具有较高精度的水文预报模型和大

数据示范应用系统，指导区域内防洪减灾、兴利调度，提高区域的经济社会效益。

4. 河湖大数据

河湖大数据管理信息系统是将以河湖为载体的业务化系统和以人为主体的河长管理系统河湖大数据管理结合，形成一整套的多业务、多终端、多用户、可扩展的信息化平台，它包括了多个业务系统、一个对外门户、一个手机河长助手和一个微信公众号。

5. 贵州省水利三维数字化底图

以贵州省高精度 DEM 数据和影像数据为底板，结合全省各类水库高精度倾斜三维模型及 BIM 模型数据，形成与物理流域同步映射的三维场景，同时集成水利基础数据、实时监测数据、各类水利业务数据，建成集数据汇集、数据管理、智慧应用等于一体的可视化基础平台，支撑流域防洪、水资源管理与调配及 N 项业务应用，支撑精准化决策。

6. 智慧水务

智慧水务平台是运用先进的传感测控、物联网、云平台、大数据等技术，在水循环系统中部署智能化传感设备，全面掌控取水、输水、供水、用水、排水等各个环节信息，实现综合监控、调度运行、会商决策、运行管理、信息服务等各类业务统一管控的智能水务系统。

7. 贵州省水利云视频辅助管理平台

建设贵州省水利云视频辅助管理平台，对贵州省水利视频系统进行升级改造，优化视频的布局，提高视频的使用效率，加强视频的运行维护管理和提供更广范围的视频信息共享。

8. 征地移民信息管理系统

为解决水利水电工程征地移民工作长期存在的信息获取、管理和利用效率低、信息化服务水平低等突出问题，实现征地移民工作的精准化管理、科学化决策、智能化监管和可视化操作等，研究建设了水利水电工程智慧移民全生命周期管理云平台。目前应用于全省 20 多座水利工程，在广西大藤峡、洛久，广东高陂，内蒙古，陕西等多座大型水库应用推广。

9. 水利工程建设管理系统

该平台为水利水电工程建设过程中省级水行政主管部门、地州水行政部门、项目法人、施工方单位、监理方单位、设计方单位、工程项目部等各方之间实现工程信息实时查看（项目名称、项目规模、所属地区、项目法人单位名称、库容、总投资、进度、存在问题等）、档案资料的电子化实时存档、实时共享、资金使用和拨付的流程化操作管理。目前已在黔东南、黔南近50座水库投入使用。

10. 水利工程建设质量监督系统

针对长期以来我国水利工程建设项目投资规模大、建设周期长、参建单位多、质量安全监督管理业务流程复杂、文档多、数据量大的特点，以服务好水利工程建设监督管理单位及建设参与责任单位为宗旨，研究水利工程建设监督管理关键技术，建立一整套水利工程质量与安全监督管理信息系统。

11. 水利工程运行管理系统

根据水库各级管理单位的不同职责和业务特点，构建水库综合信息管理平台，实现水库的全方位综合管理。以水库运行管理单位为行政主体，实现水库的基础信息管理（地理信息、前期文档、设计资料）、安全运行监管（水雨情监测、视频监控、大坝安全监测）、应急调度管理（应急等级发布、预报调度）、日常办公等。

12. 饮水安全入户核查系统

贵州省建档立卡饮水安全入户核查系统是针对全省近200万户建档立卡贫困户农村饮水安全核查信息采集和调度分析，主要包括手机App和后台网页调度分析系统，手机App是现场采集端，网页系统是对现场采集数据的审核、分析和调度平台，通过大数据手段助力贵州脱贫攻坚农村饮水安全，为取得脱贫攻坚全面胜利奠定了良好的数据基础。

13. 水网会战项目调度平台

以贵州省水网建设项目库为基础，结合工程前期工作进展、实施计划安排、工程建成后的社会效益、经济效益，以及金融机构和社会资本等对工程融资的不同要求，建设贵州省水网会战专项行动和项目调度平台，实时动态更新项目信息。

14. 综合指挥调度平台

按照贵州省2021年防洪抢险应急演练要求进行湄潭县电子沙盘的制作，建设内容包括湄潭县县城、湄江水库区域无人机航飞及三维倾斜模型建立，电子沙盘综合指挥调度平台建立。

15. 黔中水源保护区监管平台

通过空中大范围遥感监测及重点区域高精度无人机监控，结合人工巡查及自动监测设施，实现黔中水源保护区空地一体化常态化协同监管。

16. 数字孪生建设先行先试

依托夹岩水利枢纽及黔西北供水工程建设项目开展数字孪生流域建设先行先试工作。数字孪生夹岩工程建设基于工程信息基础设施及业务应用，并共享水利部本级及流域管理机构L1级和L2级数据底板，建设L3级数据底板，将重点水利工程以数字化方式映射至虚拟空间，通过接收工程全要素感知数据而同步演化，搭建数字孪生场景，通过构建模型库、知识库，支撑重点水利工程的安全运行和优化调度。同时，强化工程基础数据、雨水情监测数据、安全监测数据及经济社会数据的信息共享及标准化服务，按需提供给上级单位、相应流域管理机构及水利部。

17. 水利水电工程建设项目用地一张图限制性因素排查建设工作

为系统解决公司承担的骨干水源工程立项困难或在开工前因土地报批件不合要求而导致无法实质开工这一问题，经公司2021年8月27日召开专题会议研究决定，着手开展水利水电工程建设项目用地一张图限制性因素排查建设工作，对公司全部未开工项目进行系统排查、梳理。

18. 获奖情况

团队近5年来获奖情况：国内领先技术鉴定3项；参与负责编制地方标准及团体标准4部；水利部先进实用推广目录5项；全国优秀工程勘察设计行业奖一等奖1项；全国优秀水利水电工程勘测设计奖工程勘测类金奖1项；贵州省优秀测绘工程一等奖1项；全国地理信息产业金奖1项、银奖1项；贵州省测绘地理信息科技进步奖一等奖1项；贵州省优秀勘察设计工程奖二等奖3项；贵州省水利科技奖一等奖1项、二等奖1项。

三、构建智慧水利，提升服务体系，共筑多彩贵州

在"十四五"水利建设中，公司将继续以智慧水利建设为抓手，以数字化、网络化、智能化为主线，在水利工程全过程服务中，以数字场景、智能化模拟、精准化决策为路径，从数字孪生流域、数字孪生工程等方面，逐步构建空间全域化、时间序列化、过程自动化、应用智能化、管理一体化、决策科学化的智慧水利服务体系，为守住"两条底线"、守好"两江"生态屏障，建设天更蓝、山更绿、水更清、生态环境更美好的多彩贵州新未来贡献力量。

吹响和谐号　沐浴文明风

——陕西水利水电工程集团有限公司文明创建案例

【摘　要】 陕西水利水电工程集团有限公司（以下简称"陕水集团"）通过文明创建，促进广大员工加强了思想道德修养，提高了政治理论和业务水平，干部员工精神饱满，与人相处彬彬有礼，工作学习紧张有序，文明新风尚成为广大员工的自觉追求。企业办公环境进一步改善，内部管理更加制度化、标准化和规范化，和谐的理念更加深入人心，形成部门之间、员工之间相互支持、团结友爱的良好氛围，有力促进了企业生产经营工作。

【关键词】 文明创建　文明导向　幸福感

一、背景情况

陕水集团成立于1977年，属陕西省水利系统骨干大型综合性施工企业，同时也是国家批准设立的省级防汛机动抢险专业队。近年来，陕水集团注重发挥文明创建在企业发展中的推动作用、在改革创新中的导向作用及在队伍建设中的凝聚作用，坚持高站位、细入手，选准载体、注重创新，从"细"字出发、以"变"字落脚，有效提升干部员工文明素养，打造企业崭新形象。企业先后获得全国优秀施工企业、全国优秀水利企业、全国安康杯竞赛优胜单位、全国工人先锋号、全国青年文明号、陕西省水利文明标兵单位等省部级荣誉称号80余项，有力提升了企业在省内乃至全国水利行业的知名度。

二、主要做法

(一)坚定决心扎实推进文明创建

陕水集团"十四五"规划明确提出:"举陕水之力,聚陕水之心,力争成功创建全国水利文明单位。"将精神文明建设工作纳入重要议事日程,融合于公司生产经营业务及各项管理工作之中,适时提出各时期创建工作的重点和主要任务,并将精神文明建设所需经费列入公司年度财务预算,做到创建工作有规划、有方案、有保障、有考核,坚持与业务工作协同推进,有效保证创建工作顺利进行。在创建活动中,从集团机关到基层一线,从管理层到执行层,从党员到普通员工,掀起创建热潮,形成上下联动、全员参与的良好氛围。

(二)强化党建工作引领文明创建

陕水集团持续发挥党员在文明创建工作中的先锋模范作用。一是支部标准化建设有效推进。各党支部严格执行《中国共产党支部工作条例(试行)》等工作制度,从严从实推进各项党务工作,下属两个党支部荣获陕西省直机关工委"五星级党支部"称号。二是"支部品牌"有效融入中心业务工作。各支部主动聚焦和融合企业改革、目标任务冲刺、项目关键节点、工程安全质量等方面重点工作,积极发挥品牌带动效应,持续推动工作业务落地,形成了团结奋进、追赶超越的良好氛围。三是"三会一课"、主题党日活动常态化开展。各支部把开展经常性政治学习教育摆在突出位置。开展好传统支部书记讲党课,积极推进党员讲小党课活动。党课内容既有党史学习心得,又有工作经验分享,有效提升党课活动的吸引力和实用性。四是积极发挥党员先锋模范作用。各支部在劳动竞赛节点期、技术攻关瓶颈期及疫情防控紧急期等关键时刻坚持干部带头、党员率先,先后成立"党员突击队"8支,设立"党员示范岗"62个,出色地完成桥(涧)峪水库管道建设、西吴水厂建设等多个项目施工,受到业主单位的表彰。在西安新冠疫情发生的危急时刻,陕水集团党总支坚决贯彻落实上级党委部署安排,闻令而动,迅速组织53名党员,成立5支"党员突击队",就地参加疫情防控工作,为打赢疫情防控阻击战贡献力量。五是有效落实党员积分制管理。每月采取党员个人申报、支委打分、支部审核的方式,量化党员参加党内活动、交纳党费、完成党组织分配的工作等基本任务成绩，推动全体党员积极履行义务，踊跃创先争优。

（三）狠抓学习教育引导文明创建

陕水集团从建立"学习型企业"入手，坚持把学习教育融入日常、抓在经常，形成常态，贯穿于文明创建全过程。通过自学与集体学相结合、"请进来"与"走出去"相结合等形式，充分运用"学习强国"等平台，认真学习贯彻习近平新时代中国特色社会主义思想和党的十九大及十九届历次全会精神，重点学习《习近平谈治国理政》、习近平总书记系列讲话重要精神等内容，进一步树牢"四个意识"，坚定"四个自信"，坚决做到"两个维护"，坚定捍卫"两个确立"。出台了《陕水集团中心组学习制度》，中心组每年开展集体学习不少于12次。连续四年与西安交通大学合作开展职业经理人培训共42期，参训达3500余人次。每年开设一级建造师、造价工程师等执业资格考前培训，近三年通过一级建造师、注册造价工程师考试50余人；搭建网络学习交流平台，开展远程教育培训，使分散在各个项目一线的员工及时学习相关知识。组织开展"两学一做"和党史知识竞赛，以赛促学、学用结合。连续多年开展岗位技能比武和业务能手选拔活动，鼓励员工开展技术研究，激发和调动员工立足本职、争创一流的工作热情。在建工程项目部积极组建QC技术小组，开展施工难题攻关，取得包含省部级工法等技术创新成果40余项。

（四）开展创先争优推动文明创建

作为施工企业，良好的工作业绩才能推动企业持续快速发展。为此公司坚持重担压快步，以实绩论英雄。干事氛围日益浓厚。企业坚持每月开展机关部门月度考核，对基层单位进行半年及年终考核，实行全面绩效管理，推动公司整体业绩提升。坚持在疫情防控、施工大干、经营开发等工作关键环节中持续创建"党员示范岗""党员突击队"，促进广大党员干部增强责任意识、带头意识和服务意识。单位及部门之间比工作、比干劲、比贡献蔚然成风，在急难险重任务中锻炼培养一批有能力、有担当、有格局的"拼搏干将"，成为支撑企业改革发展的中流砥柱。树立标杆追赶超越。头雁引领、群雁齐飞。为充分发挥榜样的示范带动作用，每年开展"星级党支部"创建活动，全力提升党支部的工作水平，近年先后有两个基层党支部被陕西省直机关工委评为"五星级党支部"。积极开展"工

人先锋号""青年文明号"创建工作,最大限度地调动起员工工作热情和创造活力。每年开展各类先进评比活动,树立一批员工普遍认可的作风过硬、业绩突出的优秀中层、优秀员工、岗位标兵等先进典型,并对有突出贡献的个人和团体给予重奖。坚持开展"热心人""好媳妇"和"文明和谐家庭"的评比活动,以身边人讲身边事、身边榜样育身边人。常态化开展"道德讲堂"建设、看短片、诵经典、谈感悟等活动,传播身边模范好人的道德故事,引导干部员工学习"三秦楷模""感动中国人物"、水利道德模范等,自觉成为文明道德的传播者和践行者。

(五)厚植企业文化助力文明创建

陕水集团把塑造优秀企业文化作为精神文明建设的一项重要载体,也作为企业发展战略的重要组成部分。制作完成企业视觉识别系统,对员工工装、工作牌、办公用品等进行统一规范,提升员工精神面貌,展示企业形象。精心编制《企业文化建设规划》,将企业文化理念、员工行为规范上墙入册。新建了企业荣誉室、图书室、党建活动室,编制企业画册、《员工手册》,编写企业创业史和发展史《三特魂》及《辉煌的历程》,创作企业之歌《梦想起飞》,每年更新企业宣传片、宣传册等,展现企业精神和发展成就,有力提高了企业凝聚力。同时,加大企业宣传力度,积极参与全国水利发展70年成就展等,企业品牌和知名度得到显著提升。公司积极搭建交流平台,每年举办青年员工联谊、户外拓展训练、员工运动会、文艺汇演、演讲比赛等丰富多彩的文化活动,增强团队的凝聚力和向心力。每年开展春节前困难员工慰问、一线"冬送温暖、夏送清凉"慰问、金秋助学及员工家属"家庭日"等活动,使员工深切感受到公司的关怀与温暖。广泛开展主题实践活动。在春节、重阳等传统节日期间开展"送温暖、献爱心""爱满重阳,情暖人心"敬老助老活动,传承中华优秀传统文化,弘扬时代文明新风。

(六)践行社会责任助推文明创建

近年来,陕水集团在加快企业发展步伐中,积极回馈社会,在文明创建过程中不断强化社会责任,彰显国企担当。防汛抢险显实力。作为省级防汛机动抢险专业队,陕水集团每年在汛期坚守防汛抢险待命,按照上级指令出色地完成了多次抢险任务。特别在陕西华县渭河"3·8"洪灾、大荔黄河雨林防汛抢险等重要时刻,闻令而动,快速出击,充分发挥防汛抢险专业化队伍的作用,累计抢救人员 600 余人，挽回经济损失达 3 亿余元。脱贫攻坚成效显。积极响应开展脱贫攻坚号召，陕水集团主动委派 3 名同志常驻扶贫点开展扶贫工作，聚焦"两不愁、三保障"，细化帮扶责任人工作目标任务。公司领导班子定期深入农户，为帮扶脱贫出谋划策，找准产业扶贫之路，近年来先后投入 20 余万元支持贫困户发展果园、养殖等产业，为扶贫村兴建村文化设施，2020 年帮扶村已全部实现脱贫。志愿服务开展勤。制定《陕水集团开展志愿服务工作计划》，累计注册青年志愿者 416 人，多次组织志愿者走进敬老院、福利院开展帮扶慰问活动，赴渭河大堤开展"关爱山川河流"环保行动，开展春季植树等服务活动。开展无偿献血、防汛抗洪、"世界水日""宪法日"宣传等特色服务活动。特别在新冠疫情期间，组织动员志愿者积极参与疫情防控工作，主动到分包小区和路段值勤，为疫情防控做出了应有的贡献。开展抗疫爱心捐款活动，全员捐款 3.4 万元，捐赠口罩 5000 余只。近来共开展志愿服务活动计 68 项，服务活动总时长 458 小时，服务活动参与率达 96.3%。

三、经验启示

（一）文明创建工作要统筹规划，整体推进

文明创建是一项长期的复杂的系统工程，必须要根据企业实际，在生产经营、队伍建设等各个领域全面推进精神文明建设。在推进文明建设过程中，每个环节都必须做到扎扎实实，突出重点，由表及里、由浅入深，只有这样文明创建才能从局部走向整体，从浅层走向深层。

（二）文明创建工作要建立相应激励机制

文明创建要以员工满意为目标，始终坚持以人为本，依靠员工的积极参与和投入。让员工共享物质文明、精神文明建设的成果。建立健全崇尚先进、鼓励冒尖、鞭策后进的奖惩激励机制，是形成创建活动的动力源泉，也是充分实现文明共建和成果共享良性互动的内在机制。

（三）建立健全精神文明创建群众监督机制

要结合企业文明创建工作的实际，制定落实文明创建督查机制，明确一系列检查督查、整改反馈、监督约束常态创建机制，及时发现和处理创建过程中存在

的问题,加强监督整治,促进文明创建规范化和精细化。

(四)文明创建工作要与生产经营管理工作紧密结合

开展精神文明建设的目的就是实现企业效益与员工素质的共同提升。在创建工作中,要注意用优秀的思想和先进的理念指导具体工作,引导员工的行为和思想,充分发挥精神文明的导向和物质文明的促进作用,只有这样才能使生产经营工作和文明创建"双提升、双促进"。

把思想之舵　聚文明之力　结科技之果

——新疆水利水电科学研究院文明单位创建案例

【摘　要】 新疆水利水电科学研究院（以下简称"新疆水科院"）2020年荣获第六届"全国文明单位"称号。多年来，新疆水科院党委聚焦新疆工作总目标，全面加强从严治党，持续强化组织保障，充分发挥党建"把方向、管大局、保落实"的引领作用，做实党建与单位发展方向、党建与文化建设、党建与科技创新发展三大深度融合；坚持"推动发展、服务群众、凝心聚力、促进和谐、争创一流"五大工作思路。在坚定理想信念方面，不断健全机制，强化领导，深入开展理论学习，扎实开展社会服务，夯实文明创建根基；在深化文明创建方面，落实经费保障，创新活动形式，引领行业新风尚，营造文明氛围，凝聚文明力量；在聚焦主责主业方面，深入实施创新驱动发展战略，进一步改进工作作风，增强改革创新能力，全力推动科技创新发展。

【关键词】 文明氛围　聚焦主业　科技创新

一、背景情况

新疆水科院成立于1954年，在事业单位分类改革中确定为公益一类，行政隶属水利厅，业务归口科技厅管理。多年来，新疆水科院紧紧围绕自治区经济社会需求和水利事业发展，已成为具有一定特色和发展优势专业研究方向的省级科研院所。主要从事高效节水灌溉技术及灌溉制度研究、土壤改良与水盐动态观测研究、水资源水环境研究、水旱灾害防御研究、水利工程监测技术研究、水利信息化研究、河工水工模型试验、材料与结构试验、岩土工程试验研究等；同时还有"三新"的推广与示范、农田水利规划和论证及勘察设计、水土保持方案编制

和监测及评估、工程质量检测和安全监测、水旱灾害风险评估等工作。

新疆水科院1999年首次获评自治区文明单位,2002年获评全国水利系统先进集体,2004年获得全国水利文明单位等多项荣誉称号,并一直巩固保留至今,2020年获评第六届全国文明单位是新疆水科院精神文明创建的又一大突破。

二、主要做法

(一)筑牢信仰之基,把稳思想之舵

1. 健全体制机制,强化组织领导

新疆水科院及时调整精神文明建设领导小组,组成由党政"一把手"负总责、分管领导重点抓、党政工青妇各有侧重的工作机制,将精神文明创建工作层层分解,做到有牵头领导、有牵头部门、有牵头负责人。构建形成"党委统一领导、各部门齐抓共管、文明办组织协调、全院上下各负其责、全体职工积极参与"的工作格局。

2. 明确目标责任,落实资金保障

院领导与各部门负责人签订精神文明创建工作责任书,实行目标管理、监督考核机制。建立有效的资金投入机制,加强单位内部创建活动的动态管理。将社会主义核心价值观融入单位制度规范,注重开展各类文明细胞创建活动和改善科研工作环境,加强业务教育培训。近年来,在院文化及基础建设方面先后投入600余万元,设立表彰文明处室和文明职工奖励资金近30万元,有力推动文明创建工作的落实。

3. 加强理论武装,补足精神之钙

新疆水科院党委注重学习型领导班子建设,以党委中心组学习为载体,坚持学懂弄通做实习近平新时代中国特色社会主义思想。落实支部"三会一课"和党员干部集中学习制度,加强党务、院务公开,增加各项工作的透明度,有效开展党建和党风廉政建设,各项工作效果显著,形成了党建与文明创建交会融合、双向提升的良好局面;广泛开展理想信念、爱国主义、"中国梦"宣传教育,通过举办党的十九大精神、习近平总书记"3·14"重要讲话精神、党的十九届五中全会精神、第三次中央新疆工作座谈会精神学习班及各类水利专业技术培训班,

强化教育引导、实践养成，培育新时代水利人。

广泛开展党史学习教育，完成理论学习102场次，交流研讨55场次102人次，开展主题党日活动20场次、主题团日活动5场次，赴红色教育基地开展现场教学5场次，进一步鼓舞斗志，明确方向，启迪智慧，砥砺品格。

（二）深化特色创建，营造文明氛围

1. 创新形式，广泛开展群众性文体活动

每年利用春节、元宵节、端午节、中秋节等中华传统节日，组织开展团拜会、猜灯谜、包粽子、拔河、迎中秋国庆、话民族团结等系列联谊联欢文化趣味活动；在三八妇女节、五一劳动节、八一建军节等重大节日组织开展"送健康""红色教育""军民共建"等系列宣传教育活动。在活动中注重示范引领，进一步弘扬"献身、负责、求实"的水利精神，展现水利科技人员的精神风貌。

2. 担当作为，推动学雷锋志愿活动常态化

新疆水科院广泛动员，形成了党员干部带头、团员青年积极参与，大力宣传普及"学习雷锋、奉献他人、提升自己"的志愿服务理念。扎实开展"三关爱"、无偿献血、植树造林、保护水源地、"世界水日"等系列志愿服务活动；以党史学习教育为契机，组织在职党员对周边环境开展卫生大整治，对小区居民开展疫情防控、法治宣传等"双报到"志愿服务活动，尤其是在乌鲁木齐三次疫情严重期间凝心聚力战疫情，共克时艰显担当，40余名干部职工成立"民族团结青年党员志愿队"，配合单位、社区积极做好值班值守、买药送饭等各项服务保障工作。

3. 多措并举，推进文明风尚传播行动

成立"水科院文明风尚传播活动领导小组"，组织开展"学术道德与科研诚信"和"弘扬诚信美德，促进文明建设"主题教育宣传、"求真务实，诚实守信"签名等系列活动，教育全院干部职工弘扬美德，诚实守信；动员全院职工参与"助人为乐模范、团结友爱模范、见义勇为模范"等评选活动，为文明创建工作增添新能量；在节能宣传周开展节水技术、节电措施、节纸手段等知识普及和宣传倡议活动，定期开展文明餐桌、文明交通、文明上网等文明风尚宣传，增强群众节能意识，践行"绿水青山就是金山银山"的绿色生态理念；院属各党支部轮流承办道德讲堂，每期确定一个主题，通过"唱歌、诵经典、看短片、讲故事、谈感悟、

送吉祥"的流程持续强化道德建设；组织观看庆祝中国共产党成立100周年大会直播、红色教育影片，学习余元君、郑守仁等先进事迹，增强水利干部职工的爱国情怀和水利情怀；组织全院各族干部职工利用"学习强国"App、"法宣在线"等平台，共同开展法治宣传教育，营造全民学法氛围。

4. 聚焦需求，夯实文明创建根基

新疆水科院围绕自治区稳疆安疆的战略部署，每年投入100余万元，选派近10名优秀干部到策勒县参加"访惠聚"驻村和南疆双语支教工作；安排全院干部职工与和田努尔乡村民结对认亲，每年开展4~6次"民族团结一家亲"联谊活动，为亲戚捐款捐物，帮助亲戚就学、就医、发展生产等；持续开展"两面人"专项清查和"三项清理"工作，使"三个离不开""五个认同"深入人心，将意识形态引向深入，有力促进民族团结进步事业。选派技术骨干20余人次分批长驻阿图什市、英吉沙县，不间断开展农村饮水安全帮扶指导工作，高质量完成水利脱贫攻坚任务。新疆水科院连续多年综合治理考核优秀、领导班子党建工作连续三年考核定等为好，有力推进驻地实现社会稳定和长治久安的总目标，进一步夯实了文明创建根基。

（三）凝聚文明合力，创建成效显著

新疆水科院始终把文明创建的使命担当书写在维护稳定的第一线、水利脱贫攻坚的主战场、服务水利科技的最前沿，近年来在重点科研项目攻关、科技咨询服务、人才队伍建设等方面均取得了显著成效。

1. 主责业务实绩突出

"十三五"以来，新疆水科院党委通过积极探索出台激励机制，大大激发了科研创新热情。经过多方谋划，克服短板，发挥强项，形成不同研究方向的科技创新团队，面向重大科技需求，积极争取国家及自治区重大科研课题110余项，落实科研经费数千万元；面向新疆水利工程建设及经济社会发展，积极开展技术咨询服务400余项，落实签订合同额1亿余元。

2. 科技创新成果丰硕

经总结提炼科研技术成果，共荣获自治区科学进步奖一等奖5项，农业节水科技奖一等奖3项，大禹水利科学技术奖一等奖2项，中国大坝工程学会科技进步奖特等奖1项，中国工程建设标准化协会标准科技创新一等奖1项，水利部水力发电学会科技成果一等奖1项。国际国内核心期刊发表论文100余篇，获得发明专利6项，实用新型专利25项，软件著作权15项，自治区等各类优秀论文奖20余项。获得自治区优秀工程设计暨优秀工程勘察奖5项，研发新产品10余项。

3.人才队伍建设增强

通过一系列人才培养举措，培育了一批扎根新疆、乐于奉献的科研人才。7人获得国务院特殊津贴专家称号，27人获得全国五一劳动奖章、开发建设新疆奖章、水利部青年科技拔尖人才等多项荣誉。

三、经验启示

思想凝聚发展共识，精神汇聚前进力量。以精神文明创建引领水利科研事业发展给我们带来以下两方面的启示。

（一）文明创建要体现先进性

一是政治意识要强，在大是大非面前旗帜鲜明，在事关方向、原则和大局问题上时刻做到执行政策不走样，紧跟时代不掉队，坚持原则不让步，服务大局不懈怠。二是工作业绩要好，能够较好地将科研业务工作与文明创建深度融合，聚焦主责主业，突出行业特色，保质保量完成水利各项重点工作任务，科研实绩在本地和同行业都达到先进水平。三是人员素质要高，以人为本、提高素质是文明单位创建的核心。人员素质包括思想政治素质、业务素质和身体素质，单位职工素质高，风气就正，人心就齐，效率就高，凝聚力就强，形象就好。

（二）文明创建要具有创新力

一是工作思路和方法要创新，新疆水科院结合单位工作实际，通过强化组织保障，健全创建机制，摸索出切实可行而且行之有效的具体措施，打造科研院所的特色和品牌。二是在工作内容上要创新，紧紧抓住文明创建内容实质，找准创建工作结合点，使文明创建工作与单位业务工作和大局工作整体配合，相融相促。三是在创建形式上要创新，新疆水科院坚持以科研成果激励人、以文明环境影响人、以典型示范带动人的创建形式，使文明创建工作寓业务性、科学性、趣味性、娱乐性于一体，寓建于乐，丰富多彩，使全院干部职工在多样化的活动中自觉参与创建。

水利情怀铸精魂　文明花开谱新篇

——新疆额尔齐斯河投资开发（集团）有限公司文明创建案例

【摘　要】20多年来，新疆额尔齐斯河投资开发（集团）有限公司（以下简称"新疆额河投资集团"）初心如磐、使命在肩，胸怀"国之大者"，弘扬伟大建党精神，秉承"锲而不舍、追求卓越"的额河精神，树立一面旗帜、守护一方清水、带好一支队伍、擦亮一张名片、搭建一个平台，推动"五大工程建设"，实现文明创建新突破。

【关键词】铸魂工程　道德工程　文明工程　公益工程　节约工程

一、背景情况

这是一支能征善战、引水兴业的铁军；这是一群做隐姓埋名人、干惊天动地事的忠诚卫士。他们用奋斗书写担当，用壮志铸就辉煌，用智慧和汗水奏响"苟利边疆苦亦荣，匠心一片荡渠间"的时代乐章。他们就是来自新疆额河投资集团的水利人。

新疆额河投资集团为自治区国有企业单位，共有职工800余名，主要承担额尔齐斯河流域的工程开发、建设管理和生产经营工作。20多年来，额河工程的兴建，推动了沿线民生事业发展，在社会稳定、民族团结、脱贫攻坚、防洪抗旱、乡村振兴等方面发挥了巨大的促进作用，为天山北坡经济带和北疆经济发展、推进丝绸之路经济带核心区在新疆建设提供了可靠的水资源保障。

二、主要做法

在最艰苦的水利外业一线阵地，新疆额河投资集团通过党建的龙头引领，弘扬伟大建党精神，树立一面旗帜、守护一方清水、带好一支队伍、擦亮一张名片、搭建一个平台，推动"五大工程"建设，成为工程建设高质量发展和文明创建高质量发展的双赢"推进器"。

1. "铸魂工程"代代传承

"锲而不舍，追求卓越"的额河精神和"引水兴业、惠泽民生"的崇高使命，成为额河水利人的精神支柱和思想之魂。在推动工程建设"四个一流"、工程管理标准化精细化方面，额河水利人始终坚持将工程建设、运行管理、生产经营与强化企业使命、深化额河精神、规范员工行为、打造创业团队等紧紧联系在一起，让额河每一位干部职工身上所展现的企业文化内化于心、外化于行，让每一位干部职工以能够参与建设这一项水利工程，以能够作为一名额河水利人而感到骄傲和自豪。

2. "道德工程"春风化雨

以"中国梦·劳动美"为主题，开展"寻找最美一线职工"并隆重表彰；一名党员就是一面旗帜，开展争创"党员先锋岗"，并举办先进事迹报告会。在一批批优秀身边人和先进典型事迹的带领和影响下，新疆额河投资集团攻克技术难题，研制出了新一代混凝土机械化衬砌设备和工艺，降低成本20%，工程进度提速400%，节约工程投资达8873万元；近600名干部职工默默扎根基层一线几十年，确保工程固若金汤、安全运行，一渠清水向南流。

3. "文明工程"花开满园

利用清明节、国庆节等传统节日，开展清明祭扫、演讲比赛和职工文艺汇演等深化"我们的节日"活动内涵；深入持续开展"文明单位""文明处室""文明家庭"等创建活动。获评第六届全国文明单位、第九届全国水利文明单位，多次获得全国水利系统文明建设工地、先进集体、水土保持示范工程、自治区文明单位等荣誉称号，先后被授予自治区"访惠聚"先进集体、自治区"三仗一战"先进集体等荣誉称号，获得国家、自治区科技进步奖，大禹水利科学技术奖等20多项，获得发明专利近50项，北疆供水工程的建成通水被评为自治区十大科技事件之一。

4. "公益工程"传递爱心

广泛开展"扶贫帮困""捐资助学""尊老敬老"等志愿者服务活动；积极参与"世界环境日""安全生产月""平安建设"等宣传。新疆额河投资集团4个驻村工作队30多名队员、8名深度贫困村第一书记及5名支教人员，坚持

奋战在南疆一线，打造一支永不走的工作队。开办手套加工厂、蜂窝煤球厂、牲畜育肥厂、土鸡养殖场、屠宰场、鸡苗孵化场、纯净水加工厂、杏干加工厂、打馕合作社及鹏程就业中心等帮扶项目16个；充分发挥水利行业优势，建设饮用水提升工程、修建多项水利设施等，积极践行社会责任，助力脱贫攻坚和乡村振兴。

5. "节约工程"彰显美德

大力弘扬艰苦奋斗、勤俭节约的优良传统，规范接待用餐制度，营造"文明用餐、节俭惜福"的良好氛围；倡导节能、节水、节电、节纸，倡导绿色环保、低碳出行，在细节中彰显美德。2019年成功创建成为自治区级节约型公共机构示范单位和无烟单位。

三、经验启示

1. 以崇高的企业使命，实现额河水利人的社会价值

额河水利人在工程建设伊始就明确了"引水兴业、惠泽民生"的崇高使命，他们冒酷暑，斗严寒，与风雪做伴，与烈日同行，与孤独为伍，经过几十年的开发建设，为工程沿线和流域内人民的生产、生活提供便利，有效解决了城市严重缺水的问题。该工程对后人的惠泽更具历史与战略意义，是一项"功在当代，利在千秋"的工程。

2. 以高度认同的企业价值观，争创先进的管理理念

额河水利事业一直尊崇"诚实守信、求是创新、人水和谐"的企业价值观，塑造了额河水利人朴素的品质，一切工作从实际出发，以理念创新、技术创新和管理创新永葆供水工程的生机活力。为经营管理好供水工程，发挥工程最大的经济效益和社会效益，额河水利人建成集信息通信、局域网络、工程安全监测、闸门远程控制、图像监控等多功能应用于一体的北疆供水工程管理信息系统，实现了供水工程信息采集规范化、自动化和数字化，达到了无人值班、少人值守的高效配置，提升了工程现代化运行管理水平。以"没有最好，只有更好"的创新态度，推动供水事业始终走在行业前列。

3. 以"锲而不舍、追求卓越"的企业精神，推动供水事业发展

工程开工建设以来，额河水利人在人迹罕至、条件艰苦、环境恶劣的荒漠戈

壁努力奋斗，最艰难的时候住在简易的工棚甚至是地窝子里，夏冒40摄氏度的高温酷暑，冬顶零下40摄氏度的严寒风雪，舍去与亲人和儿女团聚的时光，克服常人难以忍受的困难和寂寞，熔铸出具有鲜明时代感和浓郁行业特色的额河企业文化。"锲而不舍、追求卓越"的额河精神指引我们把一个个发展的思路、一幅幅科学的蓝图，变成发展成果和辉煌壮举。胡锦涛总书记、温家宝总理等党和国家领导人曾先后莅临工程一线视察，充分肯定新疆额河投资集团的各项工作和建设成就。额河精神成为推动供水事业又好又快发展不竭的精神动力。

4. 以科学的经营理念，铸造精品工程

几十年的光辉历程，额河水利人始终贯彻"科技引领工程、质量安全第一、建设管理并重、多种经营并举、拓展供水市场、做大企业规模、注重生态环保、实现永续发展"的经营理念。通过不断学习，掌握工程建设新技术，提升工程建设整体管理水平，严把质量关，严抓安全生产，依托行业和资源优势，拓宽经营领域，增强企业实力。额河水利人始终坚持"有序开发、合理利用、优化配置、保护生态"的方针，开展了渠道沙漠种植防风防沙林、修建生态闸和牧业灌渠、灌溉河谷林草湿地、修建仿生态鱼道和升鱼机等保护和改善生态环境的举措，努力实现"人水和谐"的目标。

5. 以质朴的行为准则，打造一支精益求精、务实高效的管理团队

额河水利人面对生命禁区的茫茫沙海和大漠戈壁，始终坚持"对企业，讲纪律讲奉献；对工作，讲质量讲效率；对同事，讲诚信讲友爱；对自己，讲学习讲进取"的员工行为准则，以认真负责、求实创新、科学严谨的工作作风，克服了一个又一个技术难题，建成了一个又一个宏伟工程，形成了一支纪律严明、忠于职守、互帮互助、诚实守信的干部队伍，培养造就了一支善于攻城拔寨、勇于开拓创新的管理团队。

东风浩荡满眼春，只争朝夕启新功。百舸争流千帆竞，万马奔腾气如虹。拳拳初心当铭记，凿凿使命写峥嵘。孜孜不倦干水利，款款深情有独钟。新疆额河投资集团站在新的历史起点上，继续践行新时代治水思路，不忘初心、牢记使命，围绕"一流业绩、一流工程、一流管理、一流队伍"的总体要求，以浓墨重彩的时代手笔，继续吹响新时代的文明号角，迈向更加幸福美好的明天。

第四篇 水之清（生态文明·政治清明）

第四篇 | 水之清（生态文明·政治清明）

戍守八闽江河　薪火点亮使命

——福建省水文水资源勘测中心"保护母亲河、服务水生态"志愿服务项目创建案例

【摘　要】近年来，福建水文立足新时代新使命，严格遵循《中华人民共和国水法》《福建省水文管理办法》的立法精神，把握先机谋新局、顺势而为担使命，依托水文测站邻水而建、全省江河均有站点和人员戍守的优势，成立"福建水文薪火志愿服务队"，开展"保护母亲河、服务水生态"特色志愿服务项目，集中水文优势力量赋能"八闽幸福河"建设，为各级政府、水行政部门、河长办、建设单位等提供重要支撑。

【关键词】生态文明　幸福河湖建设　水文特色服务　志愿品牌

一、背景情况

水文人，因治水而生，邻山川而居，巡守不辍，以保安澜。看水位、测流量、测墒情、观雨情、发讯息，日复一日，年复一年，薪火相传，弦歌不辍，一代又一代水文人接续奋斗，用一生的坚守保一方江河安澜。

随着经济社会的快速发展，我国河湖管理保护出现了一些新问题。为保护水资源、防治水污染、改善水环境、修复水生态，各级政府不断深入推进河湖长制这一治水管水护水新模式。福建水文依托基层测站点多且分布广、有过硬的人才队伍、政治觉悟高等优势，将"保护母亲河、服务水生态"的光荣使命融入水文行业改革发展进程，成为推进河湖长制、幸福河湖建设的强大外援，为水生态文明建设发挥基础性作用。

二、主要做法

（一）强化顶层设计，服务河湖长制

立足新时代新使命，福建水文明确"分级融合、全面支撑、顶层设计、整体推进"的志愿服务工作思路，成立"福建水文薪火志愿服务队"，带动全省水文系统开展"保护母亲河、服务水生态"系列志愿服务活动，经过多年努力，福建水文逐步成为八闽大地上一支"信得过、靠得住、能放心"的戍水轻骑兵。

1. 建立常态化巡河机制

省中心推动建立巡河志愿服务机制，组织水文志愿者每月对基本水尺断面上游 1000 米、下游 1000 米范围内河段开展巡查，对乱占乱建、乱排乱倒、乱采砂、乱截流等问题进行拍摄照片录像并报属地河长办。

2. 拓展水文服务领域

始终坚持服务生态文明建设，主动担当作为，积极拓展服务领域，不断提升水文对"保护母亲河"的支撑作用与服务水平。组织全省水文探索开展浮游植物和有机项目试点监测，实现河长制乡镇界交接断面水质监督性监测全覆盖，主动承担部分流域生态流量监测任务，积极协助推进九龙江流域水文水资源水生态监测预报预警系统（北溪示范工程）建设。

3. 探索无人机巡河模式

依托闽江河口水文实验站研发的无人机水文监测技术，探索更高效地收集河流水质、污染源、排污口等信息，弥补传统河道巡查方式的不足。目前，志愿者已在闽江文山里水文站控制河段、晋安河福新路段等处开展了无人机巡河护河志愿活动。

（二）打造志愿品牌，凝聚护河力量

福建省水文水资源勘测中心结合水文工作实际和区域特色，通过社区服务、特色服务和省市共建，坚持强化水文干部职工的责任意识和奉献意识，广泛动员全省水文系统围绕"保护母亲河"主题开展志愿活动，形成了多个成效明显的特色品牌。

1. 打造"薪火点亮文明"骑行宣传志愿服务品牌

每年"世界水日""中国水周"前后,组织开展"薪火点亮文明"骑行宣传活动。水文志愿者们身穿印有"关爱山川河流"标志的红色马甲,骑着装点有宣传彩旗的单车,组成一道靓丽的骑行宣传风景线。同时,在公园、广场等地向群众发放宣传资料和倡议书,宣传保护母亲河、节约水资源、爱护水环境、共建护河节水的绿色发展理念。

2. 打造"水文勇担当"保障重大活动志愿服务品牌

不断完善保障重大活动志愿服务机制,组织志愿者为重大活动提供洪水预警信息、水质监测信息及突发事件应急处置等保障服务。2017年"金砖会晤"服务保障工作中,福建水文薪火志愿服务队表现优异,成功应对水质异常突发事件,2名同志被福建省委、省政府授予厦门会晤筹备和服务保障工作先进个人;青年运动会、历年数字中国峰会和世界遗产大会期间,水文志愿者及时提供洪水预警预报信息,为赛会召开提供及时准确的水文信息支撑。

3. 打造"薪火筑梦"水文科普志愿服务品牌

一是将条件适宜的基层水文站改造成"中小学生课外实践基地""水文化展示馆"等多功能教学基地,目前已建成功能较为齐全的永春县水生态文明馆(坐落于永春水文站),突出水文现代化仪器设备及花园式站房的石砻水文站,展示水文发展历程的将乐水文站作为福州大学、福建省农林大学、福建水利职业技术学院及广大中小学校外活动基地。二是强化省市共建"党建联盟"资源共享平台,与中小学校结成"大手拉小手·党建带关键"联盟单位,开展"水质实验室开放日""探寻水文黑科技""水利知识小课堂"等水文主题科普活动,通过共同开展巡河护河、赠予科普读物、参观现代化水质实验仪器设备、观看节水和防汛科教片、展示水文预报信息化技术成果等方式,让青少年对水文知识产生浓厚兴趣,将保护"绿水青山"的种子深植到下一代心中,以"润物细无声"的方式培育更多的"爱心护河员"。

(三)开展公益活动,筑牢护水堤坝

1. 广泛开展公益宣讲活动

与驻地社区共建"党建联盟"服务平台,结合"关爱下一代·科普进社区""学

党史进社区·传承红色精神""网络安全进社区"等公益活动,以群众喜闻乐见的形式宣讲"关爱山川河流""洪水灾害防御指南""中国历史治水名人"等知识,积极搭建水环境保护与社会公众间的桥梁。

2. 开展"保护母亲河"公益宣传活动

在特定纪念日联合共建社区、共建单位志愿者到江河沿岸共同开展护河行动,向行人及商铺发放宣传资料和节水倡议书,进行《中华人民共和国水法》、河长制等法治宣传,劝导制止乱扔垃圾、毁损花木等不文明行为,营造全社会一起保护母亲河的浓厚氛围。

3. 开展"我爱我站"爱国卫生主题活动

定期开展测站周边环境卫生专项整治行动,对于测站控制河段范围内的河道采取有效措施保持环境清洁,并开展"不文明行为随手拍"、站容站貌焕新、绿化植树等活动,以实际行动引领"护河"风尚。

三、经验启示

福建省水文水资源勘测中心成立福建水文薪火志愿服务队 8 年来,为推进生态文明建设提供有力的支撑,受到社会各界的广泛认可。"关爱山川河流 水文勇担使命"志愿服务案例被福建省直工委评为精神文明建设工作优秀案例征集三等奖;福建水文薪火志愿服务队获评 2020 年省直机关学雷锋志愿服务先进典型暨疫情防控最佳志愿服务组织;2 名队员被福建省委、省政府授予厦门会晤筹备和服务保障工作先进个人;多名队员被福建省直工委评为疫情防控最美志愿者、最美逆行者、"建功'十四五'、谱写新篇章"主题实践活动先进个人,主要有以下几点工作经验启示。

(一)健全制度机制,规范工作运行

先后制定《福建水文志愿服务工作暂行规定》《志愿服务工作规范》等,并结合国务院 2017 年颁布的《志愿服务条例》、2021 年《福建省志愿服务条例》进行修订完善,明确志愿服务的范围、组织、奖惩等相关内容,切实通过制度规范服务行为。

(二）打造共建平台，服务人民群众

与驻地琼河社区共同搭建项目资源共享平台，坚持工作联合、队伍联建，形成互享互助的志愿服务联盟。先后联合开展"我们的节日"、法治宣传、帮扶慰问、环境整治等一系列志愿服务活动，取得良好的社会效应。

(三）结合行业特点，开展特色服务

坚持定期派出水情信息、水质监测等岗位的志愿服务队员，为当地政府和群众提供防洪预警信息、水质监测信息等保障服务；围绕"世界水日""中国水周"等宣传主题，坚持每年开展"薪火点亮文明"单车骑行宣传活动，向当地群众宣传《中华人民共和国水法》、河湖长制，以及节约水资源、爱护水环境的知识和理念；围绕服务河湖长制工作，创新开展义务巡河志愿服务，通过人工、无人机等巡河手段，高效地收集河流水质、污染源、排污口等信息，为推进生态文明建设提供有力的支撑。

(四）坚持携手共进，抓实疫情防控

面对突如其来的疫情，积极发动队员投身疫情防控志愿服务，围绕驻地疫情防控实际需求，以社区、单位为主战场，开展全员核酸检测秩序维护、社区联防联控、交通要道体温检测及登记、防疫宣传和科普、协助防疫物资发放、支持复工复产复学等类型的志愿服务。

共建生态文明　守护水库安澜

——河南省白龟山水库保护母亲河志愿服务

【摘　要】 习近平总书记在党的十九大报告中指出,加快生态文明体制改革,建设美丽中国。生态文明建设把可持续发展提升到绿色发展高度,为后人"乘凉"而"种树",关系人民福祉,关乎民族未来。河南省白龟山水库管理局始终坚持以习近平生态文明理念为指引,争做水生态文明的宣传者、倡导者、践行者,与水相伴,与民相依,在持续推进生态文明建设中积极贡献智慧和力量。

【关键词】 水生态文明　文明意识　保护水源

一、背景情况

白龟山水库位于淮河流域沙颍河水系沙河干流上,是一座集防洪、城市供水、农业灌溉为一体的大(2)型综合利用水利工程。水库下游有平顶山、漯河等城市和京广铁路、107国道、京港澳高速公路等国家交通运输大动脉,地理位置十分重要。2007年,白龟山水库被河南省人民政府划定为国家级城市集中饮用水水源地,库区因紧邻平顶山市新城区,周边居民较多,管理难度大,私搭乱建、电鱼捕鱼、盗采砂石、偷排污水等违法违规情况时有发生,不仅会影响饮用水水质,更为水库工程安全运行带来隐患。河南省白龟山水库管理局坚持以水法宣传、水情教育为载体,面向平顶山市民大力宣传节水护水知识,提升群众生态文明意识。同时,将加强监管和宣传教育相结合,双管齐下保护库区和当地生态环境。通过持续开展增殖放流活动、"保护母亲河"主题志愿服务活动、"世界水日""中国水周"宣传活动、"爱鸟周"宣传等特色服务活动,号召全体市民积极投身到节水护水行动中去,共同保护平顶山市的"大水缸",打造生态优美的美丽家园。

通过活动的开展，白龟山水库的水质环境得到了明显改善，城市居民保护水源、爱护母亲河的意识不断提升，为平顶山市居民及城市生活用水提供了优质的水源。

二、主要做法

河南省白龟山水库管理局以贯彻落实生态文明建设为重点，在河南省水利厅的领导和支持下，充分发挥水库生态效益，立足平顶山生态建设要求，多措并举助力生态文明建设。

（一）立足一个"水"字，提高护水意识

为推进"水生态"文明建设，打造风景优美的库区环境，河南省白龟山水库管理局大力开展节水护水志愿服务活动，以实际行动提升群众节水护水意识。一是先后多次联合共青团平顶山市委、平顶山市水利局开展"保护母亲河"主题志愿服务活动，组织志愿者向市民宣讲习近平生态文明思想、保护母亲河的意义及作用、饮用水水源地保护常识、水法律法规和预防未成年人溺亡有关知识，发放水法律法规宣传彩页，提升市民节水护水意识。二是组织志愿者到白龟山水库拦河坝迎水坡、拦河坝坝顶公路、库区滩地等区域，对果皮、纸屑、烟头、塑料袋、饮料瓶等白色垃圾进行集中清理捡拾，用实际行动做保护母亲河的倡导者、维护者和践行者。三是开展纪念"世界水日""中国水周"宣传活动和"学雷锋"志愿服务活动，通过采用设置普法咨询台、展台展区，张贴宣传标语，发放宣传页等方式，有效地扩大宣传范围，向社会普及水法律法规知识，增强群众推进水生态文明建设的主动性和积极性。四是持续开展增殖放流活动，有效增加了水生生物群体数量，涵养白龟山水库水源地水质，修复水域生态环境，对水生态文明建设起到了积极作用，同时也在不断提升社会各界保护水生态环境的意识，积极投身河南省生态环保攻坚行动。五是开展水情教育。发动更多青年参与志愿服务，以实际行动号召社会公众节水护水，广泛凝聚保护河流生态的强大力量。同时，将加强监管和宣传教育相结合，双管齐下保护库区和当地生态环境。

（二）围绕一个"绿"字，推进宣传教育

为进一步加强生态文明宣传教育，引导更多市民群众践行"绿水青山就是金山银山"的生态文明理念，河南省白龟山水库管理局通过开展一系列活动，以自

身行动扩大宣传教育影响,持续提升群众的生态文明意识。一是组织青年职工参加"共植青年林 共建森林城"植树行动;各基层党支部自发开展义务植树、守护家园、美丽水库为主题的环保志愿服务活动,进一步增强市民植绿、爱绿、护绿意识,助推森林城市建设。二是作为野生动物保护协会单位,河南省白龟山水库管理局每年同平顶山市林业局、平顶山市公安局、平顶山市野生动物保护协会等共同举办"爱鸟周"宣传活动,号召全市人民都有责任参与到生态文明建设之中,自觉抵制破坏林木、伤害野生动物的行为,共同保护美丽家园,为生态文明建设贡献自己的一份力量。

(三)坚持一个"严"字,加强执法巡查

为维护正常的水事秩序、有效地保护水资源,河南省白龟山水库管理局不断开拓新思路、探索新方法,取得了一定的效果。一是领导高度重视。白龟山水库水政执法范围涵盖一条坝长19.5千米的顺河坝,沿坝27个自然村,及沿线长约70千米的水库北岸滩地和总长约80千米的大(2)型灌区一个。为了确保水政执法工作的顺利开展,局领导高度重视,做到主要领导亲自抓,分管领导具体落实,每月召开一次专题研讨会,及时组织研究解决水政执法工作中遇到的各种重点、难点问题;与地方政府积极沟通,对执法工作进行现场指导,确保执法工作的顺利开展。二是加强水法规宣传。河南省白龟山水库管理局始终把加强水法治宣传、营造良好的水事环境作为一项基础性工作、一项重要工作来做。在"世界水日""中国水周""全国法制宣传日"、汛前、汛末举行集中宣传,日常通过散发传单等办法进行经常性宣传,把宣传工作贯穿到执法活动中,达到处理一案、宣传一片的效果,逐步增强群众的水法治观念,降低了水事违法案件发生率。三是加强执法巡查。按照水政执法巡查工作要求和年初制定的巡查计划,积极开展执法巡查工作。在巡查过程中凡是发现有排污、采砂、私搭乱建、倾倒渣土等侵占河湖、妨害水质、水工程安全的行为,发现一起严厉打击一起,确保水质安全。做到了及时发现、及时解决,将事态消灭在萌芽状态,确保良好的水事秩序。四是积极参与综合治理,确保水库水质和水工程安全。积极配合市白龟湖综治办开展各项工作,维护水库水质安全。综治办及各相关部门联合对违规捕鱼、垂钓等行为进行严厉打击,开展夜间库区水面巡查,及时遏制违法、违章活动苗头;利

用周末坚持沿滨湖路清理游玩群众抛撒的垃圾杂物，对沿途烧烤和垂钓人员进行保护水源地相关政策法规的宣传教育，大力提升社会各界保护生态环境的意识。

三、实践成效

白龟山水库的水质环境得到了明显改善，杜绝了非法采砂，违规捕鱼、游泳、垂钓等破坏水源地水质的行为，城市居民保护水源、爱护母亲河的意识不断提升，为平顶山市居民及城市生活用水提供了优良品质的水源。白龟山水库年均提供城市工业生活用水约 1.5 亿立方米，农业灌溉用水约 4400 万立方米，环境生态用水约 5000 万立方米。水库下游的京广铁路、京珠高速、107 国道等交通要道和运输枢纽平安运行，豫皖平原 50 多万公顷土地五谷丰登，六业兴旺，近千万人民群众安居乐业。库区白鹭翩跹，鱼翔浅底，北岸绿荫丛中掩映着工人疗养院，各式建筑依山临水，风格迥异，颇具水乡风味。鹰城亮点平顶山新城区，因临水库而建，更平添了几分灵气，山青、水净、河畅、湖美、岸绿，已成为平顶山市一道靓丽的风景线。

丹心护碧水　文明花满湖

——广西南宁市大王滩水库文明创建纪实

【摘　要】广西南宁市大王滩水库是南宁市饮用水水源地。20世纪90年代，受人类活动影响，水库水面存在网箱养殖、旅游竹排、灯光诱捕等破坏生态的行为和化工厂直排废水的问题，生态环境受到严重影响，鱼类资源严重枯竭，水库生态环境恶化。党的十八大以来，广西南宁市大王滩水库管理处（以下简称"管理处"）大力弘扬社会主义核心价值观，深入贯彻习近平总书记"十六字"治水思路等重要精神，着力加强水库水面和环境综合整治，有效消除水库污染源，通过充分挖掘当地的文化底蕴和人文资源，积极开展群众性精神文明创建活动，培育和弘扬广西壮乡特色民俗和稻作"那"文化，形成"那山那水那文化，大湖大美大王滩"的壮族独特水文化，以实际行动助推文明创建，并取得扎实成效。

【关键词】　党建引领　扩宽领域　发挥优势　抓住特色

一、背景情况

党的十八大以来，管理处积极践行"绿水青山就是金山银山"的发展理念，在确保水库工程安全运行的前提下，把加强水资源水生态管理、国家湿地公园、水利风景区优化建设与群众性精神文明创建融合到单位中心工作当中，从水库综合整治、湿地公园建设、生态保护修复和开展水利科普宣教等具体工作入手，切实联系群众，扎实开展"我为群众办实事"主题实践活动，奋力开创新时代水利改革发展新局面，助推水库工程事业高质量发展。

二、主要做法

（一）坚持做到"五个到位"，着力夯实创建基础

1. 组织领导到位

成立文明建设工作领导小组，主要领导全面负责，分管领导分工负责，业务科室具体负责，干部职工全员参与，形成"举全处之力"的创建格局。

2. 宣传发动到位

召开文明单位创建动员大会，制定并印发创建文明单位实施方案，印发《创建文明单位应知应会手册》，利用微信公众号、OA系统、LED宣传屏等平台，广泛宣传创建工作，激发全员创建热情。

3. 氛围营造到位

拍摄微电影和水源保护宣传片在新浪、腾讯等知名网站播放。在《中国水利报》《广西日报》等各大报刊和微信公众号等平台开展社会主义核心价值观宣传。分类打造社会主义核心价值观主题长廊、立体标志，制作应知应会手册等，营造库区浓厚的宣传氛围。

4. 责任落实到位

抽调精干人员组成各个工作组，分别负责氛围营造、现场施工、材料汇编、图册版式、照片收集等工作。定期召开专题会议研究解决工作中遇到的困难和问题，使创建工作一直保持良好的进展态势。

5. 资金保障到位

管理处领导班子齐心协力，科学调剂使用经费落实资金，有效保障创建工作顺利开展。

（二）坚持"三举措"协同推进，抓紧抓牢政治思想建设

高度重视职工的理想信念教育，积极开展"不忘初心、牢记使命"主题教育，用习近平新时代中国特色社会主义思想和系列重要讲话精神武装头脑、指导实践、推动工作。

1. 抓牢理想信念教育

坚持"第一议题制度"，认真贯彻落实习近平新时代中国特色社会主义思想，

持续开展党史教育、"两学一做"学习教育、党员集中活动日等主题教育活动。通过开展两重温一续写，组织党员到延安、西柏坡开展"不忘初心、牢记使命"培训和"重走红色道路"等活动，进一步强化了全体干部职工特别是党员干部职工的党性修养。

2. 抓实政治思想教育

精心打造文明市民学校、党校等教育基地，将社会主义核心价值观融入政治思想品德教育，强化理论武装，开展道德讲堂、齐学榜样事迹、齐诵经典文章、学习先进典型等活动，引导党员和职工听党话、感党恩、跟党走，对党忠诚，树立正确的世界观、人生观、价值观，在爱岗敬业中做表率，在崇德向善中做表率，在维护大局中做表率，切实学出坚强党性和信仰担当。

3. 抓好党组织建设和党风廉政建设

强化党组织建设，坚持全面从严治党，加强廉政教育和廉政文化建设，扎实推进党风廉政建设和反腐败工作向纵深发展，教育党员和职工严守纪律底线，不逾红线，不断筑牢干部职工拒腐防变的思想道德防线，营造风清气正的政治生态。

（三）坚持用开展"三活动"涵养文明新风，构建和谐关系

从 2011 年 9 月起开始实施水库综合整治工作，2015 年起开始建设国家级湿地公园，并于 2021 年通过试点验收。为顺利推进整治工作，进一步修复自然生态，提高群众生态文明建设意识，促进库区与群众的良好关系，管理处长期开展以生态文明建设和培育社会主义核心价值观为主题的"面对面 手拉手 心连心 共建生态文明库区"实践活动。

1. 开展"干部沉下去，问题带回来"走访调研活动

管理处党委班子带头组建三个工作组，沉下身、用上心、凝住力，分片区包干形式深入库区各个村屯开展调研，寻找影响水库环境综合整治、国家湿地公园建设等问题。

2. 开展"服务送到家，成效带回来"文艺进社区活动

2016 年成立"环境保护文艺宣传队"，编导了以生态文明、环境保护、湿地科普、社会主义核心价值观宣传为主题的整台文艺节目，深入到库区所辖各乡镇村屯、小学、部队、对口扶贫村等地开展演出和挑选爱国主义教育、生态文明

建设、社会主义核心价值观等主题的优秀影片,到库区村屯公映,取得很好的成效。

3. 开展"大手拉小手,满意带回来"服务进校园活动

自 2014 年以来,每年为辖区连山小学师生组织救护、防溺水、消防应急、环境保护、动植物和鸟类知识讲座等培训,并和小学联合举办"生态环境小卫士"作文比赛、"实现微心愿"活动、"我和动物来约会"绘画比赛、"保护野生动植物"签名倡议等活动。

(四)坚持强素质树形象,持续提升公益服务影响力

1. 全方位职工培训强素质

加强普法教育,每年开展"法律讲堂"和组织职工积极参加普法用法考试,以《南宁市大王滩国家湿地公园保护条例》规范职工履职尽责,深入库区进行法律法规宣传,带动库区群众增强法治意识。着力做好"四种风尚"培育。涵养文明新风,开设"道德讲堂",印发《职工行为规范标准》和《业务接待服务礼仪规范要求》等。培育诚信新风,组织全体职工签订诚信承诺书。纯正学风作风,倡导职工积极主动参加各种业务学习培训,提高行业服务水平。选树模范新风,每年表彰一批在各方面表现突出,或在保护人民生命财产安全方面做出贡献的先进个人和先进集体,以榜样力量带动单位职工争做文明新人。

2. 多形式开展志愿服务树形象

全体干部职工在南宁市志愿者网注册成为志愿者,并持续开展社会公益、植绿造绿、水源保护、野生动植物保护宣传、湿地知识科普及库区环境建设等志愿服务。管理处组建的广西防汛机动抢险队南宁支队,多次赶赴梧州、崇左、河池等地开展抗洪抢险救灾任务,累计转移人员 8000 多人次,运送物资 1000 余吨。

3. 宽领域结对共建促发展

自 2018 年以来,管理处党委党各支部与南宁树木园、驻地部队、横县宝华村等单位及帮扶村结对共建,通过相互学习、相互借鉴,优势互补、资源共享,共同推进精神文明建设。

三、工作成效

1. 修复水体维护河湖健康,实现人水和谐

积极践行"绿水青山就是金山银山"的发展理念,以"还民一湖清水"为目

标,多措并举持续开展水源保护,根除"脏、黑、臭"水体,让群众喝上"放心水",勾勒大王滩生态宜居、乡风文明、治理有效的新图景。

2.形成"那山那水那文化,大湖大美大王滩"的独特水文化

坚持以点带面,将生态文明建设理念向周边渗透,带动辖区范围内三个城区五个镇形成合力,充分挖掘当地的文化底蕴和人文资源,打造国家级湿地公园,形成以"那山那水那文化,大湖大美大王滩"为特色的独特水文化,实现生态保护与城市发展的和谐共赢。

3.单位改革和建设发展取得显著成效

随着创建工作的深度、广度不断拓展,文明之花在服务社会、服务民生的实践中馥郁绽放、光艳照人,获得第九届全国水利文明单位、第十七批自治区文明单位、国家水利风景区、全国水利工程管理与建设先进单位、国家二级水利工程管理单位、广西美丽幸福河湖、自治区水库工程标准化管理示范库、全区农林水利系统劳动关系和谐企业、全国农林水利系统劳动关系和谐企业等荣誉称号。

四、经验启示

(一)践行绿色发展理念,生态向好成效显著

通过对水库进行综合整治和库区实施植被湿地资源恢复等措施,有效控制水体污染,对于维护大王滩辖区整个生态系统的平衡和生物多样性,具有极其重要的作用。

(二)强化公益赋能,实现社会效益

因地制宜建设城中花园,带动群众在保护环境的同时了解自然、体验自然、亲近自然、学习自然,树立人地关系协调的标杆,实现水库保护利用与居民生存发展互利互惠的局面。

(三)创新服务载体,激活经济效益

合理利用自然资源,挖掘壮民族"那文化"资源,发展生态旅游等产业,给库区群众带来更多就业机会,带动消费,激活新的经济效益。

呦呦鹿鸣　寨美河清

——广西鹿寨县水利局河长制工作提升水生态文明显实效

【摘　要】 水利则民利，水安则民安，民安则国昌。近年来，广西鹿寨县水利局积极践行习近平总书记"绿水青山就是金山银山"的发展理念，始终思考着"人与自然和谐共生"的辩证法则，以善于改革创新、敢于担当作为的工作作风，推动水利工程建设、提升水利行业文化软实力、提高水文化品牌影响力，坚守为民护水的初心使命，为鹿寨人民群众和子孙后代守好一方水、护好一方土、留好一片绿，绘就出一幅"水中有鱼、岸上有绿、绿中有景、人水相亲"的人水和谐画卷。

【关键词】 建河长体系　建河湖工程　提升水文化

一、案例背景

广西鹿寨地处广西中部，历史悠久，环境优越，区位明显，是广西主体功能区重点开发区之一，是珠江—西江经济带的重要节点，是一个以工业为主、三产协调发展的县域。两次入围全国西部百强县，先后获得国家卫生县城、全国农田水利基本建设先进单位、国家园林县城、广西特色旅游名县等荣誉称号。鹿寨县境内共有河流310条，河道全长1080千米。50平方千米以上河流25条，50平方千米以下河流285条，水库82座。洛清江作为母亲河，全长275千米，总流域面积7592平方千米，有石榴河、洛江、古偿河等支流，流淌贯穿黄冕、鹿寨、江口3个乡镇，润泽哺育20万人口。江河是鹿寨重要的财富和基础，但由于水资源时空分布不均，水旱灾害和水污染现象时有发生，新老问题交织，水安全保障形势不容乐观，河湖安全保护刻不容缓，水环境保护亟待加强。2017年，鹿

寨县全面启动河长制,科学治水、生态治水,"河长制"带来"河长治",各项工作领先全国,从"面子"到"里子"正发生着深刻的变化,得到了大自然和生态环境的馈赠与回报,收获了生态红利。

二、主要做法

(一)建河长体系,搭智慧平台

坚持以习近平新时代中国特色社会主义思想为指导,深入贯彻落实总书记在广西考察时的重要指示精神,切实把全面落实河湖长制工作作为保护和改善河湖水环境的重要举措。

1. 实行网格化联动管理

建立县、乡、村三级河长制管理体系,形成纵横协作、联防联治的管理模式。安装河长信息公示牌336块,警示或宣传标语牌785块,实现河长制全覆盖、信息公示全覆盖、人员责任落实全覆盖三个100%。

2. 压实责任、健全制度,加强"督管察"

立足县情、水情、河情,出台了督察督办、河道巡查、考核问责等一系列制度,压实各级河长责任。13名县级河长担任14条主要河流的河长,既挂帅又出征,履行巡河、管河、护河、治河职责。坚持明察与暗访结合,全县先后组织全面明察12次,对14条县级河流暗访或飞检30余次,发现和解决问题50余个。

3. 构建纵横治理智慧新模式

创新实施"河长+民间河长+检察长+警长+排长""五长联动"治理河湖新模式,强化行政执法与公益诉讼衔接,协调检察机关针对洛清江水生态问题共发出检察建议3件,整改率达100%,有效治理了辖区江水生态问题。实行"县县+县区+部门"模式对河道非法采砂行为联合执法,立案查处水事违法活动70起,罚没金额401万元,有力维护了河道水环境稳定。搭建智能化河湖监控平台,通过App、微信公众号、河长管理PC端等3个管理系统,实行云服务、信息化、网络化管理,实现信息共享、快速处置。自信息平台建成以来,接到反馈问题453个并全部解决,形成社会关心、参与河湖管理保护的良好局面。

（二）建河湖工程，助乡村振兴

坚持将生态优先、绿色发展、振兴乡村的理念贯穿于水利项目建设、水源地保护与建设、河湖生态整治全过程，着力建设一批亲水生态岸线与生态河湖工程，打造绿色发展生态宜居的美丽鹿寨。

1. 结合乡村振兴，建设涉水工程，增强群众幸福感

充分整合资源，在"百里柳江"沿岸乡镇、洛清江县城区、洛江两岸及石榴河沿岸乡村，实施22处生态治理工程，实现约76千米河岸整治、绿化、美化或亮化。结合4A香桥风景区规划和建设，建设月桥坝水利工程，重点打造水坝、露台、绿地、湖心岛，与翠碧水浑然一体，将水利工程效能与景观提升有效融合，在保障灌溉的同时，也成了中渡镇旅游"网红打卡地"。

2. 加强河湖水质保护与整治，增强群众获得感

重点开展对"母亲河"洛清江、柳州市"第二水源地"古偿河的生态巡查和保护工作。组织爱水护水志愿服务行动5000人次，河道保洁3233千米，清理河湖库周边垃圾及水面漂浮物16.8万立方米，清理河道湖库乱填乱倒建筑垃圾152处；完成"四乱"问题专项整治141个，收缴或销毁禁用渔具、拆除违建106套（处）。在上游古偿河水库枢纽设立"拉沟原始森林保护区"，保障优良的水生态环境。

3. 强化水环境综合治理，巩固提升水质，增强群众安全感

实施了8个水源地保护项目，划定集中式饮用水水源保护区9处、农村千人以上取水点饮用水水源保护区3处，建设乡镇集中污水处理厂7处，村屯污水处理设备90处。近年实施农村饮水安全巩固提升水质建设165处，完成了全县82座水库管理体制改革工作，促进村集体经济发展和乡村振兴，助力农民群众奔小康。

（三）提升水文化，促品牌建设

深入贯彻落实习近平总书记一系列关于文化工作的重要讲话指示批示精神，搭建起水文化建设顶层设计框架，紧紧围绕"全域旅游·绿游鹿寨"的总体定位，依托"千年古镇 神奇中渡"龙头精品景区的带动，积极倡导"乐人思水"，不断提升水文化的影响力，打造县域品牌名片。

1. 旅游名片更响亮

以中渡河（洛江）流域为代表的旅游资源及历史文化底蕴丰厚，依洛江流域自然形成的九龙洞、响水瀑布、鹰山、洛江古榕等自然风光，以及以一方保障、香桥石刻、武庙等为代表的洛江文化，在区内外享有盛名。中渡古镇旅游的"金名片"——"洛江水韵"、洛江十里画廊、"寨美一方"田园综合体等一批旅游项目，与水上灯光音乐节、大型汉式集体婚礼秀、壮族"三月三"水上山歌擂台赛、荷灯许愿等民俗特色的活动共建，形成了以生态旅游、文化游、农家乐为重点的发展格局，鹿寨旅游名片的影响力不断提高，获评第六批广西特色旅游名县。

2. 水美生态更和谐

像保护眼睛一样保护水环境，像呵护生命一样呵护水生态，全县江河湖库连续5年没有发生大面积水体污染，洛清江、洛江、石榴河连续两年水环境质量位居全国第一，提升了广西旅游特色名县鹿寨的名气。"河长+"模式带来"母亲河洛清江"的好水质，吸引了诸多珍稀动物在洛清江流域繁衍生息，特别是国家一级重点保护动物，"鸟中大熊猫"——中华秋沙鸭连续三年到洛清江流域黄冕段栖息，且数量稳步增长，引来了中央电视台等多家国内外媒体争相报道，展现出水与自然万物和谐共生的美好画面。鹿寨县获评中国最佳生态休闲旅游名县、全国最美健康养生名县。

3. 水文化传承更有力量

注重激活社会力量，强化社会联动，每年开展水法宣传进校园、进机关、进企业、进社区6次以上，强化水文化普及教育，树立社会大众的水文化保护意识；举办"节水爱水"为主题的画展、书法展，活跃中小学的水文化宣传教育，优化教育资源配置；广泛进行水资源宣传，加大新闻媒体宣传和舆论监督力度，规划水文化遗产保护和利用的发布，鼓励公众自觉参与水文化遗产保护和利用，倡导人水和谐的社会价值理念。

三、经验启示

每一个数字背后，都是铿锵的步伐，每一条河流的背后，都是对初心的坚守。鹿寨县以实施流域生态保护和综合治理工程为抓手，统筹推进流域水资源保护、水污染防治、水环境改善、水生态修复，着力打造显山显水、治山理水、青山绿水的"鹿寨模式"，取得了显著成绩，先后被评为全国农田水利基本建设先进县、全国第一批节水型社会建设达标县、全国第一批深化小型水库管理体制改革样板县，鹿寨县水利局良好经验做法获水利部全国推广，鹿寨县获评全国河湖长制工作激励县。

共建水利生态文明　助力乡村振兴

——海南省水利灌区管理局大广坝灌区管理分局文明创建与灌区管理深度融合

【摘　要】　海南省水利灌区管理局大广坝灌区管理分局（以下简称"大广坝分局"）于2012年成立，是一个比较"年轻"的单位，文化积淀在不断积累，同时灌区管辖区域涉及多民族村落，生活习惯、风土人情各不相同，大广坝分局水利工程沿线维护、渠道途经的村庄村容村貌保持等存在一定难度。为凝聚干部职工共识，心往一处想，劲往一处使，推动各项业务取得突破，大广坝分局不断推进文明创建工作，探索创建新方式，加强党建引领、与地方共建等为大广坝灌区的高质量发展提供水安全保障，全面提高灌区的社会效益、生态效益和经济效益，助力乡村振兴，为服务海南自由港建设做出大广坝灌区贡献，并于2020年荣获海南省直机关第二批创建文明单位示范点称号，推动精神文明工作再上新台阶。

【关键词】　党建　水利生态文明　乡村振兴

一、背景情况

大广坝分局是2012年12月23日新成立的正处级事业单位，设有6个科室、5个直属管理区，刚刚成立时干部职工仅有13人。大广坝分局肩负着管理灌区5个灌溉系统分干以上的326.564千米长的水利工程，为地处琼西南的东方市、昌江黎族自治县、乐东黎族自治县3市（县）101.08万亩耕地灌溉、50万人口生活和工业生产提供安全用水保障的重任。同时，管辖区域涉及多民族村落，生活习惯、风土人情各不相同，水利工程沿线维护、渠道途经的村容村貌保持等也存在一定难度，不利于业务工作的开展。干部职工人数有限，工作任务繁重，面对这样的情况，大广坝分局党总支部深知凝聚全局共识合力开展工作、促进干群关系是重中之重且迫在眉睫，全面铺开精神文明建设工作，全局轰轰烈烈地掀起了文明创建的热潮。大广坝分局与时俱进，紧紧以习近平新时代中国特色社会主义思想为指导，积极投身到脱贫攻坚、乡村振兴、美丽乡村的建设当中去，为当地经济和社会发展做出大广坝灌区贡献。

二、主要做法

（一）坚持党建引领，提升文明实践"深"度

健全党对水务的领导体制机制，坚持重大改革事项由党总支决定、整体工作进度由党总支把握、政策实施情况及时向上级报告，确保正确政治方向。每年制定局党总支落实全面从严治党主体责任及年度任务安排并抓好实施，至少2次专题研究党建工作，开展党建工作集中考核，常态化开展党员干部思想状况分析、谈心谈话，坚持下级党组织书记每年底向上一级党组织就抓党建工作做述职，并接受评议。

扎实开展模范机关和文明单位创建活动，抓好"标准化党支部示范点"创建。局党总支部以创新党支部工作为载体，在完成党支部标准化建设的基础上，率先组织开展一支部一品牌创建活动，4个党支部结合各自的工作特点，树立党建品牌，厚植为民利民的理念内涵，突出水利行业特点和服务灌区百姓特色，并将灌区管理、供水等业务工作开展融入支部品牌建设当中，引导党员干部坚决拥护"两个确立"，做到"两个维护"。将文明创建工作贯穿其中，进一步丰富文明创建内容，突出党的领导。

开展党支部联合共建活动。先后与东方市各水管理单位对接协调，理顺供水对接工作。高中低干渠管理区联合党支部先后与东方市陀兴水库工程管理处、戈枕水利工程管理处海南汇裕农生态农业有限公司等党支部开展联合共建活动，理顺供水环节。昌江干渠管理区党支部积极与地方政府协调，共同解决乌烈镇田洋整治1000亩水田的供水难问题。机关党支部与陀兴干渠管理区党支部联合开展学党史、优化供水服务质量见行动主题党日活动，结对佛罗镇丹村党支部，为该

村田洋、育种基地解决用水问题，积极探索模范带头新途径。

营造浓厚的党建文化氛围。在局机关和直属管理区打造完成水务党建文化走廊，将党建与服务紧密结合，将党旗插在田间地头，真心解决供水"最后一公里"不能到达田间问题，全力疏通供水堵点，把零散的服务变成常态的服务，把小众的服务变成普惠的服务。推动形成以党建带创建、创建促党建的良好局面。

（二）学先进做奉献，提升文明实践"高"度

树立和培育社会主义核心价值观，先后组织学习了新时代楷模余元君、海南水务系统的全国优秀共产党员陈清琪等同志的先进事迹，学习他们"政治坚定、对党忠诚的优秀品格，坚守底线、攻坚克难的优良作风，爱岗敬业、一心为民的高尚情操，践行初心、勇担使命的责任意识"。全局广大党员干部自觉以先进为榜样，永葆初心牢记使命，发挥先锋模范带头作用，以担当为己任，坚定担当决心，锻造实干担当的水利"真铁军"。在台风"电母"暴雨期间，党员挺身而出，坚定在狂风暴雨一线抢险救灾，确保灌区百姓生命财产安全。积极为抗疫工作、灌区困难百姓、困难职工、"守护童安校园行""重症地贫患儿救助"等公益捐款。组织系列志愿等活动，开展了选树最美水务人、推荐表彰优秀共产党员、表彰勇救落水人员的见义勇为行为等活动，进一步弘扬正能量，提升引导力。

（三）推动文明创建与业务工作融合开展，提升文明实践"厚"度

践行"敢闯敢试、敢为人先、埋头苦干"的特区精神，灌区工程管理创造性实行"管养分离"的模式。大广坝分局是海南水务系统中第一个实行工程管养分离模式的管理单位，工程日常维修养护由专业的维修养护公司实施，大广坝分局负责制定标准，严格考核。

工程运行率先实行"渠长制"管理。大广坝分局推进工程"规范化、标准化、制度化"建设，提高工程运行管理水平，率先建立了"渠长制"管理模式，构建了责任明确、协调有序、监管严格、保护有力的管理体系。分级管理，设立总、区、段三级渠长，将党的路线方针政策、上级指示精神、供水调度、工程日常管理、对外协调工作等层层落实到位，做到工作职责明细化、考核工作规范化、管理活动日常化。全面推行"渠长制"以来，灌区管理水平得到了逐年提高，供水量不断增加，效益也呈逐年提升之势，解决了该地区长期以来工程性缺水的重大

问题，提供了水安全保障。截至 2022 年 4 月，累计供水 403343.52 万立方米，全面满足灌区的工农业生产和百姓生活的用水需求。

（四）共建水利生态文明，提升文明实践"亮"度

多措并举推进灌区管理工作与文明创建深度融合，不断探索"支部＋地方村委"结对共建水利文明模式，做到工作一盘棋考虑，规划一张图共建。直属 5 个管理区先后与东方市大田镇老马村、三家镇乐安村等 10 个村委会开展共建水利生态文明，做定同心同向，以党建汇聚各方力量，将文明单位创建工作贯穿于业务工作始终；制定明确的工作目标和详细的任务计划，确保责任到人、落实到位，并坚持与年度任务同部署、同推进，有效形成点、线、面立体共同推动文明创建工作新格局，把"共建、共享、共赢"的思想贯穿到文明创建活动全过程。大广坝分局选派党员干部进村入户宣传，帮助村委会整治堤岸，清理渠道垃圾，进行污水处理，硬化水泥路 2.866 千米，种植三角梅 7300 多株、木棉树 265 株，与村民共建水利生态文明家园。相继与地方政府联合组织开展了"世界水日"、节水宣传周、义务植树、志愿者活动、水政现场执法、水事调解、防溺水宣传周等活动，受到广大村民的热烈欢迎。为推进打赢"六水共治"攻坚战，实现水清、渠绿、景美的目标更进了一步，为政府主导、市场运作、社会参与的多元化水利生态文明建设提供了实践。

（五）工程改造与美丽乡村建设紧密结合，提升文明实践"广"度

近年来，大广坝灌区在帮助地方推进美丽乡村建设方面发挥了积极的作用。在进行工程日常维修养护、工程项目改造时，充分考虑地方美丽乡村建设要求和民族特色，对渠道沿途的东方市大田镇老马村、板桥镇加力村，乐东县南木引水渠沿线的三末村、礼乐村和多建村等村庄进行环境整治，将黎族的图腾园林景观与水利工程设施完美融合，形成了黎族特色景观，充分体现了水的多样性和水利工程的魅力，人们更容易亲近自然并且融入其中。改造完工后，干渠工程两侧成为村民的休闲场所，受到村民的喜爱，营造了人与自然和谐共生的良好氛围。

大广坝分局党总支部 2021 年被中共海南省委直属机关工委评为先进基层党组织。大广坝分局被海南省水务厅、海南省人力资源和社会保障厅授予海南省水务系统先进集体称号，大广坝分局工会被中共海南省委直属机关工委工会联合会

评为模范职工小家。2020年7月,大广坝分局被中共海南省委直属机关工作委员会命名为第二批创建省直文明单位示范点。通过文明创建,干部职工文明素质得到进一步提高,当好灌区高质量发展先行者角色,迎难而上,扛起新担当,跑出新速度,干出新面貌,树立了海南水务人的良好形象,助推大广坝灌区取得了显著的社会效益、生态效益和经济效益,惠及千家万户,为服务海南自由贸易港建设做出了积极的贡献。

三、经验启示

大广坝分局文明创建工作经过多年的探索实践取得了一定的成效,在自己的发展模式和风格基础上总结了以下经验:一是坚持党建引领的正确方向。推动以党建带创建、以创建促党建。紧紧围绕习近平新时代中国特色社会主义思想,学习贯彻习近平总书记关于治水的重要论述和重要指示批示精神,贯穿全局业务全过程。健全党对工作的统筹把握,凝练党建文化,开展党支部联合共建活动,形成更大的发展合力,营造浓厚的党建文化氛围。将党建和服务紧密结合,优化工作服务质量。二是践行"以人民为中心"的创建理念。文明创建工作不能脱离人民群众,要关注人民群众的需求,制度和管理机制要充分完善,提高为人民服务的质量和水平。三是加强干群联系,协同共建。文明创建不能单打独斗,要充分利用所辖区域的资源优势,争取水务等相关政府单位的支持,联合地方村委结对共建水利文明生态。四是因地制宜,与时俱进。进行工程养护和改造要充分考虑地方美丽乡村建设和民族特色,大力建设水美乡村,扎实开展文明创建各项活动。

以生态文明建设助推精神文明建设

——青海省水利工程运行服务中心文明创建案例

【摘　要】　生态兴则文明兴，生态衰则文明衰。近年来，青海省水利工程运行服务中心（以下简称"运行中心"）深入践行习近平生态文明思想，立足"青海最大的价值在生态、最大的责任在生态、最大的潜力也在生态"省情定位，坚持把生态环境保护作为精神文明建设的重要内容紧抓不放、常抓不懈，取得显著成效。青海省水利厅付家寨绿化区是集沟深坡陡、土质多样、水涵养能力低下、高原气候寒冷、昼夜温差大等诸多不利因素于一身的"硬骨头"地区，运行中心负责承担此绿化区的建设管理任务，多年来，运行中心党委一班人不断强化组织领导、合理规划布局、健全管理制度、因地制宜管护、加大资金投入、加强防火工作，绿化区管护水平不断迈上新台阶，2019年荣获全国绿化模范单位称号。

【关键词】　生态文明建设　精神文明建设　习近平生态文明思想

一、践行生态文明理念，打造高原绿色名片

运行中心承担的付家寨绿化区任务是青海省南北山绿化重点建设项目区之一，总占地面积49.34公顷。绿化区内沟深坡陡，土质多为红板土和风化岩层及石灰岩，林区大部分地处45度山地，土壤条件差，水涵养能力低下，水土流失十分严重，加之高原气候寒冷、昼夜温差大，做好绿化区工作是一项极度牵扯精力的苦差事，既要投入大量的人力、物力，还要有科学态度和吃苦精神。

为认真践行"绿水青山就是金山银山"的生态文明理念，落实习近平总书记在黄河流域生态保护和高质量发展座谈会上的讲话精神，运行中心始终把绿化工

作当作一项政治任务和精品工程来抓。绿化区现设绿化区建设管理人员、护林员、抚育管护人员共25名，主要负责日常抚育管护、防火防汛巡查、栽植苗木、灌溉、修枝抹芽、修整水平阶等相关工作，常年奋战在荒山一线。多年来，通过与专业化公司合作、取材培育乡土树种、开展节水灌溉研究、定点栽培局部移植后全面推广等方式，使昔日贫瘠的荒山披上了绿装，为改善西宁地区生态环境和提升西宁市城市形象品位、践行生态立省战略和生态文明建设做出了积极贡献。

二、提升抚育管护水平，筑牢绿色生态屏障

（一）主要工作做法

1. 强化组织领导

在青海省水利厅绿化工作领导小组领导下，按照青海省南北山绿化指挥部和水利厅确定的绿化工作目标，逐级分解落实绿化任务。运行中心领导高度重视绿化区建设管理和安全生产工作，在重要节点、关键时间赴现场检查指导、靠前指挥，分管部门狠抓落实，做到了责任、人员、资金、管护"四落实"。

2. 合理规划布局

聘请专业规划设计部门按照高标准要求进行高起点规划设计，将管理设施绿化、美化工作纳入整体规划设计方案，制定了同步设计、分期建设、因地制宜、科学管护的建设管理原则，彰显了绿化区建设科学性、绿化种植适用性、高原生物多样性等特点，为付家寨绿化区健康发展奠定了坚实的基础。

3. 健全管理制度

为规范绿化区管护工作，运行中心制定了《岗位责任制》《巡查检查制度》《防火工作制度》等规章制度，完善了工作日志、巡查检查记录、防火日志等管护记录。同时，强化监督、检查、技术指导和责任落实，及时发现和处理绿化工作中出现的管理与技术问题，做到了工作有目标、有计划、有检查、有标准、有考核。始终做到用制度管人管事，干部职工和聘用人员认真履行岗位职责、规范操作、严格标准，绿化养护工作质量、效率有了较大的提高。

4. 因地制宜管护

绿化技术人员通过严把种植、灌溉、施肥等关键环节，采用引进技术指导和

社会化、换土施底肥栽植、水肥一体灌溉、生物制剂防虫、最大限度限制扰动等方式方法，实现了科学绿化、环保施工、指标控制、全方位防护的建设和管理目标。

5. 加大资金投入

绿化区的建设和林木及基础设施的管护均需要大量的资金投入。多年来，运行中心党委积极协调、多方筹措，累计落实付家寨绿化区建设管理资金1100余万元，用于基础设施完善、苗木采购及栽种、抚育管护、森林防火等经费支出，确保了付家寨绿化区建设管理工作的顺利实施。

6. 加强防火工作

切实承担起组织、协调指导绿化区防火的工作职责，按时制定、完善《付家寨绿化区防火预案》，压实防火责任，严格执行24小时领导带班和值班值守制度，加强进山火种管理，举办防火演练，开展防火宣传教育和技术学习培训，严格落实防火检查和用火跟踪管理等规章制度，多年来，付家寨绿化区未发生森林火灾事故。

（二）主要工作成效

1. 绿化覆盖率逐年提高

针对绿化区山高坡陡、造林条件差、地质情况复杂等实际，制定了"针叶树为主，阔叶树为骨架，灌木为辅"的绿化指导思想，按照因地制宜、林草结合、乔灌搭配、立体发展的原则，通过水平沟整地、鱼鳞坑开挖、优选树种、林分改造、灌溉保墒、强化抚育管理等措施，严把树种选择、换土栽植、适时灌溉、后期管理等环节质量进度，树苗成活率均保持在较高的水平，绿化覆盖率逐年提高，取得了显著效果。通过多年来的努力，截至目前，共栽植云杉、油松、圆柏、山杏、丁香等花草树木20多个品种，其中乔木占比15%，灌木占比85%，栽植苗木104万余株，造林40.67公顷，林草覆盖率达到80%以上，区内自然条件得到极大改善。2017—2021年连续五年被省南北山绿化服务中心考核为绿化先进单位，2019年荣获全国绿化模范单位称号。

2. 基础设施建设基本完成

绿化区建成蓄水池2座，蓄水能力分别为1000立方米和200立方米，供水管道6000多米，供水工程规模达到每小时170立方米；建设管理房182平方米，

温室 190 平方米,区内护林防火道路 1.8 千米;防护网围栏 2 千米,为绿化及林草管护提供了坚实保障。

3. 抚育管护取得实效

因地制宜栽植树种,突出高原地方特色。以乡土树种为主,极力体现高原地方特色的绿化风格,提升城市景观效果。在绿化区建设、管护方面,通过实施社会化、专业化管理,提高了管护水平,减少了财政供养人员,实现了绿化建设和降低运行成本的双赢;防火工作的落实,有效保护了绿化区的建设成果。结合绿化区地形特点,分区域设置绿化树种,分层次彰显绿化特色,设置了丁香园、山杏园、榆叶梅园等,打造特色鲜明、环境优美的生态林区。

三、经验启示

(一)强化组织领导,合理规划布局

青海省水利厅领导高度重视绿化区工作,积极协调安排绿化资金,在重要时间、关键节点开展检查指导。运行中心主要领导亲自抓,认真安排落实绿化区建设任务,签订年度绿化目标责任书,逐级压实绿化责任,切实做到任务、资金、责任和管护"四落实"。

(二)加大资金投入,提升管护水平

为进一步提升绿化区管理能力,改善工作生活环境,近年来,运行中心在青海省水利厅水利资金不足的情况下,积极争取,逐年加大投资力度,2019—2021 年连续三年累计投入资金 252 万元。分区域开展林区香化美化、道路硬化、管护房、会议室、温室大棚、电气设备更新改造等项目建设,并在防火重点区域增设监控设施,加大绿化区提档升级,使绿化区建设管理工作再上新台阶、再显新风貌。

(三)以党建带创建,用创建促党建

为强化党建引领,将"党建 + 文明创建"的工作模式有机融入精神文明创建工作中,绿化区抚育管护工作在运行中心党委和分管党支部的带领下,紧紧围绕"党建带生态、生态促党建"这一中心目标,深入开展"党建 + 生态文明建设"的品牌创建活动,把组织建设活力转化为生态保护的内生动力,

将绿化区打造成为中心生态文明学习宣传阵地。2017年以来，运行中心共组织广大干部职工200余人参加义务植树，与青海省南北山绿化指挥部、青海省水利厅机关党委（纪委）、青海省水利厅工会、驻青海省水利厅纪检监察组、青海省河湖保护服务中心、青海省水利水电勘测设计研究院等单位开展支部联建活动，切实做到文明创建与党建工作紧密结合、统筹推进，形成人人参与、常态长效的创建格局。

党建品牌领发展　水盈河清促鹭宁

——厦门市水资源与河务中心文明创建案例

【摘　要】 中共厦门市水资源与河务中心支部委员会创建"水盈·河清·鹭宁"党建品牌，深化"党建+文明创建"工作机制，以党建带创建、创建促党建，把文明创建工作同党建工作、业务工作一同部署、一同推进。充分发挥技术人才优势，为解决人民群众最关心、最直接、最现实的水灾害、水资源、水生态、水环境问题提供技术支撑；自觉履行社会责任，认真开展联创共建、疫情防控、志愿服务等活动。

【关键词】 党建品牌　文明创建　技术支撑

一、背景情况

厦门市水资源与河务中心是厦门市水利局下属事业单位，主要承担水资源调查、开发利用、管理保护、监控调度、节约宣传等方面的技术性、辅助性、事务性工作。2020年，中共厦门市水资源与河务中心支部委员会创建"水盈·河清·鹭宁"党建品牌，旨在以高质量党建引领发展，进一步发挥水利技术人才优势，积极提供技术支撑，统筹厦门市各片区水安全、水生态、水环境、水文化、水经济等方面的工作，打造"水盈"的宜居水环境，恢复"河清"的健康水生态，保障"鹭宁"的持久水安全。同时，采用"以一颗红心开展党建工作、以一颗恒心推动文明创建、以一颗爱心参与志愿服务、以一颗公心服务片区建设、以一颗初心提供技术支撑"的"五心服务工作法"开展各项工作，形成以党建带创建、创建促党建的良好局面。

二、主要做法

厦门市水资源与河务中心充分发挥党建工作的政治引领作用，深化"党建+文明创建"工作机制，把文明创建工作同党建工作、业务工作一同部署、一同推进，充分发挥党员先锋模范作用和中心技术优势，坚持服务靠前、主动作为，协调水资源互补互济、联合调度、联合保障，推进水系综合治理，助力各片区防灾减灾能力提升建设，为厦门市全面构建资源节约、空间均衡的水资源保障体系，全面构建水清、岸绿、景美的水生态廊道，全面构建山海兼顾、安全可靠的防洪防涝体系提供强有力的水利技术支撑。

（一）空间均衡，优化水资源配置格局

党领导下的水利事业始终把解决面临的突出水问题作为研究制定水利政策的起点，把破解存在的突出水矛盾作为治水工作的着力点。厦门市属严重缺水城市，受水系和地形等条件限制，水资源开发利用难度大，城市供水的76%为区域外调入水，因此，优化水资源配置格局、提升供水保障能力一直以来都是厦门水利工作的重点。为提升境内水资源调蓄能力，保障经济社会用水合理需求，厦门市规划"四横三纵"原水管线总体布局。厦门市水资源与河务中心坚持问题导向，坚持底线思维，全力支持厦门市水资源配置格局优化工作：对已建供水工程，严格执行《厦门市水系生态蓝线管理办法》，在协调各大片区建设指挥部及外部门涉水项目时要求建设单位对已建水库、原水管渠必须编制专项施工方案进行保护，并积极为北溪引水主干渠等建设时间较长的原水管渠提升改造提供技术支撑；对在建供水工程，派出技术骨干深入现场协调，及时发现施工漏洞，解决施工技术瓶颈，有效推进工程建设；对规划供水线路，全面分析线路的合理性，充分考虑水源、水厂的互联互通，为厦门市形成多源供水的立体水网提供助力。

（二）安全兼顾，构建水生态保障体系

党领导下的水利事业始终将确保人民群众生命财产安全放在第一位。河流水系治理，就是要实现防洪安全与生态修复双保障的目标。厦门市水资源与河务中心坚持"人与自然是生命共同体"的理念，突出节约优先、保护优先、生态优先，

充分发挥技术人才优势,协助开展厦门市河流水系治理工作。

一是助力提升水系洪涝灾害防御能力。按照厦门市防洪排涝规划的洪水标准,为河道治理、水库(水闸)安全鉴定及除险加固等提供技术支撑,消除水利工程安全隐患,保障人民群众生命财产安全和经济社会健康稳定。

二是助力小流域综合治理。积极协助厦门市河长办开展厦门市九条溪流流域污染源调查、污水截流、海绵城市建设规划等工作,重点解决水安全与水生态、水环境、水景观等方面的问题。

三是助力安全生态水系建设。2015年,福建省启动万里安全生态水系建设,厦门市采用因地制宜、一河一策的方法开展全市76个安全生态水系项目建设,治理河长465千米。厦门市水资源与河务中心率先行动,主动对接,深入了解各水系具体情况,对河道安全河岸、自然形态、生态流水、清澈水体、野趣乡愁、丰富生物、管护机制等提出技术要求,为实现河畅、水清、岸绿、景美、安全、生态的水系治理总体目标提供助力。

(三)担当作为,积极服务片区建设

为中国人民谋幸福、为中华民族谋复兴,是党百年来始终不渝的初心使命,也是党领导下水利事业始终不渝的价值追求。作为厦门市水利局的技术支撑单位,厦门市水资源与河务中心坚持以人民为中心的发展思想,牢记水利行业为人民造福的历史使命,积极协助推进集美新城片区、马銮湾新城片区、同翔高新城片区、同安新城片区等新建片区及机场、地铁等重大项目的防洪防潮排涝工程及配套设施建设,全力参与协助项目推进和涉水事务协调等工作,2019—2021年共协调相关涉水项目369项,确保水安全、水环境、水景观、水生态、水文化、水经济的合理统筹。

马銮湾新城地处厦门"黄金环湾带"轴心,片区水系交错,影响水安全、水生态、水景观因素较多,因此成为厦门市水资源与河务中心的重点服务片区,自2016年以来,厦门市水资源与河务中心充分发挥党支部战斗堡垒作用及党员先锋模范作用,主动作为,服务靠前,同时,派驻党员领导干部挂钩定点对接,积极参与协助马銮湾新城片区涉水事务性、技术论证等工作;协调指导整体水系规划、水环境系统治理、河道综合治理、生态景观补水等方面的工作,全力参与协助马銮湾新城水系防洪规划及水系模型构筑、马銮湾环湾景观岸线规划及护岸工程岸线控制界定、马銮湾新城片区生态修复工程方案、马銮湾生态湿地公园概念方案等工作,确保片区在保障水系防洪安全的同时有良好的生态景观效果,高效、优质的服务获得了参建各方的一致赞扬。

（四）文明共建,自觉履行社会责任

习近平总书记强调,志愿者事业要同"两个一百年"奋斗目标、同全面建设社会主义现代化国家同行。厦门市水资源与河务中心认真落实志愿服务制度,自觉履行社会责任,深入贯彻落实《志愿服务条例》,建立高质量志愿服务队伍,优化志愿服务工作机制,全面落实志愿者注册培训、服务记录等制度,目前注册志愿者人数达100%。

一是深化联创共建活动。深入开展"城乡结对 文明共建"活动,挂钩帮扶集美区后溪镇崎沟村,开展扶老助残等志愿服务。积极与单位所在禾欣社区开展文明共建活动,参与社区群众性文体活动、垃圾分类志愿服务等。

二是参与疫情防控工作。全面落实党员干部"双报到"工作,积极参与街道、社区、小区的政治性、公益性、群众性工作。2021年厦门市疫情期间,中心志愿服务队主动服务,科学调配,21天的疫情防控工作中,共派出144人次志愿者投入疫情防控一线工作,服务时长达994小时；2022年疫情期间,厦门市水资源与河务中心志愿服务队再次选派志愿者驻扎疫情防控一线,服务时长达27天。

三是积极参加志愿服务主题活动。积极参加"关爱山川河流·保护母亲河""河湖健康·我知我行"水利主题志愿服务和"志愿新时代·鹭岛新风采""快乐健步走 文明齐动手""美丽厦门是我家、文明行车靠大家"等主题志愿服务活动。结合"3·5学雷锋纪念日""12·5国际志愿者日"开展扶贫帮困、爱心结对等志愿服务,扎实推进志愿服务活动的常态化。

三、经验启示

厦门市水资源与河务中心通过创建"水盈·河清·鹭宁"党建品牌,以高质量党建引领文明创建、业务工作开展,既创新了中心工作的方式方法,又提

高了全体干部职工的工作积极性。厦门市水资源与河务中心将继续坚持以人民为中心,为解决人民群众最关心、最直接、最现实的水灾害、水资源、水生态、水环境问题提供技术支撑,不断增强人民群众的获得感、幸福感、安全感,为厦门市全方位推动高质量发展超越、建设高素质高颜值现代化国际化城市做出水利贡献。

第五篇 水之德（上善若水·核心价值）

文明花开满庭芳

——中水北方勘测设计研究有限责任公司文明创建工作案例

【摘　要】 中水北方勘测设计研究有限责任公司（以下简称"公司"）以政治建设为统领，以加强思想道德建设为抓手，强化党建、文化、道德引领，坚持以学育人、以文化人、以德树人，文明单位创建取得明显成效，为公司高质量发展提供了坚强的思想保证、精神动力和道德滋养。

【关键词】 文明创建　党建　文化　道德　引领

一、背景情况

公司是水利部直属的勘测设计科研单位，前身是水利部天津水利水电勘测设计研究院，始建于1954年。2003年整体转制，逐步发展成为跨地区、跨行业、跨国经营的综合性科技企业。公司是全国百强设计单位、全国优秀水利企业、全国水利水电勘测设计行业信用评价AAA+单位、国家高新技术企业，拥有国家工程设计、勘察综合甲级资质。

多年来，公司以习近平新时代中国特色社会主义思想为指导，强化党建、文化、道德引领，将文明单位创建融入生产经营中心工作，服务改革发展大局，目标明确、重点突出、内容丰富、载体多样，增强了企业软实力，汇聚了发展正能量，取得了两个文明建设的双丰收。

二、主要做法

（一）党建引领，筑牢文明根基

一是健全创建工作机制。坚持文明创建的常态化、长效化建设，建立"公司党委统一领导，党政工团齐抓共管，公司文明办协调指导，各单位组织落实"的领导体制和工作机制。构建"党建＋文明创建"创建机制，每年召开会议专题研究部署年度创建工作，制定印发公司精神文明建设工作要点，将党建和精神文明建设同谋划、同部署、同推进、同考核，真正做到文明创建与公司党建紧密结合、统筹推进。

二是筑牢创建思想根基。把深入学习贯彻习近平新时代中国特色社会主义思想作为首要政治任务来抓，扎实开展"两学一做"学习教育、"不忘初心、牢记使命"主题教育、党史学习教育，通过"三会一课"、主题党日、微党课等多种形式，教育引导党员干部树牢"四个意识"，坚定"四个自信"，坚决做到"两个维护"。夯实思想理论根基，持续巩固党委中心组示范引领学、党群部统筹学、各党支部（总支）具体学、党员干部主动学的学习格局，以讲促学、以培促学，党员干部理论素质显著提升，理想信念进一步坚定。

三是筑牢创建组织基础。印发实施《公司加强基层党支部标准化建设的实施意见》，深化"五好党支部"创建，夯实基层基础。各党支部（总支）以"创先争优"、迎"七一"主题活动等为载体，围绕部门中心工作，开展了"学规划 转作风 促发展""落实规划我当先"等特色主题党日和主题征文活动。大力选树优秀党组织和优秀党员，开设专栏宣传报道，激励党员立足岗位创佳绩、做贡献、当表率。在统筹做好疫情防控和生产经营工作中，公司党员干部踊跃捐款捐物，积极参与社区疫情防控志愿服务，在国内和国外两个战场中，公司900多名党员冲在一线，可歌可泣，十分感人，塑造了新时代共产党员的良好形象。

（二）文化引领，镌刻文明坐标

一是深化社会主义核心价值观教育。印发实施《公司培育和践行社会主义核心价值观实施办法》，大力加强思想道德建设，着力用社会主义核心价值观引领思想、凝聚共识、推动发展。利用大屏幕、宣传栏、局域网等多种渠道广泛宣传社会主义核心价值观，推进"创新、担当、诚信、高效"的企业精神落地生根。发挥"鹂之声"合唱团和"水之韵"舞蹈队等兴趣组的作用，通过组织联欢会、书画展等主题活动，弘扬社会主义核心价值观。

二是开展企业文化体系建设。凝聚提炼公司核心价值观、好员工标准、企业精神等11项公司级核心文化理念，编制文化手册、企业管理总纲，建设完成公司文化视觉识别系统，形成涵盖核心文化理念、理念释义、行为描述、部门理念、文化故事等具有公司特色的多层级文化体系。广大员工积极践行公司核心文化理念，涌现出全国工程勘察设计大师杜雷功、高玉生，全国劳动模范席燕林、郑永良，全国最美科技工作者、最美水利人杨海燕，全国五一劳动奖章获得者张军劳等一大批"大国工匠"和先进模范人物，营造了学习先进、崇尚先进、争当先进的良好氛围。

三是打造员工幸福文化。近几年投入近亿元，打造花园式企业，全面完成院区及办公区整体改造，提升改建职工健身馆，增加茶点间、创客中心、职工服务中心，全面提升会议、就餐、办公、安保、物业服务专业化水平，为职工营造了良好的工作氛围。编制完成院区建设2035年规划方案，全面启动新科研设计大楼和智慧院区建设，天津市副市长孙文魁为公司新科研楼及配套工程下达开工令。每年组织职工篮球赛和排球赛，开展形式多样的文体活动，丰富员工文化生活。印发《公司职工关爱方案（试行）》，实施公司家庭日、茶点间、接送机（站）等关爱措施，受到职工的普遍好评。

（三）道德引领，塑造文明风尚

一是加强道德实践养成。印发《公司贯彻落实新时代公民道德建设实施纲要工作方案》，开展社会公德、职业道德、家庭美德、个人品德教育。设立"道德讲堂"，开展"我和我的祖国——庆祝新中国成立70周年""唱响中国梦，共筑地质魂"等系列活动，突出职工参与，创新宣讲形式，使道德宣讲起到了春风化雨的作用。开展寻找"身边最美家庭"活动，推进"传家训、立家规、扬家风"活动深入广泛开展。制定公司优质服务制度规范和服务承诺，开展"质量服务年活动"，大力倡导敬业爱岗、服务业主、奉献社会的职业道德。开设践行公司核心价值观、好员工标准典型事例宣传专栏，将身边员工立足岗位无私奉献、舍小家顾大家、坚守一线忘我工作的典型事例广泛宣扬，形成了良好的职业道德氛围。

二是树立文明新风尚。开展"弘扬时代新风，文明单位在行动"等主题活动，大力倡导文明交通、文明旅游、文明祭扫、文明上网、文明观演等。结合春节、元宵节、端午节、重阳节等传统节日举办"我们的节日"主题活动，弘扬中华优秀传统文化。大力建设节约型文明单位，实施《公司厉行节约反对浪费实施办法》，向全体员工发出倡议书，开展食堂就餐光盘行动。广泛开展文明标兵、党员示范岗、志愿服务岗创建活动，围绕质量、进度和样板工程、文明工地创建等开展特色活动。实施公司学雷锋活动方案，结合业务特点和技术特长，组织开展扶危济困、疫情防控、义务植树、垃圾分类、节水宣传等活动，实现学雷锋志愿服务常态化。

三、经验启示

（一）文明创建必须把政治建设摆在首位

听党话跟党走是文明单位的应有之义。公司始终把干部职工的理想信念教育摆在十分重要的位置，以多种形式及时跟进学习研究习近平新时代中国特色社会主义思想、习近平总书记"十六字"治水思路和治水讲话重要指示批示精神、党中央及部党组最新决策部署，切实做到党中央提倡的坚决响应、党中央决定的坚决执行、党中央禁止的坚决不做，确保文明创建不走偏、不掉队。

（二）精神文明与物质文明相互促进、相互作用

公司文明创建始终坚持两手抓、两手硬、两促进。近年来，公司实现了高质量快速发展，业务、区域布局持续完善，生产质量、生产效率不断优化，战略、组织、运营、人才、科技、文化体系基本建立，社会影响力、综合实力显著提升。在物质文明的基础上，职工的获得感、责任感、荣誉感空前高涨，干事创业风清气正的氛围空前浓厚，公司班子担当作为、挺膺尽责，广大干部职工直面挑战、忘我奋进，产生了很多可歌可泣的先进事迹，优秀者更优秀、想懈怠者则没有生存土壤，良好的精神文化氛围又反过来巩固促进了公司持续进步，为公司高质量发展凝聚了无穷力量。

（三）形成精神文明创建的长效机制

公司始终坚持和完善"党委统一领导，党政工团齐抓共管，公司文明办协调指导，各单位组织落实"的领导体制和工作机制，大张旗鼓地表彰和奖励在精神文明建设中做出突出贡献的单位和个人，从约束和激励两方面促使全体职工自觉把精神文明建设作为一项经常性的工作来做，把精神文明建设融入生产经营全过程和管理的方方面面，以创建的实际成效推动公司高质量发展。

凝聚幸福河的精神力量

——山东黄河河务局机关文明单位创建案例

【摘　要】 山东黄河河务局坚持以习近平新时代中国特色社会主义思想为指引，深入贯彻落实黄河重大国家战略，以党建为统领，围绕治黄中心工作，立足治黄行业特色，突出围绕七个方面抓创建，持续推动精神文明建设向高质量、高层次不断迈进，为"让黄河成为造福人民的幸福河"提供了坚强思想保障和强大精神动力。

【关键词】 河地融合　党建示范带　黄河文化　志愿服务

一、背景情况

近年来，山东黄河河务局坚持以习近平新时代中国特色社会主义思想为指引，深入贯彻落实黄河重大国家战略，按照习近平总书记提出的"节水优先、空间均衡、系统治理、两手发力"的治水思路，把文明单位创建作为"规范管理、加快发展"的动力引擎，坚持以党建为统领，紧密围绕治黄中心工作，服务高质量发展大局，积极践行社会主义核心价值观，大力弘扬黄河精神，深入开展各类学习宣传、道德教育、志愿服务、典型选树等群众性精神文明创建活动，健全精神文明创建阵地，职工文明素养和单位文明程度持续提升。2021年，全局实现文明单位创建全覆盖，山东黄河河务局机关跻身全国水利文明单位行列。

文明单位创建也促进了全局各项工作不断取得新突破，多项工作受到了全国、水利部、黄委和地方政府表彰。先后被授予全国五一劳动奖状、全国法治教育先进集体、全国离退休干部先进集体、"七五"普法先进集体、全国厂务公开民主管理先进单位等荣誉称号。职工亓传周被评为全国最美职工，张道强被评为 2021 年度法治人物，李涛获评全国五一劳动奖章、全国技术能手。

二、主要做法

山东黄河河务局在文明单位创建过程中，既按照要求认真做好规定动作，又立足治黄行业特色，突出围绕七个方面抓创建，收到明显成效。

（一）突出围绕黄河重大国家战略抓创建

习近平总书记"9·18"重要讲话后，山东黄河河务局迅速行动，立即将其作为贯彻落实党中央决策部署的重要内容，结合山东黄河实际，系统提出了构建山东黄河保护治理"五大体系"的总体布局，并取得了阶段成效。"一段两核"防洪工程体系延续了 76 年伏秋大汛岁岁安澜，"一分一管"供水安全体系确保了黄河山东段连续 22 年不断流、连续 18 年无预警，"一区三带"生态保护体系得到了中央办公厅督查室、中央生态环境保护督察组认可，"两维一体"水沙调控体系实现了主河槽过流能力提升至 5000 立方米每秒量级，"一点三线"文化传承体系打响了"河润山东"等治黄文化品牌，实现了治黄业务工作与文明单位创建的双促进、双提升。

（二）突出围绕水利基层党建示范带抓创建

建立健全"党建＋文明创建"机制，根据水利部、黄委党组部署要求，率先建成了山东黄河水利基层党建示范带，5 个水利先锋党支部、30 个黄河先锋党支部和 100 个过硬党支部作为示范点示范作用明显，9 个示范区在山东黄河"水利基层党建示范带"主品牌"高质量党建引领高质量发展"示范带动下形成了各自的党建品牌。打造了"两书两册两厅一室一图一长廊"综合展示体系，示范带线上集成展厅正式上线。水利部机关司局负责同志、直属单位党组织书记等 70 余人对党建示范带和基层党建工作进行了观摩，系统内外共计 83 家单位前来参观交流，示范带的引领辐射作用得到充分发挥，为文明单位创建工作注入了动力、增添了活力。

（三）突出围绕"河地融合"抓创建

山东黄河河务局推进了开门治河、开放治河到全面融合"点线面"梯次升级，迈入了以"河地融合"新成效赋能推动山东治黄事业高质量发展的新阶段，打开

了共识凝聚、行动自觉、单位受益、成绩初显的新局面。圆满完成习近平总书记视察黄河口等重大活动服务保障工作；有28名省部级领导同志调研检查山东黄河工作，协调地方投资支持黄河保护治理，7处河段创成山东省美丽幸福示范河湖。承办了山东省委省直机关工委第三联系片黄河党建示范带观摩交流会；黄河水利委员会和山东省委省直机关工委就共同指导督促黄委驻鲁单位党建工作达成了一致共识，建立了系统与地方合力抓党建的新机制。积极承担社会责任，与新泰市龙廷镇掌平洼村签署"双联共建"协议，以实际行动助力山东乡村振兴。

（四）突出围绕黄河文化建设抓创建

成立山东黄河文化发展研究中心，组建文化建设专家组和骨干队伍，统筹全局力量打造了"河润山东"治黄文化品牌，建成山东治黄文化展厅，开展了3期黄河文化打卡和"大手拉小手·保护母亲河"研学活动，成为与兄弟单位加强交流、开展职工教育、对外联系共建的文明单位创建活动阵地。加强黄河遗产保护，组织开展了流域及故道地区黄河文化遗产专项调查，系统整理挖掘治黄精神遗产和传统技术，编辑出版山东黄河文化系列丛书第一册《大河钩沉》，山东黄河文化软实力和地方影响力显著提升。

（五）突出围绕青年理论学习提升工程抓创建

强化局党组对青年工作的领导，在省、市、县三级成立青年工作委员会，在全局范围内形成了三级青年管理体系，为有序推进青年工作奠定组织基础。深化青年理论学习提升工程，建立领导班子成员联系青年理论学习小组制度；定期举办"青心护安澜""青力相助"等黄河青年讲堂；创办了《黄河青年说》网络专刊，打造青年交流学习阵地。先后与财政部山东省监管局、山东省委台港澳办、山东省人大常委会办公厅等近10家单位开展青年联学活动；举办山东黄河青年辩论赛，组织开展山东黄河青年毽子操快闪活动，为文明单位创建注入青春活力。

（六）突出围绕特色志愿服务抓创建

成立山东黄河志愿服务支队，志愿者注册人员达到342人，以"党员志愿者、团员志愿者"两支队伍为基础，聚焦黄河重大国家战略，贴心服务温暖群众，深入开展了防汛救灾、黄河净滩、普法宣传、脱贫攻坚、扶贫济困、庭院美化等新时代文明实践志愿服务活动，其中，"关爱母亲河 黄河卫士在行动"志愿服务活动荣获山东省省直机关第三届最佳志愿服务项目称号，山东河务局志愿服务支队荣获山东青年五四先进集体称号。志愿者们以实际行动弘扬了"奉献、友爱、互助、进步"的志愿服务精神，展现了山东黄河人的责任担当。

（七）突出围绕疫情防控抓创建

坚决贯彻落实党中央、国务院和地方各级政府防控工作部署，在疫情防控关键期局领导到"双报到"社区走访慰问，志愿者们积极参与社区核酸检测工作，携手筑起了社区疫情防控的"青春长城"。积极开展"热血战疫我先行，雷锋精神我添彩"应急无偿献血，以实际行动助力疫情防控。组织全局为抗击疫情捐款捐物共计490多万元，组织山东黄河医院全力投入系统内职工和地方社区的疫情防控工作中，为打赢疫情防控阻击战贡献了山东黄河力量。

三、经验启示

（一）制度为先，夯实文明创建基础

山东黄河河务局始终把精神文明建设作为一项重要工作任务，纳入单位发展规划和重要议事日程。制定了文明单位创建五年规划，每年年初印发年度文明单位创建工作要点和实施方案，强化顶层设计，明确责任分工，加强组织领导，紧盯责任落实，形成创建合力。

（二）品牌为名，凸显文明创建特色

在文明单位创建中打响了"河润山东"治黄文化品牌、"法治润黄河"普法品牌、"水利基层党建示范带"党建品牌，并充分发挥品牌力量，加强宣传推广，扩大影响力，提升单位形象，使其成为山东黄河靓丽的新名片和文明单位创建的独特优势。

（三）活动为媒，激发文明创建活力

各类活动是创建工作的重要载体，山东黄河河务局持续开展道德模范评选、红色故事大赛、先进事迹宣讲、文明礼仪讲座、节能绿色兑换、我们的节日、经典诵读、爱国主义观影、健步走、工间操比赛等丰富多彩的文明创建活动，充分调动了干部职工的创建热情，提振了干事创业的精气神。

(四)以人为本,增加文明创建温度

以幸福单位建设为抓手,坚持以人为本推进文明单位创建阵地建设,高标准打造了职工书屋、健身房、瑜伽室、乒乓球室、台球室、妈妈小屋,为提升干部职工文化素养、文明素质、健康体魄提供硬件保障,满足了职工对美好生活的向往和日益增长的精神文化需求,也为文明单位创建凝聚人心、增加温度。

(五)实干为要,巩固文明创建成果

在全局开展模范机关建设,引导广大干部职工努力干事创业,把推动山东黄河生态保护和高质量发展作为文明单位创建的出发点和落脚点,认真贯彻落实黄河重大国家战略,将文明单位创建与治黄业务工作同部署、同落实、同考核,迎来了文明创建与治黄工作并驾齐驱、相得益彰的良好局面。

润心铸魂　赋能高质量发展

——黄河水利委员会中游水文水资源局文明单位创建案例

【摘　要】 黄河水利委员会中游水文水资源局(以下简称"黄委中游水文局")认真学习贯彻习近平新时代中国特色社会主义思想、党的十九大和十九届历次全会精神,党建引领、文化润局,以文化人、以文育人,建队伍、促业务,构建了文明创建和业务工作融合发展、高质量发展的新局面。黄委中游水文局自2014年起连续多年保持山西省文明单位标兵称号,2020年获得第六届全国文明单位称号。

【关键词】 党建引领　文化润局　融合　高质量发展

一、背景情况

黄委中游水文局,下辖4个副处级水文水资源勘测局,47个水文(水位)站,8个水面蒸发站,293个雨量站,33个国家重点水质站,30个地下水监测站点,分布在山西、陕西、内蒙古3省(自治区)的7市(盟)43县(区、旗)。担负着黄河中游河口镇—龙门区间黄河干流和主要支流的防汛抗旱、水文监测、洪水预报、水文调查、水文分析计算、水资源调查评价、入河排污口调查、水污染调查、水环境监督评价等任务。

近年来,黄委中游水文局坚持学习贯彻习近平新时代中国特色社会主义思想,以推进社会主义核心价值观建设为主线,聚焦履行职责使命,以党建为引领,以文化润心田,以文明铸精神,提高职工素质,厚植坚实根基,提升发展内涵,努力开创文明创建和业务工作融合发展、高质量发展的新局面。

二、主要做法

（一）明责任、强担当，创建工作坚强有力

1. 坚持"一把手工程"

始终把文明创建作为"一把手工程"，主要负责人亲自指挥、亲自推动，坚持"一把手"负总责、分管领导具体抓的责任制度。全局牢固树立"一盘棋"思想，加强统筹协调，上下联动，共同发力，确保文明创建各项工作任务落实到位。

2. 注重顶层设计

坚持每五年制定一个精神文明建设工作规划，每年召开两次以上党委专题会研究文明创建工作，每年修订《精神文明建设评优验收标准及考核办法》，每年考核奖励一次，做到五年有规划，年度有安排，日常有检查，年终有考核。

3. 强化建章立制

深入贯彻落实黄委党组"规范管理，加快发展"总体要求，坚持制度化管理理念和动态管理原则，以问题为导向，持续优化管理体系，实现"用制度管权、按制度办事、靠制度管人"，有效推动整体工作的全面发展。2021年至今，已制定和修订30余项制度。

4. 健全长效机制

结合单位实际，制定了《创建全国文明单位测评体系责任分工》，推进文明创建工作走上常态化、规范化、制度化的良性轨道。

（二）重教育、树形象，职工素质不断提升

1. 提素质着重在"塑魂"上下功夫

一是深化党的创新理论武装，强化思想淬炼。加深干部职工对习近平新时代中国特色社会主义思想和党中央大政方针、习近平总书记"十六字"治水思路的理解，学深悟透、融会贯通，增强做到"两个维护"的自觉性和坚定性。充分发挥党委理论学习中心组的领学示范带动作用，每年集中学习研讨超过12次；落实各单位部门理论学习每年不少于10次的考核指标要求。

二是抓好党员教育，强化辐射带动。扎实开展"不忘初心、牢记使命"主题教育、党史学习教育和"三对标、一规划"专项行动，不断提高党员干部"政治

三力"。严格落实"三会一课"、主题党日、领导干部双重组织生活等制度，提升党员教育质效。自2020年起，实施"党员三年轮训计划"。

2. 提素质着重在"立德"上下功夫

一是丰富道德实践活动。自2012年起，每年举办4期"道德讲堂"，年年组织读书交流会、主题征文、主题演讲、政研论文评选推荐；积极组织党员干部职工参加疫情防控、"关爱山川河流、保护母亲河"等志愿服务。

二是大力挖掘培育、学习宣传先进典型。自2018年起，坚持开展"爱岗敬业标兵""文明职工标兵""文明家庭标兵户"等评选活动。在局域网、微信公众号、简报设立身边感动、好人好事专栏，积极宣传职工中涌现出的先进典型。

3. 提素质着重在"修能"上下功夫

一是加强职工业务能力培训。通过集中培训、专题培训、以干代培、岗位练兵、技能比武、以考促学等方式，持续提升干部职工业务水平和实操技能。自2021年起，实施"青年职工三年轮训"计划。

二是实行水文技能培训、竞赛常态化。坚持培训、竞赛年年举办、年年进步，职工蝉联黄委第五届、第六届水文勘测职业技能竞赛冠军，并两次获得优秀组织奖。

（三）强阵地、创载体，潜移默化润心田

1. 开展"二厅三室"建设工程

打造满足职工精神文化需求、推进文化润局的新阵地，2021年黄河中游水文文化展厅、榆林勘测局法治文化展厅建成；局机关建设陈列室、荣誉室；局机关和各勘测局建立了6个标准化党员活动室，均通过晋中市直工委验收。

2. 开展职工书屋建设

作为"我为职工办实事"的重要内容，黄委中游水文局筹措建设资金，建设职工书屋，完善软硬件条件，丰富藏书，编印《"自助式职工书屋"管理制度》，打造职工学习充电的"微阵地"。

3. 开展特色楼道文化和文化制度上墙工程

在两级机关和基层水文监测站的办公院、楼道、电梯间，目光所及之处，设置充满感染力的宣传标语和文化展板，内容涵盖廉政文化、党建文化、法治文化、

规章制度、行业精神、文明素养等,传递文明、诚信、感恩、向上的文化氛围,引导激励干部职工讲文明、甘奉献、树新风。近两年已完成辖区所有监测站文化制度上墙、21 站水文监测环境保护公告牌安装等。

4. 充分发挥微信公众号等新媒体宣传平台优势

2021 年至今,黄委中游水文局公众号累计开设了"焦点·备汛""青春奋斗时""奋斗筑梦幸福河""坚守·我们的节日""党旗飘飘"等 15 个主题栏目,编发文章 194 篇,以图文、视频、音频等方式对"三个水文"建设和文明创建等工作开展系列宣传。

(四)重融合、相促进,主责主业展现新作为

黄委中游水文局坚持将文明创建与各项业务工作同安排、同落实、同检查,把文明创建同履行主责主业有机结合、相互融合、协调推进,单位文明创建提质提效,职工的精神面貌焕然一新,幸福指数不断攀升,各项业务工作不断取得新成效。

1. 水文水资源监测职能履行有力

立足中心工作,压紧压实责任,圆满完成历年水文水资源测报任务。特别是 2017 年 7 月黄河一级支流无定河流域发生重大汛情,经过全局上下一致努力,圆满完成了"7·26"洪水测报,为确保沿黄地区国家和人民群众生命财产安全做出了贡献。局属榆林勘测局被陕西省人民政府表彰为"7·26"抗洪抢险救灾先进集体。

2. 水文现代化进程提档加速

落实《水文测报能力提升实施方案》《新技术应用示范水文站创建实施方案》等,大力普及应用新技术、新仪器、新设备,测区"智慧水文"建设成果丰硕。

3. "自动测报、驻巡结合"测验模式稳步推进

2019 年,建成榆林测控中心。2021 年,《榆林勘测局巡测试运行方案》获批。率先在河曲、府谷、吴堡等 6 个干流及重要支流把口站建成黄河防汛前线指挥部。

4. 社会服务不断拓展

围绕助力流域生态保护和高质量发展,主动为流域地方省、市、县和企业提供防汛信息,为测区多家企事业单位提供水质监测技术服务。积极承担社会责任,

连续 10 年在山西省榆社县对 3 个村开展定点扶贫工作，2021 年起在山西省榆社县北河村派驻乡村振兴队。

5. 经营创收效益持续增长

积极开拓市场，充分发挥自身优势，大力开展防洪评价、水资源调查服务和测量等对外技术服务，推动水文经济保持稳定向好发展态势，有力保证了事业持续发展和职工收入稳步增长。

三、经验启示

（一）突出党建引领

把学习习近平新时代中国特色社会主义思想、社会主义核心价值观的培育和践行、基层党组织建设、制度建设等作为文明创建重要内容，将"抓党建作为最大政绩"贯穿于文明创建的全过程。

（二）坚持文化润局

坚持文化润局战略，抓好意识形态工作，扎实推进文化阵地建设，开展一系列凝心聚力的铸魂文化工程，以文化人、以文育人，培育职工自信自强、守正创新的精神风貌，在潜移默化中引导职工群众崇德向善。

（三）融合主责主业

始终坚持两手抓、两手硬，坚持将文明创建与水文测报等主责主业工作同规划、同安排、同落实、同检查，坚持把做优做强主责主业与文明创建融为一体，实现相融合、双促进、同进步、共提高。

文明单位示范引领　助推文明城市创建

——海河水利委员会漳卫南运河管理局助力文明城市创建纪实

【摘　要】　山东省德州市自2018年启动全国文明城市创建工作以来，海河水利委员会漳卫南运河管理局（以下简称"漳卫南局"）坚持以习近平新时代中国特色社会主义思想为指导，深入贯彻落实习近平总书记关于文明城市创建工作的重要指示精神，充分发挥全国文明单位的示范引领作用，主动履行社会责任，秉持"文明城市创建人人参与、文明城市成果全民共享"理念，推动文明城市创建不断深化拓展。通过开展一系列志愿服务活动，着力在人居环境整治、公共秩序维护、公共文明引导、文明公益宣传上下功夫，努力带动广大市民不断提升文明素养，提高城市整体文明程度，在人民群众心目中树立了新时代水利机关的良好形象。

【关键词】　文明城市　文明单位　志愿服务

一、背景情况

文明是一个城市最美丽的风景线。漳卫南局坚持把履行社会责任作为文明单位创建的重要内容，积极参与文明城市创建，充分发挥文明单位示范引领作用，发挥自身优势，按照德州市委创城工作整体部署，广泛开展文明实践、志愿服务、结对帮扶各项活动，努力服务群众、回报社会，以实际行动为建设现代化文明新德州贡献积极力量。

二、主要做法

（一）加强组织领导，坚持高位推动

漳卫南局党委充分认识创建文明城市工作的重大意义和深远影响，把创城工

作摆在重要议事日程上。坚持把创建文明城市纳入精神文明建设总体工作规划，统一谋划部署，统一组织实施，及时传达和学习德州市关于创建全国文明城市工作的文件和会议精神，结合漳卫南局实际，制定可行性强的工作计划，明确分工，做到有的放矢，逐条对照创建指标，逐项落实创建项目，确保创城各项工作有序推进。不断强化一盘棋思想，机关各部门之间、机关与社区之间形成联动机制，齐抓共管，凝聚创城合力，推动工作开展。

（二）加强宣传引导，广泛动员力量

漳卫南局坚持"创建为人民，全民齐参与"的创建理念，不断加大宣传引导力度，努力引导职工群众将思想和行动统一到文明城市创建工作大局上去。近年来，漳卫南局紧紧抓住创城工作重点，不断加大宣传力度，在定点帮扶小区悬挂社会主义核心价值观展板、15分钟生活圈示意图、垃圾分类公益广告等，在居民生活区营造积极向上的良好氛围。不定期组织志愿者到帮扶小区、农贸市场、公园广场、沿街门市发放文明市民条例等宣传手册，教育引导广大居民群众从身边事做起，自觉践行社会主义核心价值观，做文明市民的践行者、传播者。

（三）多措并举，广泛开展志愿服务活动

漳卫南局坚持把开展丰富多彩的志愿服务活动作为推动创城工作的重要抓手，大力弘扬"奉献、友爱、互助、进步"的志愿服务精神，充分发挥党员志愿者、青年志愿者的带动作用，不断拓宽志愿服务工作领域，以社区志愿服务、交通志愿服务、疫情防控志愿服务等为重点，充分展现漳卫南局志愿者团结友爱、助人为乐的良好精神风貌。

一是扎实开展社区帮扶志愿服务活动。按照德州市创城工作有关要求，积极与德城区广川街道祥和社区对接，了解帮扶小区环境现状，有针对性地开展帮扶工作。近年来，为进一步改善社区卫生面貌，为居民打造干净整洁、规范有序、文明健康的生活环境，漳卫南局多次组织志愿者前往网格帮扶小区开展社区帮扶志愿服务活动。志愿者们对照《帮促小区任务清单》，及时发现责任小区内存在的问题并进行整改。红色的身影穿梭在帮扶小区的每一个角落，志愿者们拿着铁锹、扫把、夹子等工具，对小区内的杂草、垃圾、乱贴小广告等进行清理，有序摆放停放在小区内的电动车、自行车，向小区居民发放《德州市民文明手册》，

认真指导填写创城调查问卷，倾听群众对创城工作的意见建议。用实际行动弘扬社会正能量，践行和传递学雷锋志愿服务精神，营造文明城市创建全民参与、上下互动的浓厚氛围，让帮扶小区居民感受到了更多的幸福感和获得感。经过志愿者的不懈努力，帮扶小区环境焕然一新，塑造了漳卫南局志愿者奉献互助、积极向上的良好风貌，得到了小区居民的一致好评。

二是持续开展文明交通志愿服务活动。文明交通彰显城市文明，为助力德州市居民文明交通出行，创造安全、畅通、文明、和谐的市内交通环境，提高居民道德素质，按照德州市统一部署，漳卫南局积极开展文明交通志愿服务活动。局党委班子成员发挥头雁作用，带头参加文明交通志愿服务，在早晚交通高峰时段，带领漳卫南局志愿者到指定路口开展文明交通劝导。志愿者们每八人一组，身穿统一志愿者马甲，手持交通引导旗，开展交通秩序管理、现场劝导服务活动，志愿者们统一着装、举止得体、服务周到，紧扣文明交通服务主题，力促实现机动车礼让行人、行人不闯灯不越线不逆行等文明行为，引导市民遵守交通规则，增强文明交通意识，为维护文明交通做出了积极贡献。

三是积极组织疫情防控志愿服务活动。疫情就是命令，防控就是责任。在国内疫情防控形势严峻复杂的背景下，为确保广大人民群众的身体健康，按照德州市疫情防控统一部署，漳卫南局积极组建疫情防控志愿服务队，深入所在地社区，主动参与疫情防控任务，在人员管控、秩序维护、核酸检测、信息摸排、疫情防控知识宣传等多方面发挥了积极作用，全面筑牢疫情防控安全线，用实际行动助力早日打赢疫情防控攻坚战。

（四）巩固创城成果，建立长效机制

为规范小区管理秩序，解决长期困扰居民的停车难、乱停车问题，营造整齐有序的人居环境，漳卫南局积极筹措资金，为帮扶小区划定机动车和非机动车停车位、消防通道标识等。2021年，结合党史学习教育"我为群众办实事"专项行动，漳卫南局积极联系有关建设单位为帮扶小区铺设一条沥青路面，切实改善周边群众的出行条件，得到广大群众的一致好评。为巩固创建成果，建立长效机制，漳卫南局积极为"三无"小区引入物业企业，负责对小区公共区域卫生环境的日常管理维护。通过物业化手段，聚焦民生、汇聚民力，广泛征求小区居民意见建议，调动和激发广大人民群众参与文明城市创建的动力,自觉参与小区管理,形成全民参建的良好氛围。

三、经验启示

文明彰显城市底蕴,文明城市建设是推进经济社会发展、提升城市综合实力的重要举措。漳卫南局党委高度重视精神文明建设,把推进文明城市创建作为主要着力点抓紧抓实。

一是坚持群众导向,牢固树立依靠群众、服务群众、发动群众理念,努力提高人民群众对创城工作的知晓率、参与率、支持率、满意率,引导人民群众不断增强使命责任感,提高积极主动性,做文明城市的代言人。

二是坚持问题导向,以群众需求为指引,通过广泛实地摸排调研,充分了解社区环境、交通出行、公民言行等方面存在的突出问题,对症下药,广泛争取各方力量,一心一意为群众办实事、解难题,切实提升城市人居环境品质。

三是坚持价值导向,大力弘扬学雷锋志愿服务精神,以培育和践行社会主义核心价值观为根本目的,将志愿服务贯穿工作各个环节,落细落实到群众身边生活点滴,引导广大群众将社会主义核心价值观外化于行、内化于心,切实增强文明城市创建的凝聚力。

文明花开黑土地　人水和谐乐安居

——嫩江尼尔基水利水电有限责任公司文明单位创建案例

【摘　要】 多年来，在水利部党组、松辽委党组的正确领导下，嫩江尼尔基水利水电有限责任公司（以下简称"公司"）始终高度重视精神文明建设工作，坚持"以创促建、以创提质、以创争优"，突出自身职责定位，突显水利行业特色，在体制机制建设上坚持党建引领，在思想道德建设上坚持深化拓展，在履行社会责任上坚持担当作为，在群众文明活动上坚持文化引领。凝聚齐抓共管合力，营造浓厚学思氛围，树立企业良好形象，突出行业创建特色，构建了文明创建人人参与、文明成果人人共享的体制机制，形成了团结协作、勤政务实、见贤思齐、干事创业的浓厚氛围，为流域经济社会发展和东北老工业基地振兴贡献力量，实现了公司高质量发展与文明建设协调推进。

【关键词】 文明创建　水文化　创新　引领

一、背景情况

公司成立于2001年，现有在职职工151人，是由水利部、黑龙江省和内蒙古自治区三方共同出资组建的国有企业，是水利部18家大型水利水电骨干企业之一。多年来，公司在水利部党组、松辽委党组的正确领导下，坚持"以创促建、以创提质、以创争优"，突出自身职责定位，突显水利行业特色，扎实开展文明单位创建工作，在嫩水江畔播撒文明种子，在龙江大地传承文明基因，在精神文明建设的道路上迈出了坚实步伐。

公司主要承担尼尔基水利枢纽工程建设及管理运营，同时兼营库区资源开发、水利风景区旅游等多项业务。工程的主要任务是以防洪、城镇生活和工农业供水为主，结合发电，兼顾改善下游航运和水环境，并为松辽流域水资源优化配置创造条件。枢纽控制流域面积6.64万平方千米，居东北地区之首，水库总库容86.1亿立方米，电站总装机容量25万千瓦，占黑龙江省水电调峰容量的9.8%。2020年公司荣获第六届全国文明单位称号，2019年公司荣获全国优秀水利企业称号，同时拥有全国水利文明单位、黑龙江省文明单位、水利安全生产标准化一级单位等荣誉称号，被评为松辽委2020—2021年度先进党委，连续被评为松辽委模范职工之家。

二、主要做法

（一）凝聚齐抓共管合力

公司坚持党对国有企业的领导，成立精神文明建设领导协调委员会，制定文明单位创建规划和年度工作计划，分解文明单位创建任务表，持续抓好精神文明建设日常工作，坚持做到创建工作有规划、有制度、有队伍、有保障，形成了"一把手"带头、党政工团齐抓共管的良好局面。大力开展群众性文明创建活动，建设"党建+"品牌，激发党员干部先进性意识，提升干部职工的思想觉悟、道德水准和文明素养，公司上下逐步构建了文明创建人人参与、文明成果人人共享的体制机制，形成了团结协作、勤政务实、见贤思齐、干事创业的浓厚氛围，为公司高质量发展提供强大的精神动力，实现了公司发展与文明建设协调推进，筑牢了精神文明建设的深厚根基。

（二）营造浓厚学思氛围

公司持续推动学习贯彻习近平新时代中国特色社会主义思想往深里走、往心里走、往实里走。持续抓好"两学一做"学习教育，扎实开展"不忘初心、牢记使命"主题教育，高质量开展党史学习教育，引导公司广大党员干部进一步增强"四个意识"、坚定"四个自信"、做到"两个维护"。印发贯彻落实《新时代爱国主义教育实施纲要》《新时代公民道德建设实施纲要》工作方案，以培育和践行社会主义核心价值观为主线，结合"道德讲堂""经典诵读"、参观红色教育基地等主题活动，开展"中国梦"主题宣传教育、"四德"教育、爱国主义教育和革命传统教育，连续组织处级干部培训班、青年骨干培训班、党务干部培训

班等,进一步坚定理想信念。组织学习黄大年、余元君、张富清等先进事迹,做到见贤思齐、履职尽责、爱岗敬业。同时,结合新阶段水利高质量发展工作要求,重视技术能力提升,大力弘扬"工匠精神",组织干部职工结合岗位实践,开展业务培训和技能比武,营造了学以致用、学思践悟和比学赶超的浓厚学思氛围。

(三)树立企业良好形象

公司秉承依法经营、诚信经营的宗旨,在做好自身发展的同时,不忘关注和支持地方经济社会发展。作为尼尔基水利枢纽运营管理单位,在保障下游防洪安全、粮食安全、供水安全、生态安全等多方面发挥出显著作用。2013年汛期,嫩江流域发生自1998年以来最大洪水,水库有效发挥拦洪调蓄作用,最大削减洪峰达42%,极大减轻了下游防汛压力;2018—2021年连续四年成功应对嫩江洪水,累计拦洪124.14亿立方米,彰显"防洪重器"作用;水库还有效应对了嫩江流域2007—2009年连续三年严重干旱,凸显出骨干水利工程重要的抗旱减灾效益。按照"绿色发展、生态优先、诚信经营、精品至上"的经营理念,大力发展多种经营,现已建成国家AAA级旅游景区。截至2021年底,水库累计向下游春耕补偿供水超过94亿立方米,满足了450多万亩农田灌溉用水需求,使扎龙、连环湖等湿地生态,以及河道生态持续得到改善;累计发电量超96.54亿千瓦时,为嫩江流域经济社会发展提供了有力水利支撑。

积极履行社会责任,吸纳属地高校毕业生,安置残疾人就业。印发《尼尔基公司青年志愿者服务队实施方案》,成立志愿服务队,组织开展"学习雷锋""关爱山川河流 守护国之重器"、嫩江环保行、垃圾清理、义务扫雪、捐资助学、关爱残障儿童等志愿活动。投身定点扶贫工作和公益事业,累计向重庆武隆区捐款135.84万元,帮助贫困地区发展。全力做好新冠疫情防控工作,坚决贯彻落实中央和上级党组织及属地各项措施和要求,成立了党员先锋服务队,积极组织党员干部下沉社区,协助做好核酸检测、排查登记、社区管控、舆论引导等工作,为疫情防控贡献了公司的力量,树立了良好的社会形象。

(四)突出行业创建特色

公司坚持抓好企业文化培育,强化文化熏陶,突出文化引领作用,以文化建设引领干部职工塑造健康、积极、向上的良好精神风貌。结合属地传统文化特色,加强对水文化工作的考察、研究、挖掘和提升，积极打造水文化阵地，开展多角度、多层次的水文化研究。同时，注重文化研究成果转化，印发实施了"我们的节日"主题活动方案，在端午节、中秋节、春节等传统节日开展特色活动。成立独具特色的多种兴趣小组，组织开展讲水文化故事、节水知识进课堂、红歌演唱会、团拜会、坝上长跑、乒乓球和羽毛球比赛、迎建党百年华诞、庆祝中国共青团成立100周年、喜迎二十大等特色活动，成功协办全国水利系统"尼尔基水库纳文湖杯"羽毛球比赛，连续开展廉政文化作品创作展览活动、廉政文化品鉴、书法描红等主题活动，振奋精神、凝聚人心、激发活力、崇廉尚俭。印发《关爱健康行动实施方案》，建立职工心灵驿站、温馨港湾和职工健康站，广泛开展"全民阅读""全民健身"系列活动，以及青年职工读书交流会、心理辅导和职场沟通讲座等，将文化思想融入干部职工日常工作生活中，培育了文明新风。持续推进普法教育，结合行业特点开展法治宣传、安全教育等活动，重点加强《中华人民共和国水法》《中华人民共和国防洪法》等行业法规的学习贯彻，打造了一支具有突出水利特色的文明队伍。

三、经验启示

（一）党建引领要突出

文明单位创建成效的取得，关键在于突出党建引领。公司始终坚持党对国有企业的领导，始终坚定政治方向，涵养政治生态，永葆政治本色。成立党建工作领导小组及精神文明建设领导协调委员会，把党建工作与业务工作同研究、同部署、同落实、同考核。坚持精神文明工作"一把手"负责制，明确办事机构，确立创建目标，细化责任分工，持续抓好精神文明建设日常工作，凝聚齐抓共管的向心合力。

（二）学习教育要深化

职工文明创建意识的提升，基础在于深化学习教育。公司坚持把学习习近平新时代中国特色社会主义思想作为长期重大政治任务，持续抓好党内集中教育。每年制订理论学习计划，充分发挥党委理论学习中心组示范引领作用，各党支部严格落实"三会一课"、主题党日、周学习等制度，坚持学做结合，建立了个人

自学、集中学习与交流研讨相结合的学习机制。及时总结经验做法，形成并推广了"一本一袋""三抓三比""季度评比""周报告"等一批成果，有效提升了公司全体干部职工的学习意识和精神文明创建的主观能动性。

（三）担当作为要保证

文明单位形象的树立，重点在于社会责任的担当。公司党委坚持走好群众路线，厚植为民情怀，带领公司广大党员干部职工用实际行动履行水利国有企业的社会责任。充分发挥尼尔基水库防洪作用，全力保障下游人民群众生命财产安全。科学调度，满足下游各行业用水需求，促进航运条件和生态环境改善。源源不断为东北电网输送绿色清洁能源。同时，积极投身抗击新冠疫情防控工作，大力开展保护生态环境、关爱山川河流、做新时代护水人等志愿服务活动，引领干部职工走出公司走向社会，把水利人的爱播撒在辽阔的松嫩大地上，打造了靓丽的企业名片。

（四）群团建设要创新

良好精神风貌的塑造，根本在于群团活动的创新开展。公司坚持将文化思想融入干部职工日常工作，突出水利特色，以加强水文化建设促进企业文化升华。重视群团活动的参与率和满意度，将群团建设的调查研究工作抓在经常，融入日常，及时总结提高，巩固传统性群团活动平台的同时，加强水文化和地方文化的考察和挖掘，为公司群团活动的开展不断拓展新阵地。近年来，公司群团组织积极作为、与时俱进，组织发动得力、宣传教育积极、群众反映良好，文明创建工作群众性更强、更接地气。

"一二三"大步走 文明按下"升级钮"

——北京市南水北调团城湖管理处为推动首都水务高质量发展提供强大精神力量

【摘　要】 北京市南水北调团城湖管理处（以下简称"团城湖管理处"）紧紧围绕"举旗帜、聚民心、育新人、兴文化、展形象"使命任务，聚焦精神文明创建这条主线，把文明创建与主业发展当成一对"孪生兄弟"，坚持精神文明与生态文明建设齐步走。深入推进"智慧泵站"和"文化阵地"两大建设，切实做好文明单位的巩固提升工作，讲好团城湖管理处的"水故事"，做好主责主业"水文章"，创新打造"水文化"品牌。以创先争优的先进文化鼓舞人，以创新实干的事业氛围培养人，以积极健康的工作环境凝聚人，以更加优美的环境、良好的风貌展示精神文明新风采，谱写文明和谐新乐章，为推动水利高质量发展提供强大精神力量。

【关键词】 抓一条主线　促两大建设　谱三大乐章

一、背景情况

团城湖管理处成立于2011年1月，为全额拨款正处级事业单位。团城湖管理处地处南水北调中线工程末端，是南水北调工程重要的展示窗口，管辖范围包括团城湖调节池工程、南水北调来水调入密云水库调蓄工程和东水西调工程3项，所辖工程途经海淀、昌平、顺义、怀柔、密云、石景山、门头沟7个市辖区。

团城湖管理处紧紧围绕首都水务"安全、洁净、生态、优美、为民"五大发展目标，积极探索新模式，打造自主运维队伍，强化工程运行管理，扎实推进智

能泵站建设，在保障城市供水安全、提高水资源利用效率、增加水资源战略储备、促进首都经济社会可持续发展进程中发挥了重要作用。同时，作为北京市爱国主义教育基地，以"饮水思源，爱水惜水节水"为主题面向社会开放，宣传再现南水北调工程的伟大历程，展示首都水文化的丰厚底蕴，发挥了爱国主义教育基地宣传、科普、教育功能。先后被授予全国水利文明单位、全国工人先锋号、国家级节约型公共机构示范单位、北京市思想政治工作优秀单位、首都绿化美化先进单位、北京市安全生产先进单位、连续两届首都文明单位等各项荣誉称号。

二、主要做法和成效

（一）抓一条主线，两个文明齐步走

多年来，团城湖管理处始终把文明创建与主业发展当成一对"孪生兄弟"，坚持精神文明与生态文明齐步走。有一条红线始终不断，有一个主题始终不变，那就是把精神文明创建工作作为贯彻水务事业发展的一个载体，纳入管理处的整体规划中，融入业务发展的各个层面，使之成为全处的共识与行动的动力。

齐抓共管扎实推进精神文明建设。发挥团城湖管理处精神文明建设领导小组指导协调的作用，以精神文明创建实施方案为纲领，落实落细创建工作责任。主要负责人坚持一手抓业务发展，一手抓精神文明创建，分管负责人具体抓，党工团共同抓，形成科所联动、齐抓共管工作机制，真正做到创建工作有人抓、有人管、有成效。充分利用团城湖管理处内网、微信工作群等媒介新平台，大力宣传推进精神文明建设中的好思路、好做法和涌现的先进典型，激发广大职工的参与热情，营造良好的舆论氛围。

多措并举全面提升生态文明建设。团城湖调节池紧邻颐和园和三山五园风景区，属于世界文化遗产保护区，也是北京市规划建设的绿化隔离地区和南水北调水源保护区。特殊的地理位置，决定了调节池的建设在满足工程调蓄、供水等方面的要求外，还需兼顾景观绿化、人文历史、生态环保等城市功能。园区内水面与绿化面积占总面积的90%以上，植物种类高达100余种，树木3万余株。为保护水源，团城湖调节池始终遵循"近自然园林、健康水系"的管理理念，坚持绿色发展，围绕水体质量、植物生长、人类健康"三安全"的低碳目标，科学防控、

保护环境、节约资源，实现了"绿化园林、低碳植保"，促进调节池可持续发展。

（二）促两大建设，以人为本求革新

促"智慧泵站"建设。"创业、创新、创优"是团城湖管理处自成立以来就刻在每个"团城湖人"心中的精神理念。为了增加首都水资源战略储备，南水进入团城湖后，通过京密引水渠上的9级泵站，爬高133米，反向输送至密云水库存储。面对多种复杂的水利工况、多种泵型在工程中的首创运用，以及国内罕有的9级泵站同时运行等难题，团城湖管理处积极探索创新管理模式，围绕技术改革、绿色发展、智慧运行等方面，先后完成了技术供水、变频设备等10余项技术革新，连续攻克解决了联合调度、扬程匹配、不间断运行管理等技术难题，逐渐摆脱了依靠运维队伍的运行模式，向专业自主迈进。截至目前，密云水库调蓄工程累计输水约14.03亿立方米，存入密云、怀柔等各大水库约6.65亿立方米，回补水源地约6.14亿立方米，助力密云水库创造了建库以来历史最高水位，地下水位持续6年回升。

促"文化阵地"建设。运用爱国主义教育基地资源，倾力打造"品牌式"载体宣传。结合水务重点任务和重要节点工作进展，深度整理挖掘水务精神和红色基因，通过以公众参观为主，社会宣讲、工程课堂、座谈交流为辅的科普教育模式，全方位、多角度、立体化地展示南水北调工程建设、运行和工程效益情况。利用现状条件，不断将节水惜水爱水、生态文明建设、海绵园区等理念融入基地建设，将智能喷灌、雨水收集、绿化废弃物利用等具体工作在展区进行实体化、可视化展示。并多次以"世界水日""中国水周"、节水宣传周为契机，开展节水宣传活动，增强大众参与节水的氛围。自面向社会开放以来，南水北调明渠纪念广场已接待包括中央领导、各级党政机关、企事业单位、中小学、高等院校、社会团体、媒体记者、外国友人、社区群众等在内近13万人次参观交流。

（三）谱三大乐章，和谐之音奏凯歌

以创先争优的先进文化鼓舞人。团城湖管理处先后涌现出全国巾帼建功标兵、南水北调东中线一期工程通水先进工作者、北京市先进工作者等国家级荣誉1人、部级荣誉2人、市级荣誉6人。一个典型一个标杆，一个楷模一种导向。团城湖管理处聚焦创新发展，开展"树典型、立标杆、强引领"的榜样宣传，以保障高

质量治水管水为目标，以提高工程管理效能为抓手，激发干部职工立足岗位建功立业的主动性和创造性。

以创新实干的事业氛围培养人。团城湖管理处以文明单位巩固提升为驱动，结合泵站自主运行现状，开展"技术育人 匠心建业"职工技能比武，分阶段开展运行理论知识和实操能力培训，并成功承办了北京赛区首次泵站运行职工技能竞赛。通过培训，职工专业知识与工作实践快速对接，激发职工最大潜质，增强职工主动担当"减帮手、去扶手、成能手"的自信自觉，打造出一支北京独一无二的水利泵站管理核心技术团队，形成单位发展与队伍建设同向螺旋上升的新局面。

以积极健康的工作环境凝聚人。开展诵读经典、传承美德等文体活动，营造体现主流意识、时代特征、水利特色的文化氛围。以相互关爱、服务社会为主题，围绕交通文明、节水护水、普法宣传等方面开展各类志愿服务，宣传社会主义核心价值观，引导管理处职工向上、向善、向美。

三、经验启示

（一）树立崇高理想信念，激发文明奋进力量

把学习贯彻习近平新时代中国特色社会主义思想贯穿文明创建工作的全过程，是保证文明创建发展方向正确的前提。用文明激发奋进力量，以实践锤炼干部队伍，打造出在政治立场上站得住、在困难前顶得住、在创新上抓得住的干部队伍。

（二）党建引领提质增效，筑牢文明发展基础

文明创建的过程正是党员群众自我教育、自我实践和自我提升的过程。通过创新"党建引领+文明创建"融合推进模式，形成了党员引领带动群众积极推进文明创建工作的良好氛围，人人争当示范员、宣传员、监督员，呈现出强大发展合力。

（三）扎实完成工作目标，树立文明社会形象

将文明创建工作融入管理处中心工作中，以文明创建为抓手，促事业发展开新局，实现"保障运行安全，完成输水目标，打造智能泵站，开展自主运行"的工作目标，努力在创建中寻创新，在创新中求发展，以精神文明凝聚力量，为首都经济社会发展贡献力量。

"雄关漫漫真如铁"，精神文明创建是团城湖管理处发展新里程的开始，更是下一步巩固、扩大、提升创建成果的动力。创建不易，巩固提升更难。管理处将树立更高的标准与目标，将精神文明与水利工程运行有机结合，继续保持与时俱进的创建热情和持之以恒的执着追求，不断巩固、提升并发挥好文明称号的"发散效应"，最大限度地激发水务活力、彰显水务魅力、增强水务实力。充分发挥好爱国主义教育基地的影响力，努力把团城湖管理处文明创建工作推向新阶段，更好地向公众展示南水北调工程效益和北京水务工作成就，为推动首都水务高质量发展提供强大精神力量。

擦亮窗口树水务形象　深化创建促服务提升

——上海市水务局行政服务中心文明创建综述

【摘　要】 近年来，上海市水务局行政服务中心深入贯彻习近平新时代中国特色社会主义思想和"十六字"治水思路，积极培育"团结、奉献、务实、创新"单位精神和"政治坚定、热爱学习、敢于担当、团结和谐、秩序井然"单位文化，紧扣"依法、规范、高效、便民"工作目标，秉承"擦亮窗口、用心服务"服务理念，抓党建、夯基础、强素质、树形象，深入推进文明创建和政务服务深度融合、同频共振，连续五届获评上海市文明单位，2021年获评第九届全国水利文明单位，先后获评全国五一巾帼标兵岗、全国工人先锋号、全国青年文明号、上海市模范集体、上海市先进基层党组织、上海市五一劳动奖状等。

【关键词】 窗口建设　服务品牌

一、背景情况

上海市水务局行政服务中心是上海市水务局直属公益一类事业单位，承担行政审批、政务公开、市民热线3项窗口服务职能。近年来，上海市水务局行政服务中心始终把政治建设摆在首位，坚持围绕中心抓创建、抓好创建促发展。突出组织保航，完善文明创建长效机制；突出思想导航，筑牢干部职工思想根基；突出文化护航，丰富文明创建形式载体；突出党建领航，加强硬件软件阵地建设；突出品牌助航，勇当窗口服务改革先锋。在全体干部职工的共同努力下，上海市水务局行政服务中心在2021年全市三项年终"大考"中取得了优异成绩，"一网通办"上升至市直33家单位第5名，市民服务热线位列城建管理部门第1名，政务公开工作考核连续第16年保持优秀。

二、主要做法

（一）突出组织保航，"三种举措"完善长效机制

始终把文明创建作为一项重要工程，加强组织领导，狠抓推进落实。一是健全工作机制。建立"党委统一领导、党政齐抓共管、部门各负其责、群众广泛参与"工作机制，成立以党委书记为组长的创建工作领导小组，下设办公室负责日常具体工作。二是积极推进落实。把文明创建与党的建设、中心业务同谋划、同部署、同检查、同考核，抓好顶层设计，明确创建目标，细化任务分解，强化责任落实，有序推进创建工作。三是加强宣传引导。通过职工大会、政务内网、党务公开、微信公众号等多渠道宣传文明创建工作，营造"人人参与、共建共享"的浓厚氛围。

（二）突出思想导航，"三个强化"筑牢思想根基

始终把思想政治建设摆在首位，不断提高干部职工思想道德素质。一是强化理想信念教育。坚持中心组理论学习和"三会一课"制度，深入学习贯彻习近平新时代中国特色社会主义思想和关于治水工作重要论述等，扎实开展"不忘初心、牢记使命""四史""党史"等党内集中学习教育，引导干部职工增强"四个意识"，坚定"四个自信"，做到"两个维护"。二是强化社会主义核心价值观教育。制定实施方案，组织专题报告、主题参观、红色观影等，加强爱国主义教育、革命传统教育和中华传统文化教育。发挥先进典型示范教育作用，加强评选表彰和学习宣传。三是强化思想道德引领。每月推送道德经典读物，开展"我们的节日"和云端"道德讲堂""修身行动"等实践活动，加强"四德"教育，提高干部职工思想道德修养。

（三）突出文化护航，"三项重点"丰富创建载体

充分发挥干部职工参与文明创建的主体作用，不断丰富载体、创新形式、增强活力。一是文明风尚倡新风。制定窗口文明服务规范，推行综合受理、午间不休、上门服务等便民举措，深化党员"四亮"行动，推进"岗位建新功、党员见行动"主题创建，不断提升窗口文明服务水平。深化职工文明行为养成，推进文明餐桌、文明交通、文明上网行动，开展"节能减排""垃圾分类"等专题宣传，推进节约型单位建设。二是文化建设添活力。开展成立15周年"砥砺十五载、逐梦新征程"系列活动,编印纪念册和论文集,增强职工的荣誉感和归属感。设立职工活动室,组建羽毛球、瑜伽等文体兴趣小组,广泛开展体育文化和读书交流活动,多层次满足职工精神文化需求。三是服务社会履责任。成立水务行政服务志愿者服务队,广泛开展交通执勤、护航进博、垃圾分类、无偿献血、爱心一日捐等,实现志愿服务常态化。加强联建共建,与街道困难学生、金山、青浦困难家庭结对帮扶,助力乡村振兴。干部职工志愿服务网上注册率90%,在职党员注册率100%。

(四)突出党建领航,"三个方面"加强阵地建设

强化党建引领,硬件软件建设并举,打造风清气正、团结民主、管理规范、设施完善的工作环境。一是充分发挥全面从严治党引领保障作用。发挥党委领导核心作用,增强领导班子整体功能,坚持严管与厚爱并重,推进干部队伍建设。深化"四责协同",加强审批领域廉政风险防控机制建设。落实党建责任,推进党支部标准化规范化建设,发挥党支部战斗堡垒作用和党员先锋模范作用。特别是在2022年上海疫情防控特殊时期,上海市水务局行政服务中心强化党建引领动员工作,全体干部职工在做好自身防疫安全的同时,积极投身抗疫一线,协助社区开展抗疫政策宣传、核酸检测、物资配送等志愿服务,并确保了疫情居家办公期间水务政务服务工作不断不乱、平稳运行。二是推进单位科学民主管理。贯彻落实民主集中制,严格执行党委、行政和"三重一大"议事决策制度。坚持职工大会制度,落实党务、事务公开,2020年获评上海市厂务公开先进单位。推进职工素质工程建设,落实职工实事项目,切实保障职工的合法权益。三是优化环境设施。实施政务服务大厅标准化改造,设置智能服务终端等便民设施。建成党建活动室,改造"职工之家",建设文化走廊,优化楼面绿化,着力打造安全卫生、整洁有序的办公环境,2019年获评上海市平安示范单位,2020年获评水务行业节水型单位。

(五)突出品牌助航,"三个窗口"勇当改革先锋

坚持围绕中心抓创建、抓好创建促发展,聚焦行政审批、政务公开、热线服务主业主责,着力打造"一网通办""政务公开e心通""上海水务热线"窗口服务品牌。一是"一网通办"加快政务服务"e速度"。贯彻落实中央关于优化

营商环境、"放管服"改革部署要求,深化行政审批制度改革,审批事项从46项减到34项,评估评审从23项减到8项;推进"一网通办",实现全事项全程网办;优化审批流程,实现减材料、减时间70%;加快推进"办成一件事""全市通办""无人干预自助办理"等改革,实现服务更高效便捷。服务长三角一体化国家战略,形成跨域联合审批、共同监管模式。二是"政务公开e心通"搭建政民互动"透明窗"。颁布《局政务公开标准目录》,持续提升行政公文主动公开率,聚焦河长制、水务重大项目等社会关切重点工作,推进落实"五公开",不断提高政府工作透明度。三是"水务热线"架起便民服务"连心桥"。推进热线服务规范化、标准化、精细化建设,发挥热线"鞭子""镜子"作用,拓展"双服务"功能,为行业管理补短板、强监管提供大数据支撑,全覆盖全天候解决市民涉水诉求,年均办理工单3万件。

三、经验启示

一是政治引领强武装。以政治引领深化文明创建,坚持中心组理论学习、"三会一课"制度,通过支部共建、主题党日、党课等形式,深入开展"不忘初心、牢记使命"、党史学习教育,用习近平新时代中国特色社会主义思想武装干部职工头脑。

二是文化建设激活力。以培育和践行单位精神文化为主线,结合群众性创建活动,广泛开展文明风尚、体育文化活动,多层次满足职工精神文化需求,引导广大干部职工持续焕发干事创业的激情。

三是聚焦主业显成效。文明创建工作始终围绕中心、服务大局,创新举措、用心服务,着力打造"一网通办""政务公开e心通""上海水务热线"窗口服务品牌,以文明创建助推水务海洋事业的发展。

维护大湖好生态　绘就文明新画卷
——江苏省洪泽湖水利工程管理处文明创建案例

【摘　要】近年来，江苏省洪泽湖水利工程管理处（以下简称"管理处"）党委坚持以习近平新时代中国特色社会主义思想为指引，以"党建引航、业务引领、文化引导、机制引动"等"四引"理念开展文明创建，工程管理力保安澜、湖泊管理攻坚克难、内部管理规范有力、党建精神文明凝聚合力，连续三年在江苏省水利厅系统年度综合考核中保持第一方阵。管理处荣获全国水利文明单位、江苏省文明单位、全省防汛抗洪工作先进集体、全省机关党建工作先进集体、江苏省水利厅系统唯一党委建制先进基层党组织等称号。三河河闸管理所通过国家级水管单位复核、石港抽水站获得中国水利工程优质（大禹）奖，三河闸与洪泽湖大堤工程被水利部评为水工程与水文化有机融合典型案例，荣获江苏省最美水地标称号，三河闸管理所党支部获评省级机关服务高质量发展先锋队十佳党支部，全处各项工作呈现良好发展态势。

【关键词】　"四引"理念　文明创建

一、背景情况

管理处（原江苏省三河闸管理处）成立于1953年11月，2008年3月更名，是江苏省水利厅直属水利工程管理单位，现有在职职工213人，离退休职工131人，管理着千年古堰——洪泽湖大堤、淮河第一大闸——三河闸等8座大中型水利工程，承担洪泽湖联防指挥部办公室职责，协助江苏省水利厅做好全国第四大淡水湖——洪泽湖的管理与保护工作。

近年来，管理处党委团结带领全处广大党员干部职工，坚持以习近平新时代中国特色社会主义思想为指引，围绕中心抓党建、强创建，工程管理力保安澜、湖泊管理攻坚克难、内部管理规范有力、党建精神文明凝聚合力，荣获全国水利文明单位、江苏省文明单位、全省防汛抗洪工作先进集体、全省机关党建工作先进集体、江苏省水利厅系统唯一党委建制先进基层党组织等称号。所属工程被水利部评为国家一级水管单位、国家级水利风景区，水文化与水工程有机融合案例荣获中国水利工程优质（大禹）奖，获评江苏最美水地标、最美运河地标等。

二、主要做法

（一）党建引航，以政治建设筑牢文明创建根基

一是坚持政治引领。坚持以习近平新时代中国特色社会主义思想为指引，认真学习贯彻党的十九大及十九届历次全会精神，贯彻落实习近平总书记对防疫、防汛、安全生产、生态文明建设等方面重要讲话指示精神，深入推进"三在先、三带头""两在两同"建新功行动和"我为群众办实事"活动，教育引导全处党员干部职工树牢"四个意识"，增强"四个自信"，做到"两个维护"，捍卫"两个确立"。

二是强化理论武装。扎实开展"不忘初心、牢记使命"主题教育、党史学习教育，注重统筹"学习强国"等各类线上载体，打造"全天候、开放式、菜单化"学习课堂，开展中心组学习42期、交流研讨91人次，开展主题党日76次、青年学堂52期，编写学习手册和心得体会12份，推动理论学习向纵深拓展。创成省级机关服务高质量发展先锋行动标兵党支部1个，江苏省水利系统先进基层党组织2个，五星级党支部1个。1名青年荣获水利部"深研总基调、建功新时代"知识竞赛一等奖，被授予水利青年理论学习标兵称号。

三是把牢意识形态。坚持党管意识形态，成立领导小组，制定工作方案，落实"三纳入"、半年分析研判制度；加强网站、微信群、QQ群等新媒体管理，完善管理制度，专人定期排查把关；坚持正面宣传引导，在处网站开辟"防汛抗疫英雄榜""党史学习教育"等专题报道，在《新华日报》、"学习强国"、江苏党建网发表稿件21篇，奏响了主旋律，传递了正能量。

（二）业务引领，以组织担当提升文明创建格局

一是做强工程管理"硬支撑"。坚持规范化管理，狠抓检查观测、维修养护、

安全运行等重点环节，充分发挥处属工程防洪保安、抽水抗旱、生态供水等综合效益。2019年以来，三河闸工程累计行洪209天，泄洪594亿立方米；石港抽水站累计开机运行184天，抽水6.84亿立方米；代管南水北调金湖站累计开机运行388天，抽水30.6亿立方米。率先建立三河闸警务室，创新水利、公安、渔政联合执法长效机制，打造立体全天候依法管水新模式。

二是唱响幸福河湖"重头戏"。全国首创湖泊网格化管理机制，成功经验被写入中央文件并在全国推广；坚持法治规划先行，协助修编《洪泽湖保护规划》《洪泽湖退圩还湖规划》，推动《洪泽湖保护条例》立法，洪泽湖非法采砂实现"双清零"，"两违""三乱"整治任务全销号，6840艘捕捞船全部退出，7066条住家船、49条餐饮船全部清除，2.1万渔民全部实现上岸安居。

三是激活队伍建设"动力源"。坚持"好干部"标准，近三年严格按程序选拔任用6名正科级、15名副科级干部，调整交流27名科级干部，进一步优化干部队伍专业结构、年龄结构。加强学习型单位建设，开展导师带徒、职工讲堂、岗位练兵，近三年有2人获得正高级职称、15人获得副高级职称、14人获得中级职称，职工队伍综合素质、业务能力有较大提高。

（三）文化引导，以塑造品牌促进文明创建提质

一是打造志愿服务新名片。以"关爱山川河流"为主题，持续深入开展"关爱洪泽湖 保护水环境"志愿服务活动，引导广大志愿者当好保护洪泽湖的战斗员、宣传员、示范员。坚持志愿服务与"服志""服智"相结合，广泛开展产业扶贫、爱心捐赠、关爱留守儿童、结对帮扶活动。管理处建立"关爱山川河流"志愿服务队6支，每年开展各类志愿服务活动30余次,志愿服务工作务实、服务过程扎实、服务结果真实，先后获得江苏省志愿服务交流会优秀项目、江苏"河小青"志愿服务试点项目、江苏省青年志愿服务大赛一等奖，1名同志荣获江苏志愿服务贡献奖，被表彰为江苏省优秀青年志愿者。

二是擦亮治水文化老招牌。建设三河闸建闸史料馆、明清治水碑廊、礼湖文化带，整修周桥大塘、信坝遗址，建成石港"老站记忆馆"，编写水情教育视频、读本，讲好治水故事，传承治水精神，三河闸入选首批省级水情教育、环保科普基地，通过国家水利风景区复核，石港站创成省级水利风景区，三河闸、洪泽湖

大堤、蒋坝水位站入选首批省级水利遗产。

三是构建文明创建示范线。坚持每季度举办一次道德讲堂，弘扬中华传统美德；持续用电子屏、文化长廊、廉政小品、展牌展架密集宣传社会主义核心价值观；积极参与属地新时代文明实践，选派人员参加乡村振兴工作。所属单位均荣获工人先锋号称号，1人获评全国水利先进工作者、江苏十大河湖卫士，1人荣获江苏省五一劳动奖章，1人获评省级机关最美家庭。管理处创成全国水利文明单位、江苏省文明单位，所属管理所实现市级文明单位全覆盖。

（四）机制引动，以有序谋划保障文明创建落实

一是创建体系"全覆盖"。建立由处党委统一领导、一把手亲自挂帅的文明创建工作领导小组，将文明创建与中心工作同谋划、同部署。将组织网络覆盖到全处，延伸到班组，落实到人头，形成了主要负责人亲自抓、分管领导重点抓、职能部门具体抓、全员参与合力抓的创建工作格局。

二是创建责任"压得实"。全面推行责任清单、问题清单制度，量化阶段性重点任务，每年明确70余项创建具体内容，对难点问题、薄弱环节集中攻关，推进创建工作细胞化，精神文明创建应知应会手册人手一本，落实创建专职人员、经费、硬件，确保责任落实不务虚、不落空。

三是监督考核"盯得紧"。加大考核问责力度，将精神文明创建工作纳入目标管理考核，实行目标导向、痕迹管理、全程督导，统筹推进述、评、考等环节，健全考核结果通报制度、问题整改落实制度，定期开展主题学习、专题测试，强化结果运用，确保创建工作无盲点、无死角、无漏洞。

三、经验启示

（一）党的建设是引领推进文明创建的重要保障

在谋划创建规划、实施创建项目、举办创建活动中，着力用党的创新理论武装头脑、指导实践、推动工作，深化"四史"宣传教育，弘扬伟大建党精神。继续把党史总结、学习、教育、宣传引向深入，推进"我为群众办实事"实践活动常态化，用职工满意度提升文明单位成效，用创建成果惠及更多职工。深入贯彻落实《关于新时代加强和改进思想政治工作的意见》，坚持开展干部职工思想状

况调研、开展谈心谈话，做好干部职工思想政治工作。注重发挥党委班子成员、支部书记、委员、党小组长的示范引领作用，在学用新思想、志愿服务、文化培育、优质服务等方面展现队伍形象、展示创建成果、营造浓厚氛围。

（二）文明创建是提高单位综合管理水平的有效载体

坚持将创建工作与工程管理、河湖管理、安全生产等中心业务工作同部署、同研究、同考核。紧密结合单位实际，将文明创建与党员领岗示范结合、《洪泽湖保护条例》宣贯与志愿服务结合、业务讲坛与道德讲堂结合、优质服务与文化培育结合、岗位练兵与文体活动结合，总结提炼具有行业特色、符合单位实际、有较强行业影响力的文明创建品牌，形成业务支撑创建、创建促进业务的良性循环，推动文明创建与业务工作双向融合，形成工作合力。

（三）文明创建与单位文化塑造相辅相成

要持续深化社会主义核心价值观和新时代水利行业精神的宣贯，用好"中国好人""大国工匠""最美水利人""治水先贤"的事迹感召人、凝聚人，选树"洪泽湖好人""洪泽湖卫士""青年学习标兵"以点带面。同时，不能关起门来搞创建，着力解决好创建宣传报道质量不高、重点不突出、形式单一、引导力弱、传播力不强等问题，主动挖掘、分类整理、长期保存、巧妙运用创建工作素材，创新开展活动，打造具有浓郁洪泽湖水文化的"一堂"（道德讲堂）、"一队"（志愿服务队）、"一馆"（水情教育基地）等创建项目。

（四）完善的创建工作机制是文明创建工作的基础

在机制设计上，将创建工作任务量化到岗、细化到人，形成"合分"的工作局面。"合"的是工作抓总，对照工作标准提出工作要求、进行活动策划；"分"的是责任分工，对照规划进行活动实施、成效宣传。既马上就办、真抓实干，又滴水石穿、久久为功，确保创建工作有人抓、可落地、见成效。在实务操作中，致力于创建标准化，将图片资料、展牌展板、说明报告、取得荣誉等模板化、清单化、规范化，打造可推广、可复制的文明创建工作案例；致力于活动策划成系列、多形式、创品牌，通过开展群众喜闻乐见、贴近基层实际的活动，让职工成为精神文明建设的主角。

党建引领强根基　淮畔盛开文明花

——安徽省临淮岗洪水控制工程管理局党建引领文明创建

【摘　要】安徽省临淮岗洪水控制工程管理局（以下简称"管理局"）隶属于安徽省水利厅，在习近平新时代中国特色社会主义思想的指引下，积极探索实施"党建+文明创建"工作模式，紧紧围绕全局中心工作，把党建引领作为文明创建的强"引擎"，突出"四聚焦"，深入开展群众性精神文明创建活动。

【关键词】党建引领　文明创建　品牌特色　丰富载体

一、背景情况

管理局隶属于安徽省水利厅，主要负责临淮岗洪水控制枢纽工程的管理、养护、维修工作，按照安徽省防汛抗旱指挥部的调度命令实施防汛调度，受安徽省水行政主管部门授权，承担管理范围内水行政执法职责。临淮岗洪水控制工程涉及河南固始和安徽霍邱、颍上、阜南4县，为一等大（1）型工程，集水面积4.2万平方千米，工程管理战线长达77千米，工程现场地理位置偏僻，闸坝基层管理单位远离城镇，生产条件艰苦，职工居住较为分散，精神文化生活相对匮乏，精神文明创建尤为重要。管理局在习近平新时代中国特色社会主义思想的指引下，积极探索实施"党建+文明创建"工作模式，紧紧围绕全局中心工作，把党建引领作为文明创建的强"引擎"，突出"四聚焦"，深入开展群众性精神文明创建活动。

二、主要做法

（一）聚焦"高站位精部署"，构建文明创建良好之局

始终高度重视文明创建工作，把文明创建工作作为推动单位高质量发展的重要抓手，坚持党建引领，统筹谋篇布局，确保创建工作有组织、有思路、有措施、有队伍、有保障，持之以恒深入开展文明创建工作。

一是突出党的领导核心作用。强化党委对精神文明建设的领导，形成党政主要领导亲自抓、分管领导具体抓、班子成员配合抓、职能科室重点抓、相关科室协作抓、全局上下共同抓的文明创建协调联动工作机制。

二是突出规划设计引领作用。紧密围绕中央、省委和厅党组关于文明创建重大决策部署，研究印发《管理局创建省部级文明单位工作规划》，细化分解创建任务，同时把精神文明建设纳入年度党建工作要点和管理局"十三五""十四五"发展规划，确保文明创建工作稳步有序推进。

三是突出人力财力保障作用。明确文明创建专责机构，组建工作专班，着重抓好全局创建工作的宣传、协调、督查和指导，充分凝聚创建合力。将文明创建纳入年度经费预算安排，确保文明创建工作常态长效推进。

（二）聚焦"学理论笃信念"，筑牢文明创建思想之基

人民有信仰，民族有希望，国家有力量。把理想信念教育作为文明创建工作的中心环节，通过党委理论学习中心组学习、党支部"三会一课"、主题党日活动，依托红色资源现场教育，深化中国特色社会主义和中国梦学习宣传实践，持续强化党员干部理想信念。

一是厚植政治优势，强化理论武装。把习近平新时代中国特色社会主义思想、习近平总书记关于精神文明建设重要论述和党的十九届历次全会对精神文明建设的部署要求作为党委理论学习中心组学习和局属六个党支部"三会一课"必学内容，制订年度学习计划，压紧压实各级党组织的主体责任和主要负责同志的第一责任，通过党委中心组定期学、班子成员带头学、党支部专题学、党员干部集中学、青年群众跟班学，营造学习的浓厚氛围，不断增强全体职工理论素养和业务能力。

二是开展主题教育，把紧思想"关口"。管理局先后深入开展"三严三实""两学一做""不忘初心、牢记使命"和党史学习教育等主题教育,制定实施方案,列出计划清单,集中订购《中国共产党党内法规汇编》等学习书籍500多册。组织党员干部赴渡江战役纪念馆、安徽省委党校党性教育馆等红色教育基地和爱国主义教育基地深入开展党史、新中国史、改革开放史、社会主义发展史教育和革命传统教育,结合实际开展正反两方面警示教育,筑牢职工理想信念"总开关"。

(三)聚焦"讲文明树新风",锤炼文明创建品质之魂

坚持把核心价值观建设、中华优秀传统文化弘扬传承、道德建设、志愿服务、学习型单位建设等贯穿创建活动始终,为文明创建赋能增效。

一是推进核心价值观建设。打造社会主义核心价值观宣传点,设立宣传橱窗,制作宣传展板,深入阐释精神内涵,持续使用电子大屏、文化走廊等密集宣传社会主义核心价值观。坚持每季度举办一期道德讲堂,截至目前,已连续举办19期。组织开展"知史爱党爱国爱社会主义"党史知识竞赛,举办"我心向党·奋进水利"身边人讲述身边先进事迹宣讲,在全局范围内选树道德模范、"最美青工"等一批先进典型,推进以身边事教育身边人。举办"颂党恩、话党情、跟党走"主题文艺汇演,组织观看《厉害了,我的国》《我和我的祖国》等爱国影视作品,充分发挥精神文化产品育人化人的重要功能。定期召开职工代表大会、青年职工座谈会、退伍军人座谈会、团员青年形势政策教育会,提高职工参政议政和主人翁意识,积极营造风清气正、干事创业的良好氛围。

二是推进志愿服务常态化。围绕"关爱山川河流"主题,积极组织开展流域环境清理、义务植树等水利志愿服务活动,用"水利蓝"守护"淮河绿";深入周边乡镇学校,举办"节水护水 从小抓起"主题科普讲座26场,发放节水倡议书1300余份,普及日常生活节水小妙招,宣传推广文明健康绿色环保的生活方式。围绕"彰显社会责任"主题,为打赢脱贫攻坚战贡献水利力量,先后开展孤寡老人慰问、农产品助销、扶贫捐款、结对帮扶、苗木捐赠、梦想课堂、文化扶贫等志愿服务活动10余次,捐款及消费帮扶18.73万元。面对严峻疫情防控工作形势,管理局组织号召80多名职工化身志愿者,变身"大白",积极投身社区疫情防控工作,在服务社会中恪守了初心,在战"疫"一线为党旗添彩。

三是推进文体活动特色化。组织开展"迎新春·送春联""猜灯谜·庆元宵"

等过好"我们的节日"系列活动。聚焦新中国成立70周年、建党100周年及建团100周年等重要年份，组织开展升国旗、歌咏会、重温入党誓词等颇具特色的主题活动。开展职工疗休养、春秋游、健步走活动，举办职工趣味运动会、摄影大赛、征文，以及篮球、乒乓球、羽毛球、游泳、跳绳等赛事活动，积极培育健康向上的单位文化，丰富职工精神生活，引导干部群众爱岗敬业、担当作为。

（四）聚焦"创新路铸品牌"，绘就文明创建辉煌之篇

一是铸造青年品牌"文明号"。以"围绕中心抓创建、抓好创建促发展"为工作思路，以闸坝一线为主阵地，打造文明服务窗口，支持鼓励职工开展创新活动，实施周三"半日谈"活动，自主研发临淮岗工程闸门流量计算软件和工程观测数据处理软件，建立变电所温湿度监测预警和火灾报警系统，成功申报国家级实用新型专利6项。船闸管理所、节制闸管理所先后获评省直机关青年文明号、安徽省青年文明号和全国青年文明号。

二是构建文化建设"示范线"。推进结对共建、融合共进、优势互补。与地方政府签订文明共建合作框架协议，在国家4A级水利风景区——临淮岗水利风景区主题公园打造法治文化广场。联合霍邱县、阜南县人民政府及其水行政主管部门组织开展"世界水日""中国水周""安徽省水法宣传月"宣传活动，提高社会大众节约用水、保护水资源和遵守水法律法规的自觉性。携手国网霍邱供电公司围绕组织同建、理论同学、服务同行、成效同享等方面结对共建，文明辐射凸显成效。

三是做强工程管理"硬支撑"。坚持物质文明建设和精神文明建设"两手抓、两手硬"，以精神文明建设服务保障"打造全国一流的水利工程，建设战略临淮岗、资源临淮岗、数字临淮岗、青春临淮岗、幸福临淮岗"的奋斗目标，促进工程管理水平全面提升，工程效益充分发挥。水闸管理处在安徽省率先实现国家级水管单位零的突破，并连续两次通过国家级水管单位复核；姜唐湖退水闸管理处成功申报省一级水管单位，全局水利工程标准化管理通过安徽省水利厅专家组考评验收。从容应对2018年和2019年流域旱情，成功战胜2020年流域性大洪水，在确保防洪安全的前提下，相机拦蓄上游来水，充分发挥了工程防灾减灾综合效益。2018年、2019年连续获得安徽省水利厅考核优秀。

四是提升人才队伍"软实力"。通过建立10个专业小组，不断加大"人才梯队"

建设。实行项目"揭榜挂帅",推动难题"科研攻关"。组建党员突击队,引导突击队队员在疫情防控、应急值守、抗洪抢险、工程观测、故障抢修中讲奉献、做表率,倾心打造一支"召之即来、来之能战、战之必胜"的国家级水管单位精兵队伍。

五是推动文明创建"结硕果"。通过文明创建活动的深入开展,管理局连续四届荣获安徽省水利厅文明单位和省直机关文明单位称号,2021年荣获第九届全国水利文明单位称号。局工会获得全国农林水利气象系统模范职工之家称号。局属水闸管理处节制闸管理所荣获第20届全国青年文明号、安徽省工人先锋号称号;姜唐湖退水闸管理处连续荣获第十届、十一届阜阳市文明单位称号。1个党支部入选基层党建工作"领航"计划省级培育库。多名职工分别荣获省直机关道德模范、省直机关青年岗位能手、全省水利系统先进个人、安徽省防汛救灾先进个人、全国水利扶贫先进个人等称号。

三、经验启示

多年来,管理局围绕探索实施"党建+文明创建"工作模式做文章,实质上就是要突出政治建设的统领作用,紧扣思想建设中心环节,打好群众性精神文明创建活动"组合拳",凝聚精神文明建设的强大合力,推动精神文明建设行稳致远。

一是文明创建工作关键在"党"。只有始终坚持党的领导,营造出积极向上的党建文化,不断把基层党建工作做强做大,才能以高质量党建"一颗子"激活文明创建工作"一盘棋",才能夯实文明创建工作基础。

二是文明创建工作根本在"人"。人才是发展之基,在文明创建的"长征"路上,一个个"腊子口""娄山关",需要有一支高素质的人才队伍。只有通过文明创建塑造人才,通过党建带团建、党建带工建激活人才队伍,才能为文明创建注入"源头活水",才能凝聚起精神文明建设的强大正能量。

三是文明创建工作重点在"实"。文明创建工作要站在时代前沿,引领风气之先。只有围绕本单位中心工作,不断创新内容和载体,改进方式和方法,才能进一步增强文明创建工作的吸引力与感染力,才能不断巩固扩大精神文明建设成果,以坚强的思想保证、强大的精神动力和丰润的道德滋养推进单位高质量发展。

扎根水利一线 孕育文明之花
——安徽省响洪甸水库管理处文明创建工作案例

【摘 要】 安徽省响洪甸水库管理处(以下简称"管理处")是安徽省水利厅直属单位中驻地离市县最远的单位,位置偏僻,交通不便,职工精神文化生活匮乏。长期以来,管理处坚持把精神文明建设作为提振职工精气神、助推水库改革发展的重要抓手,特别是在连续荣获三届安徽省文明单位称号后,管理处党委始终保持"慢进是退,不进更是退"的紧迫感,自我加压,比学赶超,主动谋划新的创建载体,建成"年季月周日"长效创建机制,建好用好"一屋一馆一房一中心",持续擦亮"道德讲堂"活动品牌,以党史学习教育充分激发文明创建新动能。2021年,在巩固原有创建成果基础上,管理处又成功获得代表水利系统精神文明建设的最高荣誉——第九届全国水利文明单位称号。

【关键词】 文明创建 机制 措施 成效

一、背景情况

响洪甸水库位于安徽省六安市金寨县境内,坐落在淮河支流淠河西源,控制流域面积1431平方千米,总库容26.1亿立方米,居皖西六大水库之首,也是淮河流域库容最大的山谷型水库。偏僻的地理位置,艰苦的工作环境,导致职工精神文化生活匮乏。近年来,管理处在安徽省直机关文明委、安徽省水利厅文明委的关心和指导下,坚持以习近平新时代中国特色社会主义思想为指导,深入贯彻落实党的十九大和十九届历次全会精神,始终坚持"五个文明"整体推进,把精神文明建设贯穿水利"五大发展行动"的全过程,渗透到管理、生产和生活的各个方面,创建工作取得了显著成效。

二、主要做法

（一）做深做实"规定动作"

1. 加强组织领导，夯实创建根基

成立文明创建工作领导小组，完善创建组织网络，建立健全"党建+文明创建"工作机制。创建过程中，管理处党委主要负责人及班子成员带头参加文明创建各项活动，助推创建工作延伸到班组、覆盖到全处职工。坚持把文明创建工作列入重要议事日程，实现文明创建工作与全处重点工作同布置、同督查、同考核，做到每年有计划、有跟踪、有总结。

2. 注重理论教育，巩固创建之本

重视干部职工日常教育管理，充分利用理论学习中心组学习、"三会一课""学习强国"App、意识形态阵地等深入开展习近平新时代中国特色社会主义思想、中国特色社会主义理论和"中国梦"主题宣传教育。定期组织干部职工参观红色教育基地和集中观看警示教育片，广泛开展社会主义核心价值观学习宣传和教育实践，建成具有水利特色的廉政文化阵地，引导全处干部职工衷心拥护"两个确立"，忠诚践行"两个维护"。

3. 传播文明风尚，营造创建氛围

对标《水利系统贯彻落实〈新时代公民道德建设实施纲要〉工作方案》，推进水利职业道德和岗位行为规范建设。结合传统节日、重要纪念日、重大节庆活动等，开展文明交通、文明餐桌、文明旅游、文明上网、文明祭扫活动，组织开展"健步走""同读一本书"等全民健身、全民阅读活动。做好"六安好人""金寨好人"和"最美安徽水利人"等先进典型培养、推荐、评选工作。通过开展一系列活动，不断扩大文明创建的覆盖面和影响力。

（二）做细做精"自选动作"

1. 建成"年季月周日"长效创建机制

"年"——年办职工春晚，坚持开展"我们的节日·春节"系列活动，职工春晚已连续举办8年，职工春晚节目原创率达70%以上，职工参与率达85%。

"季"——季办讲堂，每季度举办一期新时代文明大讲堂暨道德讲堂活动，每期道德讲堂活动受教育职工均在60%以上。

"月"——月有党日，以党支部为单位，定期组织开展理论学习、红色教育、志愿者服务等集体活动。管理处在职党员志愿者注册率达100%，在职职工注册率达93%。

"周"——周周调度，利用每周工作例会，动态督促文明创建工作，及时协调解决创建工作中遇到的问题。

"日"——日日活动，在开展健身走、职工疗休养、职工春秋游的基础上，每晚开放职工健身房、职工活动中心，保障健身有去处、日日有活动。

2. 建好用好"一屋一馆一房一中心"

职工书屋：为倡导全民阅读，建设书香水库，2021年，管理处自筹资金30多万元实施职工书屋提质项目，除图书借阅外，2022年还将增加电子阅览、名曲欣赏、茶饮等服务，营造温馨、舒适、优雅的阅读环境，打造一个集读书学习、休闲娱乐于一体的多功能现代化阅览室。

水库展馆：2021年，结合党史学习教育，为讲好水库故事，管理处实施完成水库展馆一期改造，推动了水利工程档案抢救性整理和志书编撰成果转化。

职工健身房，职工活动中心：逐年完善健身房、职工活动中心硬件设施，保障健身设施完好率达100%，确保职工日日有健身场所。

（三）做优做强"特色动作"

1. 持续擦亮"道德讲堂"活动品牌

自2013年6月举办首期"道德讲堂"以来，管理处通过党委主办、支部轮办、每季一讲的方式，已连续举办9年共33期，道德讲堂活动已走进麻埠镇、油坊店乡、流波䂵镇和六安经济技术开发区等多个库区村镇和社区，活动累计受教育职工群众达5200多人次，道德讲堂不仅发挥了弘扬美德、教育职工的作用，而且达到了宣传水利法规、构建和谐库区的目的，道德讲堂品牌荣获省直机关"五个一成果"提名奖。2021年，管理处相继举办了"水润乡村促振兴 明德尚法树新风""学党史 悟初心 庆七一""迎国庆 颂祖国""恪守初心使命，做合格'答卷人'"4期主题鲜明的道德讲堂活动。

2. 以党史学习教育充分激发文明创建新动能

2021年，管理处把党史学习教育同文明创建结合起来，创新形式手段，丰富创建载体。一方面，组织开展学习强国"学习标兵"评比，编印了党史学习教育口袋书，举办了"看一遍水库志书""进一次水库展馆"活动，引导党员干部重温水库历史、厚植水利情怀。另一方面，组织开展庆祝建党100周年"十个一"献礼活动，策划开展"我为群众办十件实事"活动，既有力推动了文明创建向纵深发展，又有效引导了干部职工在百年党史中汲取奋进力量。

三、经验启示

（一）上下同欲勠力同心，是精神文明建设的力量源泉

近年来，管理处在创建第九届全国水利文明单位、安徽省第十二届文明单位、六安市第十届文明单位等各项创建工作中，始终把全面发动干部职工作为一项重要而紧迫的工作，充分利用一切宣传手段，广泛发动，大力开展一批影响力大、带动性强、干部职工参与热情高的创建活动。管理处党委主要负责人带头参加，其他领导班子成员把创建工作抓在手上，落实在行动上，各级各部门坚决贯彻落实处党委决策部署，精益求精，尽善尽美，全处干部职工团结协作、尽责担当，推动创建工作走向深入。

（二）以人为本创建为民，是精神文明建设的重要基石

"以人为本，提升干部职工幸福指数，是文明创建的出发点和落脚点。"管理处秉承"以人为本，创建为民"理念，坚持问题导向、全面动员，注重解决干部职工的实际困难，努力让干部职工从创建过程中感受到文明创建带来的好处，进而更加主动地投身到文明创建工作中来，通过开展"我为群众办实事"等一系列创建活动，在全处形成了人人关心、人人支持、人人参与的创建氛围。

（三）不断加压自我赶超，是精神文明建设的决胜法宝

管理处从2001年成功创建六安市第一届文明单位到2021年成功创建第九届

全国水利文明单位，20年的创建历程、20年的积累沉淀，不断加压、自我赶超，干部职工前赴后继，使创建工作取得了许多看得见、摸得着、实实在在的改变，单位文明程度持续提高、综合管理水平大幅提升、干部职工幸福感显著增强，管理处先后荣获国家级水利工程管理单位、国家AAAA级旅游景区、水利部水利（水电站）安全生产标准化一级单位、安徽省青少年爱国主义教育基地、安徽省卫生先进单位、六安市首届十佳道德讲堂、六安市第四批廉政文化示范点、六安市学习型党组织示范点、金寨县双拥工作先进单位等称号。

建好"水利·家" 凝聚"家"合力
——济南市水务服务中心文明创建案例

【摘　要】 本案例以济南市水务服务中心(以下简称"中心")为主体,通过建好"五家",系统展示基层单位文明创建工作。中心于2020年在事业单位改革中由7家单位整合组建。中心党总支以习近平总书记倡导的"家风建设"为切入点,总结提炼出"以家为荣　以干为重　以德为先　以民为本"十六字中心好家风,深入打造"水利·家"新品牌,创新提出"泉心水务"工作新模式,用"家"的理念凝心聚力谋发展,打造勤政务实、廉洁高效的班子,着力建设先锋之家、实干之家、清廉之家、温馨之家、奋进之家,形成了以"家"聚心、以"家"聚力、以"家"聚情、以"家"聚廉、以"家"聚智的浓厚氛围。

【关键词】 家风建设　文明创建　建设"五家"

一、背景情况

中心为济南市城乡水务局所属正处级公益一类事业单位,2020年事业单位机构改革过程中由原济南市节约用水服务中心、济南市水资源服务中心等7家单位整合组建。主要承担济南市自建设施供水、节水、再生水(中水)、水资源开发利用、水土保持、农村水利、河湖生态保护、泉水监测等技术支撑和服务保障工作。

成立之初,中心面临着人员数量增加、工作任务交织、历史遗留问题多、人员结构不合理、个人需求多元等实际问题。为解决基层事业单位机构改革过程中存在的问题和矛盾,提高班子的凝聚力、向心力、战斗力,中心党总支深入分析当前水利工作所处的新时代、新背景,以习近平总书记倡导的家风建设为切入点,总结提炼出"以家为荣 以干为重 以德为先 以民为本"十六字中心好家风，着力打造"水利·家"新品牌，创新提出"泉心水务"工作新模式，努力助推中心高质量、高水平健康发展。

二、主要做法

（一）坚守政治建设"主阵地"，着力建设"先锋之家"，大力营造以"家"聚心的氛围

一是把牢思想之舵，凝聚"先锋"共识。以习近平新时代中国特色社会主义思想为指导，强化理论学习，提升党员干部理论水平和政治意识，采取集中学习与个人自学相结合的方式，每年组织集体学习40余次、研讨交流10余次。抓实"学习强国""灯塔在线"、公众号等平台的推广使用，打造"四个一"党史学习教育阵地、党建文化长廊，推动党史学习教育常态化长效化。开展"每周一堂初心课"活动，中层以上干部人人上讲台、讲党课，坚持每日一则励志格言，每月一次专题教育，每年开展一次意识形态分析会和专题培训会，引领干部职工牢牢守住意识形态主阵地。

二是夯实组织之基，筑牢"先锋"堡垒。认真执行《基层组织工作条例》，坚持集体领导，严格落实民主集中制，凡属"三重一大"事项都由集体讨论决定。全面落实"党管一切"要求，将党建与水务工作同谋划、同部署、同落实，以高质量党建引领保障业务工作高质量发展。选优配强支委成员和党务干部，争创"五星党支部"，严格落实"一学两带"制度，抓好"一支部一品牌"创建，不断擦亮"泉心水务"党建品牌。

三是激发奋进之力，锻造"先锋"队伍。深入开展"三亮三比三强"主题实践活动（亮身份、亮标准、亮承诺；比素质、比工作、比贡献；强服务、强本领、强作风），通过佩戴党徽，开展党员公开践诺活动，设立"党员先锋岗"、党员监督公示栏、党务政务公示栏、党员政治生日提示栏等形式，不断增强党员的宗旨意识、党员意识、服务意识。充分利用"道德讲堂"阵地，聘请专家、领导和典型为党员干部讲好思政课、廉政课、修养课，通过组织"法规学习月""业务

能力提升月"等活动,培养选树"业务专家""岗位能手""服务标兵"。

(二)树牢求真务实"风向标",着力建设"实干之家",大力营造以"家"聚力的氛围

一是以"实干"精神涵养干部。大力弘扬"担当为要、实干为本、奋斗为荣"的工作精神,通过主题党日、专题培训会、"实干家"现身说法等活动,开展"合编、合心、合力"专题教育,将奋斗实干理念入心入脑,落地落实,不断筑牢干部职工"靠实干立身、凭实绩进步、以奋斗出彩"的思想自觉和行动自觉。

二是以"实干"标准锻造干部。严格落实省委"严、真、细、实、快"工作要求,大力倡树"谋事务实、作风扎实、工作落实、干在实处、干在前列、干成一流"的工作态度和作风能力,强化岗位历练、实践锻炼、政治淬炼,把年轻干部安排到重要岗位和机关处室培养锻炼,练就"真本领",成为"业务通"。在作风上,让务实功、出实招、求实效成为每个人的习惯,让干出实绩、干出口碑、干出形象成为每个人的人生坐标。

三是以"实干"环境激励干部。完善考核评价机制和担当实干的选人用人机制,用足用活及时奖励政策,每年开展优秀部室、优秀骨干、优秀党员、优秀个人"四优"评比活动,大力表扬在重点任务和专项工作中苦干实干、实绩突出的部室和个人,不断健全有功必奖、有过必罚的有效机制。

(三)耕种廉洁廉政"责任田",着力建设"清廉之家",大力营造以"家"聚廉的氛围

一是教育"促廉",根植"崇廉"自觉。设立廉政专题学习月,开展每月一堂廉政课,每周一则廉政短语,每年组织廉政教育学习12次以上,组织开展线上党规党纪答题测试活动,真正做到"以考促学、以学促廉"。组织全体党员干部观看《利剑高悬 警钟长鸣》《零容忍》等警示教育专题片,以案为鉴、以案示警。选树廉政典型,引导党员干部知底线、明红线、懂规矩、守纪律,形成崇尚廉洁的思想自觉。

二是文化"育廉",培树"倡廉"家风。充分挖掘廉政内涵,打造以史鉴廉、

以诗倡廉、以漫话廉三个板块为主题的廉政文化长廊,设立廉政文化图书角,制作个人警示格言桌牌,设立党员监督公众号,设计"水映清莲"廉政标识,厚植廉政文化土壤,培育清正廉洁之"花"。注重家风建设,总结提炼出"以家为荣、以干为重、以德为先、以民为本"十六字中心好家风,深植家的理念,形成家的共识,让家文化润心育人,切实以好的家风促政风、正行风。

(四)当好干部群众"娘家人",着力建设"温馨之家",大力营造以"家"聚情的氛围

一是无微不至当好"贴心人"。关心关爱职工身体健康,每年组织干部职工健康体检,为职工开设健康讲座、心理讲座等,新冠疫情期间特别开设防疫专题讲座,讲解防范常识,消除职工恐慌。围绕职工常见的困扰和要求,开设心理驿站,建立"拉呱""帮办"等生活关爱机制,常态化开展谈心谈话,随时了解群众的所需所困。

二是关爱纾困办实"暖心事"。积极开展"慈心一日捐"活动,向困难家庭、困难党员群众捐款捐物,近年来为重病家庭、困难职工申请上级困难补助资金近10万元。每逢重要节日,中心领导都要亲自登门看望慰问困难党员群众以及离退休老党员、老干部,把组织关爱送到他们心坎上。积极协调工会、团委和有关部门为单身大龄青年创造脱单机会,利用"三八"妇女节等时机,为妇女开设绣花、绘画、插花等"提能"课程,提高妇女的生活品质。坚持开好新同志欢迎会、老同志欢送会和在党50周年老党员表彰会"三会",大力营造起"温暖和谐"的家园氛围。

三是真情服务架起"连心桥"。疫情期间,组建党员志愿服务队,先后出动50余人次,协助5个社区、6个工地开展疫情防控,并和社区建立疫情防控联动机制,遇有情况随叫随到,共计为社区捐赠2万余元的防疫物资、生活物资。借助"世界水日""全国城市节水宣传周"等重要节点,深入社区开展环境清扫、节水政策宣讲、帮助困难户更换节水龙头等志愿服务活动。选派多名同志参加"万名干部下基层"乡村振兴服务以及"四进"攻坚行动,下沉基层一线,提供帮扶支持,社区为感谢中心的真情服务送上了"不忘初心担使命、深入一线暖人心"的锦旗,大力营造起"连心互助"的家园氛围。

（五）激发创先争优"源动力"，着力建设"奋进之家"，大力营造以"家"聚智的氛围

一是健全机制，从"培"字上下功夫。领导高度重视，专门成立领导小组主抓主管，形成"总支总抓、分管主抓、部室齐抓、层级共管、内外联动"的管理格局。建立奖评激励机制、才能展示平台、人才学习交流机制，激活内部动力，不断提高科研创新能力，开阔创新视野。

二是示范引领，从"学"字上做文章。发挥先进典型示范带头作用，开展"典型助成才"活动，让先进典型带动一个或多个身边同志共同进步、共同提高。开设"典型风采录"，播放典型事迹，让典型成为"网红"。组织"学典型、当先锋""礼敬战疫英雄 弘扬榜样精神"等活动，让抗疫"先进典型"、乡村振兴"记功人员"等讲述奋斗经验，真正在中心形成"崇尚先进、关爱典型、争当标兵"的热潮。

三是注重实效，从"质"字上求突破。结合单位实际研究确立"双争一创三提升"工作目标，组织召开"崇尚实干、有效落实"动员会，传达学习省市领导创先争优的有关指示精神，召开"诸葛亮会"、业务分析会研究制定"提质增效"工作措施，建立"五监管一服务"体系，不断推进水务服务工作规范化、智能化、创新化，不断提升工作标准。

三、经验启示

（一）"家"凝聚了团结一致、勇往直前的合力

中心全体干部职工在"水利·家"的建设过程中进一步统一思想、凝聚共识，在工作中找到了归属感，获得了认同感，形成了"爱中心胜家"的意识，强化了"建中心如家"的责任，提高了"以中心为家"的自觉，做到合心一家人，合力一股绳，切实形成心往一处想、劲往一处使的良好工作局面。

（二）"家"激发了争先创优、干事创业的活力

领导干部带头做表率，引领干部职工在工作调研、监督管理、项目建设、科学研究等各项工作方面，充分发挥攻坚克难、勇于拼搏、事争一流的精神，推动中心工作不断向前发展。全体干部职工在"家"的暖阳下汲取奋进力量，鼓起了

迈进新征程、奋进新时代的精气神。

（三）"家"打造了勤政务实、廉洁高效的班子

通过一个"家"凝聚了共识，打造了有向心力、有凝聚力、有战斗力的班子，通过学以致用、知行合一，不断提升水务服务工作的服务意识、勤政意识、廉洁意识，不断提高分析问题、解决问题、为民办实事的工作能力，锻炼了能力好、素质高、向心力强的党员队伍和骨干队伍，提升了服务社会、服务群众、服务人民的整体能力。

"四大举措"同发力 细微之处显文明

——河南省白沙水库管理局精神文明创建案例

【摘　要】 近年来，河南省白沙水库管理局（以下简称"管理局"）紧紧围绕水利中心工作，以文明创建为有效载体，力行文明之实，务求文明之效，采取"四大举措"，持续不断地开展内容丰富、形式多样的文明创建活动，切实把文明之风融入了干部职工日常，实现了水利业务工作和精神文明建设相互促进、协调发展的良好局面，连续两届被评为河南省文明单位，在此基础上又成功创建省级文明单位标兵，并先后获得全国水利文明单位和国家级水利工程管理单位等荣誉称号，不断为白沙水库文明形象增光添彩。

【关键词】 新格局　党建引领　水文化

近年来，白沙水库坚持把精神文明创建作为一项系统工程和责任工程扎实推进，通过健全机制、压实责任、创新举措、打造特色等途径，进一步将文明创建工作与业务工作深度融合起来，切实让文明创建融入干部职工日常工作和生活的细微之处，达到文明理念内化于心、外化于行的效果。

一、凝心聚力，构建文明创建新格局

文明单位创建是一项系统工程。全局上下树立"一盘棋"思想，党政工齐抓共管，组织网络健全完善，形成了创建工作的强大合力。

一是加强组织领导。建立了由管理局党委统一领导的文明创建工作领导小组，一把手亲自抓，分管领导专门抓，相关部门具体抓，将组织网络延伸到科室，覆盖到全局，做到"千斤重担人人挑，人人头上有指标"。

二是量化创建计划。年初专题研究制定文明创建计划和年度工作要点，年平均开展60多项具体活动。通过每月召开党政联席例会，将文明创建与单位中心工作做到同部署、同落实、同检查、同考核、同奖惩，年初有计划、年中有督查、年底有总结、长远有规划，有效地促进了文明创建与各项事业的协调发展。

三是加强宣传教育。通过局务会、职代会、学习会等多种形式广泛开展宣传发动，使干部职工对创建工作入耳、入脑、入心、见诸行动，形成"人人重视，个个参与"的创建氛围。

二、党建引领，助推文明创建新提升

理想信念是行动的源泉，学习提高是行动的保障。管理局围绕"党建带创建、创建促党建"的工作思路，强化高质量党建引领，摸索出一套符合工作实际的"党建+创建"工作模式，形成了党建与文明创建交汇融合、双向提升的良好格局。

（一）抓理想信念教育练实内功

一是坚持把政治建设摆在首位，持续加强干部职工思想教育，认真制订年度学习计划和专题学习计划，充分发挥党委理论学习中心组、支部"三会一课"等平台作用，深入学习习近平新时代中国特色社会主义思想、党的十九大及十九届历次全会精神、习近平总书记"3·14""5·14""9·18""10·22"重要讲话精神等。二是扎实开展"不忘初心 牢记使命"主题教育、党史学习教育、"作风建设年"活动，深入开展了"中国特色社会主义和中国梦"、形势政策等专题教育活动。三是认真履行全面从严治党"两个责任"，年均开展廉政教育活动近20次，进一步筑牢党员干部防腐拒变思想底线。

（二）抓核心价值观教育凝聚共识

一是通过集中学习、开展活动、展示宣传等方式开展社会主义核心价值观宣传教育，在管理局及库区道路、通道等醒目位置设置核心价值观公益广告。二是在清明节、"七一"、国庆节等重要节点，利用网上祭英烈、诗歌朗诵等方式开展爱国主义教育。三是扎实开展"六文明"系列活动，推动社会主义核心价值观融入日常工作生活。

(三)抓思想道德建设提升素质

一是突出社会公德养成。以扶贫帮困、志愿服务、参与文明城市创建等活动为抓手，践行社会公德，增强社会责任感，树立了管理局良好的社会形象。二是突出职业道德养成。通过开展"践行价值观 争做最美水利人"主题教育实践活动和"水利系统劳动模范先进事迹学习会"等，号召职工端正职业态度，涵养水利精神，不断提升思想觉悟、道德修养和干事创业的精气神。三是突出家庭美德养成。通过开展"传家训、立家规、扬家风"活动、文明家庭评选宣讲活动、参观学习红色家风教育基地等，倡导职工珍惜家庭、关爱家人，维护家庭和睦，形成良好家风。四是突出个人品德养成。注重抓好干部职工日常文明行为养成，真正做到使规矩规范内化于心、外化于行。

三、创新方法，提升文明创建新效能

(一)三个课堂传播风尚

一是新时代"四德"教育文化讲堂。每年围绕"社会公德、职业道德、家庭美德、个人品德"专题教育，持续提升干部职工道德风尚。二是读书交流经典课堂。不定期举办阅读分享会、诗词诵读会、学习交流会等，让全体职工都有机会成为诵读人和主讲人，坚持打造书香白沙。三是文明天使志愿服务课堂。一方面立足行业特点，围绕水利特点开展"关爱山川河流"志愿服务活动，如植树造林护绿、环境整治、走村入校进行《中华人民共和国水法》和水资源保护宣传等；另一方面响应创建文明城市号召，积极开展文明交通、文明旅游、义务植树、无偿献血、帮扶慰问等志愿服务。

(二)以"典"带面发挥示范

每年评选并表彰文明单位、科室、班组4个；文明职工8名；读书学习标兵、文明诚信标兵、学雷锋志愿服务先进个人、优秀精神文明工作联络员等共12名，利用宣传专栏、专题学习会等多种形式大力宣传"最美水利人""优秀共产党员""时代楷模"等先进事迹，通过挖掘提炼先进人物身上的闪光点，充分发挥先进典型对引领行业风尚、践行行业精神的示范带动作用，使广大干部职工在潜移默化中受到教育和熏陶。

（三）以"民"为本润物无声

一是注重人文关怀，营造和谐工作氛围，坚持"月月有活动，人人都参与"原则，开展富有特色的"我们的节日""职工健身月"等品牌活动，设有阅览室、乒乓球室、篮球场、健身房等，文体设施齐全，办公环境优美。二是定期召开职代会，唱响"生日送祝福、困难送帮扶、夏季送清凉、冬季送温暖"四首歌，每年举办健康知识、消防安全、诚信守法等讲座，构建和谐劳动关系，打造暖心职工之家。三是注重帮扶共建。管理局与贫困村结对共建。年均开展慰问帮扶活动10余次，定期组织职工开展捐资助学、抗疫捐款等活动。

（四）俭以养廉风清气正

一是厉行勤俭节约，每年开展"倡导绿色生活、反对铺张浪费""文明餐桌"等主题活动，引导职工建立节俭文明、健康向上、科学卫生的生活方式。二是开展"诚信专题学习会""诚信经营进万家""诚信，让河南更出彩"等主题活动，签订各类诚信承诺书百余份。三是弘扬清洁如水的廉洁精神，打造廉政文化长廊和红色家风家训馆，加强廉政教育，培育廉政文化，举办廉政漫画征集展览活动，营造了"人人思廉，全员助廉"的廉政建设环境。四是利用"世界水日""中国水周"、培训班、讲座、答题活动等开展普法教育，干部职工自觉遵纪守法，无违法违纪案件，无黄赌毒等丑恶现象，无邪教活动，无重大失泄密事件，无刑事案件，无群体性事件。

四、特色文化，激发文明创建新活力

一是将水文化融入日常工作，深入职工心中。创作了主题明确、旋律优美的《白沙水库之歌》，组织编撰《白沙水库志》，制作《颍河明珠》《走进白沙》《追梦白沙》等水文化形象片和宣传画册，举办水文化专题学习培训，不断将水文化特色教育深化、内化。积极挖掘和保护水文化遗产。整理挖掘出"白沙"的由来、白沙宋墓壁画、东岭关遗址、古栈道遗迹等景点，使水文化成为白沙水库的灵魂。

二是将水文化融入环境建设，造就"美丽白沙"。加大投入实施亮化绿化工程，安装坝区太阳能灯210盏，标识牌、宣传牌280个，维修坝区道路1000

多米，环境绿化8000平方米等，"美丽白沙"整体面貌焕然一新。强化科普宣传教育，建成了面积530平方米，集历史回顾、科普展览、宣传教育于一体的水文化展厅，收录珍贵图片资料120幅，实物50余件，为水文化研究和科普教育创造了条件。

三是将水文化融入文明创建，促进正风传播。深入开展具有浓郁水文化特色的"一室、一站、一廊、一苑、一馆"五个一阵地建设，不断丰富活动载体，提升创建工作的质量和品位。

仙岛湖畔风光好

——湖北省王英水库管理局精神文明创建案例

【摘　要】 湖北省王英水库管理局（以下简称"王英局"）大力践行"艰苦创业、团结拼搏、甘于奉献、科学创新"的王英精神，在克难中彰显担当，在攻坚中树立形象，在进取中激励斗志，以"红思想、强管理、抓建设、促文明"为主要抓手，文明创建成效显著，获得全国水利文明单位等荣誉称号。

【关键词】 红思想　强管理　抓建设　促文明

一、背景情况

王英水库位于湖北省黄石市阳新县和咸宁市咸安区、通山县交界处，系拦截长江南岸一级支流富河分支三溪河与蔡贤河而成，是一座以防洪、供水、灌溉为主，兼有灭螺、发电、旅游等功能，是保证武汉、黄石、咸宁、鄂州等21个乡镇49万亩农田灌溉和咸宁、大冶、阳新3县（市）230万居民饮水的主体水源工程。近年来，王英局以党建为统领、以文明创建为抓手，紧密结合水利中心工作，大力践行"艰苦创业、团结拼搏、甘于奉献、科学创新"的王英精神，在克难中彰显担当，在攻坚中树立形象，在进取中激励斗志，文明创建成效显著，获得全国水利文明单位荣誉称号。

二、主要做法

（一）红思想

王英局党委以党建工作为统领，坚持以习近平新时代中国特色社会主义思想为指导，始终坚持把政治理论学习摆在突出位置，以党委中心组学习为龙头，支部学习为依托，有计划地开展政治理论学习。全面系统学习习近平新时代中国特色社会主义思想和系列讲话、党史国情、党纪案例、典型事迹，深化理论武装，严格党内政治生活，强化问题导向，推动了理论学习取得实效。做到党委成员带头讲党课，支部书记上党课全覆盖；加强党员日常学习教育，深入推进"两学一做"学习教育常态化、制度化，拓展完善"主题党日+"活动，积极探索灵活多样、丰富多彩的活动方式方法，突出政策宣讲、志愿服务等主题，形成步调一致、特色各异的活动局面。

落实党建工作责任，健全"两个责任"清单，落实"一岗双责"制度。王英局党委专题研究党建及党风廉政建设工作，开展党建工作交叉督查。完成党建三级联述联评联考工作和支部年度党建考核。认真落实厅直属机关党委部署的各项工作，积极完成了智慧党建项目考评、机关党建和"学习强国"App在线学习、干部在线学习等各项重点工作。开展与扶贫村、社区共建互帮活动，全体党员社区双报到，把支部活动开展在抗疫、抗洪、战贫、工程建设一线。

积极开展创先争优活动，推进"红旗党支部"创建全覆盖。通过抓好"红旗党支部"创建和选树典型活动，在全局形成了比学赶超、竞相发展、争创一流、争当排头的良好局面。

严肃党规党纪，落实全面从严治党主体责任。严格落实中央八项规定精神，紧盯重要节点和关键领域，开展明察暗访、专项检查，防止"四风"问题反弹回潮；运用监督执纪"四种形态"，健全完善教育提醒、谈话函询、诫勉问责等机制。通过多管齐下，支部规范化建设明显增强，"两个责任"体系初见成效。

（二）强管理

王英局狠抓工程管理，以工程千分制考核为抓手，强化细化水利工程日常维护管理，"两库一渠"显新面貌；狠抓防汛抗旱，强化调度，优化预案，细化管理，针对水旱态势及时开闸泄洪或调水，服务民生；狠抓水政执法，加强普法宣传教育，及时制止水事违法行为，有效维护"三区"水事秩序稳定；狠抓水资源管理，加大监管力度，确保供水安全；狠抓水利经济发展，水库城镇供水、水力发电等收入再攀新高。

充分发挥水库工程防灾减灾效益。2020 年 6 月 8 日入梅以来，水库经历了 5 场强降雨。王英水库最高水位达到 69.00 米，水库下游 10 个行政村共计 84 户房屋被淹，交通环库公路受阻 4 处，防汛形势日益严峻。面对汛情，全局干部职工在王英局党委的坚强领导下，坚持人民至上、生命至上，分工协作，密切配合，综合施策，取得了防汛抗洪胜利。特别在水库处于高水位运行期间，全局广大干部职工主动放弃休假，全部到岗到位，各司其职、守土尽责，打好防汛抗洪阻击战、疲劳战，弘扬了艰苦奋斗、无私奉献的水利人精神，在此期间，党员突击队、青年服务队冲在防洪一线。他们"5+2""白 + 黑"、顶风雨、踩泥泞、查隐患、轮值守、风雨兼程，一战到底，诠释了初心使命。2021 年入汛以来水库拦截 2 次强降雨，进行 7 次防洪调度。累计拦蓄洪水 987 万立方米，发电弃水 9035 万立方米，泄洪弃水 1154 万立方米。总体"两库一渠"未出现任何险情，充分发挥了工程的防洪减灾作用。

（三）抓建设

项目建设提速。克服疫情影响、天气雨水影响和市场建材上涨的不利条件影响，抢抓工期，赶抓进度，优化方案，积极协调，跟踪督办，圆满完成了除险加固工程建设投资任务。牢固树立大水利理念，科学编制了《王英局"十四五"规划》，谋划了强基础、增功能、利长远的王英灌区现代化改造工程。经过申报、排查、试点、复核，王英灌区获评首批省级标准化规范化管理灌区和全省第二批节水型灌区，正在全面开启标准化规范化灌区打造。

生态治理护民生。作为咸宁市、黄石市阳新县、大冶市 200 万居民饮水的主体水源工程，王英水库守土尽责，当好人民群众守井人，认真贯彻河湖长制，以持续"清四乱"为抓手，维护河库健康生态，保障水质安全。

（四）促文明

大力宣传"王英精神"，精心开展红色歌咏会、"最美水利人"推荐、"五佳青年""两优一先"表彰，组织策划宣传片制作、王英局歌创作、书画摄影巡展、主题征文比赛、《水利年鉴》编撰、《水库志》出版等一批水文化建设工作，可以说是"百花齐放春满园"。水利文化建设取得丰硕成果，多名职工在全省水利系统"书香三八"读书征文、湖北水利系统书画作品展、庆祝中国共产党成立100周年"身边的党员故事"主题征文中取得佳绩；篮球队也在2021年厅直（江南片）"江南水利杯"篮球赛中摘得桂冠。把水文化和水工程有机结合，打造杨林闸清廉灌区、万秀闸治水名人文化区、机关创文示范区；同时积极开展群众性文明创建工作，有计划开展"五四"采风、主题演讲比赛、趣味运动会、篮球比赛等系列活动，让翰墨书香、欢歌笑语在工作生活中激荡。

2018年5月4日，王英局青年志愿者服务队正式成立，认真践行"奉献、友爱、互助、进步"的志愿服务理念。在王英局党委的正确领导下，志愿服务队先后组织了环保志愿、义务植树、敬老院献爱心、节水护水宣传、精准扶贫、助力"三农"等一系列青年志愿活动，用实际行动践行了雷锋精神、新时代水利行业精神和王英精神。目前，王英青年志愿服务队已形成了鄂东南地区水利行业品牌效应，带动了库区政府、部门、行业、社区、学校、村组积极参与到爱水、节水、护水行动中来。王英青年志愿服务活动得到社会、媒体一致好评，有效树立了王英局良好的社会形象，极大融洽了垂管单位与地方的关系，促进了库区良性管理。

为培养青年职工"多读书，善读书，读好书"的良好习惯，营造健康向上、崇尚学习、学以致用的读书氛围，2018年11月30日，王英局成立了青年读书会。青年读书会坚持就近划片原则，组成四个青年读书会小组。小组坚持每周二集体阅读和业余自主阅读，并每季度举行一次读书交流座谈会。目前，这项活动已形成常态化。青年职工涉猎书籍涵盖政治、经济、社会、党史、历史、管理、技术等内容，极大提升了青年职工的综合素养。目前，结集出版了《王英青年文苑》。通过青年读书会活动，王英局青年职工已养成热爱阅读和积极交流的良好习惯，极大丰富了书香机关、书香家庭创建内涵。

新冠疫情发生以后，王英局党委坚决落实省厅统一安排，自觉服从属地要求，按照"内防反弹，外防输入"要求，做实做细各项防控措施，党员下沉社区报到率100%，完成为民办实事累计1280小时，全局两个小区及三个管理单位均为零感染。

三、经验启示

建库以来,王英局精神文明建设从无到有、从小到大,蓬勃发展、形成声势,呈现出旺盛生机和强大活力。其中得以总结的经验是:以提高职工素养为突破口,深入开展思想道德建设和社会主义核心价值观体系教育;以治理脏乱差为突破口,实施环境改造工程;以实行规范管理为突破口,健全完善各项规章制度;以创先争优为突破口,深入开展群众性文明创建活动。经过不懈努力,王英局先后获得全国水利系统先进集体、省级精神文明单位、综合治理优胜单位、党建先进单位、绿化模范示范单位等多项荣誉称号。

"三心"融合育英才

——湖南水利水电职业技术学院文明创建案例

【摘　要】 党的十九大报告指出，文化是一个国家、一个民族的灵魂。文化传承创新是高校的四大功能之一，文化育人也是全国高校思想政治工作会议和《进一步加强和改进新形势下思想政治工作的意见》提出的重要任务。作为水利类院校，湖南水利水电职业技术学院致力于构建红色文化、传统文化、行业文化深度融合的校园特色文化体系，打造校园特色文化品牌，培养学生的"红心""净心""匠心"，塑造学生爱党报国、热爱中国文化、坚定职业理想的灵魂。

【关键词】 "红心" "净心" "匠心"　文化育人

一、案例背景

2016年12月7日至8日，全国高校思想政治工作会议召开，习近平总书记在会上提出："文化滋养心灵，文化涵育德行，文化引领时尚。加强高校思想政治工作，要注重文化浸润、感染、熏陶，既要重视显性教育，也要重视潜移默化的隐性教育，实现入芝兰之室久而自芳的效果。"教育部先后出台《进一步加强和改进新形势下思想政治工作的意见》《教育部等八部门关于加快构建高校思想政治工作体系的意见》，明确提出要推进文化育人，推进革命文化和中华优秀传统文化教育。

结合水利院校特点，为全面构建"三全"育人体系，推进"十育人"，培养德智体美劳全面发展的时代新人，湖南水利水电职业技术学院先后推出一系列制度和举措，打造"红心""净心""匠心"交融的特色校园文化。

二、主要做法

通过将红色文化、传统文化、行业文化深度融合，涵养学生的家国情怀，培育学生的"红心""净心""匠心"，使之成为"政治强、情怀深、思维新、视野广、自律严、人格正、素质高"的德智体美劳全面发展的优秀人才。

（一）"红心""净心""匠心"呈现多彩课堂

思政课程是立德树人的"主渠道"，也是涵养特色校园文化的主阵地之一，学校将多种文化以多元模式融入思政课堂，培育学生的"红心""净心""匠心"。

1. 红色现场"移"进课堂

学校所处的长沙县及周边红色资源丰富，多处红色教育基地是学校的实践教学基地。为使思政课成为学生真心喜爱、终身受益的课程，学校把思政课堂搬到了红色历史现场。在2021年的党史学习教育中，学校多次组织各种规模、各类形式的"移动"思政课，有的在网络相聚，有的走访现场，杨开慧纪念馆、许光达故居、新民学会旧址等地都留下了师生们的身影。学生在参与、体验中将"爱国""爱党"转化为由内而生的情感认同。

2. "中国故事""声"入课堂

思政课大多理论性强，考验学生的思辨力，学校《毛泽东思想和中国特色社会主义理论体系概论》课程以中国故事为线索串联章节内容，通过"小故事"展现"大布局"，将理论知识具象化，在培养学生大局意识的同时，有效融合专业元素，保证思政课与专业课同向同行。另外，为学生讲好中国故事搭建了"一会二课三基地"实践平台。"一会"即主题班会，积极推动"中国故事"在学生主题班会中发声；"二课"即思政课和第二课堂，开展助力乡村振兴、发现湖湘红色文化等社会实践活动；"三基地"即打造爱国主义教育基地、社会实践基地、中华优秀传统文化基地。

3. 水利精神"潜"入课堂

作为水利院校，水利精神的弘扬与传承尤为重要，学校将其纳入了课程体系，打造了具有水利高职院校特色的"3+1+1+N"思政理论课程体系，其中的第一个"1"就是水利素养教育。以培养"立公心、懂水利、强手脑、润乡村、勤耕读"的全能型大禹工匠为目标，打造融"细水润心、顺水强能、引水活源、乐水向善"四大特性于一体的"溪水"课堂，在全国首开《水安全概论》课程，首编《水安全概论》教材。在新生班级开设《水利职业素养》课程，学分1分。组织师生学习"时代楷模"余元君，组织师生赴省水利科普展示中心、韶山灌区等地开展研学，进一步坚定了学生服务水利事业的决心。

（二）"红心""净心""匠心"交融特色校园文化

以师生喜闻乐见的活动形式将爱党情、报国志等教育与专业元素以及美育、劳育融合，开展"润物无声"的教育。

1. "德""智"相融，"红心"育"匠心"

结合自身水利、建筑专业特点，先后推出"水宝说"系列漫画和"红色记忆"建筑模型大赛。"水宝说"以蓝色节水精灵"水宝"卡通形象为载体，相继制作了"水宝说党史""水宝说水利精神""水宝说水安全战略""水宝抗疫漫画""带着水宝去打卡"等系列漫画，深受学生喜爱，有的漫画在微信公众号上点击量过万。"红色记忆"建筑模型大赛则把认知建筑与了解红色历史相结合。同学们用黏土、瓦楞纸、石子、木条等材料制作精致的建筑模型，展现中国共产党的百年奋斗历史，也呈现了中国建筑发展历程。行业元素与红色基因的有机结合，进一步筑牢了学生的理想信念和为行业奉献的决心。

2. "德""美"相融，"净心"连"红心"

2021年，一场"群英绣党旗，同心颂党恩"暨"湘绣非遗进校园"活动拉开了学校"礼敬中华优秀传统文化"活动序幕。活动邀请到亚太地区手工艺大师、国家级非物质文化遗产、湘绣代表性传承人刘爱云老师及其工作室的成员现场指导。活动参与者了解了湘绣的历史、精湛技法及湘绣大师以党心育匠心的感人故事。通过一针一线绣出党旗上镰刀和斧子的过程感受了作为党员的初心和使命以及湘绣文化的无穷魅力，增强了"文化自信"。

3. "劳""智"相融，"红心"播"匠心"

学校将社会实践服务作为重要的劳动教育环节，并将其与脱贫攻坚和乡村振兴等国家战略相结合。在先后开展的"水育潇湘""饮水思源""绿水守护者"河道保护等水利志愿服务中，水利知识宣讲覆盖全省，农村山坪塘改造成效卓著，节水灌溉技术被广泛推广，青年大学生"民间河长"作用发挥显著。志愿服务活动还将开展脱贫攻坚的驻湘西永顺县卓福村的驻村干部吸纳为志愿者，把农村安全饮水、农田水利基础设施建设等项目带到卓福村。开展河道治理，新建护岸、水厂等，涉及资金700多万元。2021年，"节水护水"宣讲团和"高效节水"志愿服务队又来到学校乡村振兴驻村工作队所在的邵阳市隆回县横板桥镇立志村，开展了一系列节水护水的宣传活动，向群众宣传节水小技巧，树立节水护水的环保意识。学校还与湖南省水稻研究所联手打造劳动教育实践基地，开展插秧劳动竞赛，学生走进田间，体会劳动的辛苦与甘甜，培养崇尚劳动、尊重劳动、厉行节俭、艰苦奋斗的美好品格。

4. "美""智"相融，"匠心"呈"红心""净心"

学校把美育作为立德树人的重要载体，将行业文化和红色文化融入各种形式的美育活动，学生既获得审美教育，亦受心灵熏陶。2021年12月29日，湖南省水利厅牵头创作的大型交响合唱专辑《湘水湘情》发布会在学校成功举办。多角度呈现了锦绣湘江厚重、悠久的人文、历史、原生态景观。学生们在现场演绎了专辑作品《满江红·最忆长沙水》和《湘水湘情》，成为以文化人、以文育人的重要实践成果，传播湖湘水文化，积极投身湖南水利事业。除了音乐专辑外，2021年，学校师生还拍摄了"唱支歌儿给党听"拉歌视频，选取学校传统保留歌舞曲目《又唱浏阳河》，呈现师生真挚同唱画面，以声、画、舞多种形式凸显水利院校特色，庆祝建党100周年，获得了社会广泛关注和赞誉。

三、经验启示

1. 必须将校园文化建设与育人紧密结合

学校将红色文化、传统文化、行业文化深度相融，形成课内课外"润物无声"的有机整体，以"三化"培育学生红心、净心、匠心（"三心"），为职业院校将工匠精神与德育、美育等相结合提供了教育范本。学生在各种形式、各类文化的熏陶中展现出坚定的理想信念、强烈的担当意识、过硬的本领能力、不懈的奋斗精神，具备了担当中华民族复兴大任的时代新人的基本特质。

2. 必须打造具有水利特色的校园文化，并形成品牌，提升校园整体育人氛围

如学校目前已经形成"3+1+1+N"思政课程体系。各二级学院形成了标志校园文化品牌，成为学校文化的标志性符号。如水利工程学院：水利志愿服务品牌；建筑工程学院："红色记忆"建筑模型大赛；电力工程学院："水宝说"系列；经管学院："光盘"行动+劳动教育。

党建引领强根基　三德三色促文明

——广州市水务科学研究所文明创建案例

【摘　要】 广州市水务科学研究所（以下简称"水科所"）成立于1978年，是广州市水务局下设的唯一一家水务系统科研单位。水科所坚决贯彻上级决策部署，充分发挥党组织战斗堡垒和党员干部先锋模范作用，坚持党建、文明创建与业务工作同步谋划、同步落实，形成互为促进的良性循环。近几年来，立项和结题科研项目累计10余项，有效做到了党建、文明、业务等齐抓共促。

【关键词】 标准化规范化建设　党建　文明创建

一、基本情况

水科所成立于1978年，是广州市水务局下设的唯一一家水务系统科研单位，致力于为水务行业提供全面系统的第三方检测、水资源（节水）管理、水务自动及信息化、水务新技术研究开发应用等服务，承担水务科研及相关工程咨询、工程检测、工程测绘、水文水资源调查评价、技术开发推广等职能。现有职工276人，硕士22人，专业技术人员约占全体人员的90%，持有资质认定计量认证、水利工程质量检测五甲等21项资质证书。

1994年，水科所被评为广东省水利系统文明单位，2020年、2021年蝉联广州市水务局五星级党支部，2021年荣获第九届全国水利文明单位称号，同年获得广东省科技进步奖二等奖。"十三五"期间，职工人数增加240%，经营产值增加340%，近几年来，立项和结题科研项目累计10余项，有效做到了党建、文明、业务等齐抓共促。

二、主要做法

（一）纲举目张强党建，标准规范夯根基

1. 狠抓思想建设

强化政治意识，建立贯彻落实习近平总书记重要指示批示精神进展情况台账，增强"四个意识"、坚定"四个自信"、做到"两个维护"、忠诚拥护"两个确立"。充分利用学习强国、党员随身微教育、喜马拉雅有声图书馆等落实日常学习，开展 10 余项专题学习，撰写心得 100 余篇、政论 4 篇，其中《党支部标准化规范化建设成效与经验研究》被水利部《水文化》杂志刊用，获 2021 年度水利思想政治工作及水文化优秀研究成果二等奖、广东省优秀水利思想文化研究成果三等奖。

2. 狠抓纪律建设

落实全面从严治党主体责任，建立健全制度 48 项，构建廉政建设长效机制。通过纪律教育学习月活动、廉政谈话、专项整治等落实落细廉政建设，制定党支部书记、所长的权力清单，切实发挥头雁作用，未发生领导干部违规违法问题。持续推进作风建设，少开会、开短会，主动戴党徽、亮身份，自觉接受监督。将党风廉政纳入生产管理绩效考核（占 50%），增加意识形态、安全等考核内容。

3. 狠抓组织建设

落实"党务干部必须是精兵强将"的要求，选配有多年党务工作经验的同志任专职党务干部，配强党小组兼职党务干部。党支部班子设置结构合理、运作协调，班子成员遇到难题和突发事件时能够及时补位、形成合力。根据上级要求制定党建工作要点、意识形态、党风廉政建设、文明工作要点等方案，分工具体、责任到人，每月、每季、每半年进行跟踪总结。

（二）春风化雨倡文明，成风化人明明德

1. 学习以明德

将学习作为文明建设的起点。制定《员工诚信管理制度》，把社会主义核心价值观融入单位规章制度；利用电子橱窗和办公 OA 等形式开展先进典型教育，组织党员干部职工收看"道德模范故事汇"直播，拍摄《清正廉洁家风护》短视

频，组织填报"党员个人家庭、家教、家风情况登记表"，引领全体党员干部进一步树立正确的世界观、人生观和价值观；积极组织推荐最美水利人、文明家庭、广州市劳动模范、广州道德模范候选人等。

2. 诚信以示德

源远更应爱惜，流长仰仗诚信，水科所坚持依法依规经营，强化诚信体系建设，积极营造守信守德的单位氛围，在广东省水利建设和市场信用信息平台上信用分数为100分，在中国水利工程协会企业信用等级为AAA级，获评中国诚信示范企业，获得商务部企业信用等级评价证书，进一步促进全所工作人员树立爱惜荣誉、珍视诚信的优良工作意识。

3. 公益以行德

创新推行"党建＋志愿服务"，制定《党员联系和服务群众工作制度》，主动履行社会责任。近年来，组织党员进社区志愿服务300余人次，发动献血40余人次；联合社区开展为群众办实事，组织节水宣传，帮扶困难老党员、群众等；结对帮扶贫困户6户，为贵州毕节、幸福工程等捐款10万余元，工会扶贫消费15万余元。60多名党员干部参与社区疫情防控工作，先后选派1名青年党员和1名青年职工脱产参与广州市口岸入境旅客转运服务调度专班。

（三）主题活动显初心，温暖单位聚人心

1. 彰显行业特色

亮出水利主题文明创建的特色，助力成功创建广州市节水型城市及节水型社会工作。扎实开展"世界水日""中国水周"主题活动，前往南沙区金隆小学等学校进行地下水和节水科普知识宣讲；组织到社区服务中心、广场、农村等地进行节水和污水处理的宣传，推广家庭节水技巧，免费派发推广节水型器具和节水宣传小礼品；进企业宣传《公民节约用水行为规范》，引导企业员工增强节约用水意识，践行节约用水责任。

2. 增添光荣亮色

开展丰富多彩的主题党日活动，弘扬红色文明之风。组织观看《邹碧华》《大会师》等主题教育影片，开展"粤学党史·粤爱党——打卡广东红"活动，参观中共三大会址纪念馆、农民运动讲习所旧址纪念馆、广州起义烈士陵园等，传承

红色基因，赓续红色血脉，铭记光荣历史，发扬光荣传统，从而进一步激发党员干部在新时代奋勇前行、干事创业的热情和定力。

3. 点缀人文暖色

构建幸福和谐文明单位，扎实开展"四个送"活动。一是"送健康"，每年为职工购买特种重病互助医疗保险、女职工安康互助险；二是"送温暖"，每年组织节日、生日、住院、退休等慰问活动；三是"送文体"，组织开展"我们的节日""新时代文明实践"主题活动，增设职工书屋和职工之家，组建单位篮球队、羽毛球队、乒乓球队等，丰富职工文体生活；四是"送关怀"，每年组织开展"八一"拥军优属座谈会，关心和关爱退伍军人、军属。

三、下一步计划

水科所将继续深入学习贯彻习近平总书记关于精神文明建设的重要指示批示精神，站在时代前沿，引领风气之先，进一步建立健全文明单位创建长效机制，推动实现科学化、制度化、常态化，有效提升文明创建的质量和水平，为奋进新征程、建功新时代提供坚强的思想保证、强大的精神力量、丰润的道德滋养。

（一）坚持党建引领，多维深度融合

印发2022年党的建设工作要点，工作要点附具体工作安排，内容包含党建工作、党风廉政建设、文明创建、业务管理创新等。根据全国、省、市水利精神文明建设工作要求，结合单位实际，制定印发2022年精神文明建设工作要点，内容包含精神文明建设工作、党建工作、业务工作等，认真做好工作分工，压实各项工作责任，切实做到党建、文明创建与业务工作同部署同落实，强化深度融合。

（二）树立榜样标杆，践行使命担当

召开党史学习教育专题民主生活会和党史学习教育总结会，以及2021年度先进表彰大会，认真总结党史学习经验，选树先进典型，激励全体干部职工永葆"忠诚、干净、担当，科学、求实、创新"的水利人本色。开展"传承雷锋精神——迎接温暖春日"主题活动，播放"雷锋精神"主题宣传PPT，组织党员干部职工清扫办公园区，积极投身志愿服务活动和社区疫情防控一线，以实际行动践行初心使命，彰显文明单位风采。

（三）凝心聚力定气，推动高质量发展

以转企改制为契机，积极探索全面推进创新驱动发展，发动全体职工参与创新，努力提升个人、部门和单位的能力水平，全面提高工作效率和规范化管理水平，营造干事创业的良好氛围，为顺利推进转企改制工作，夺取疫情防控和生产经营发展"双胜利"，为实现老城市新活力、"四个出新出彩"，建设天蓝地绿水清的美丽生态广州贡献力量。

党建引领新发展　文明花开生命线

——深圳市北部水源工程管理处精神文明建设实践与启示

【摘　要】　文明，浸润着一个单位的人文气韵，更衡量着一个单位的精神高度。深圳市北部水源工程管理处（以下简称"管理处"）是深圳市"生命线工程"——北线引水工程的建设和管理单位，党总支下设4个支部，在职党员43人。2020年以来，管理处坚持以党建引领精神文明建设和全国水利文明单位创建，以"深化主题、丰富内涵、提升水平"为主题，全面贯彻新发展理念，广泛深入开展理想信念教育、党风廉政建设和群众性文明创建活动，认真履行社会责任，正确处理工程保护与开发、继承与创新的关系，着力解决建设、运行管理与城市发展之间的新问题、新矛盾，点面结合，整体推进"供水安全、水质安全、工程运行安全"三大管理实践，在精神文明建设中迈出坚实一步，2021年再次荣获第九届全国水利文明单位称号，成为深圳水务系统唯一集国家、省、市三级文明单位于一身的事业单位，展现了良好的社会风貌，有力诠释了精神力量助推基层水管工作的"北部实践"。

【关键词】　新时代　精神文明　创建　北部水源

一、背景情况

习近平总书记指出，只有国家物质力量和精神力量都增强，中国特色社会主义事业才能顺利向前推进。管理处2008年获评第七届广东省水利系统文明单位，2015年被评为第七届全国水利文明单位，2020年被复审为广东省水利系统文明单位，2021年被复审为深圳市文明单位。管理处以文明创建为契机，坚持"两手抓、两手硬"，推进引供水工程管理与精神文明双融双促双提升，在服务深圳西北四个区经济社会发展、生态文明建设和人民生活改善等方面发挥了基础性保障作用和战略性支撑作用，为建设美丽、生态"北部水源"提供了强大的思想保证和精神动力。

二、主要做法

（一）立足新起点，高标准高质量推进文明创建工作

根据新时期创建工作总要求，高起点谋划、高标准定位、高质量推进文明创建工作。一是健全创建组织架构，成立以管理处主任为组长的创建工作领导小组，同时抽调各部门业务骨干设立创建办公室和5个工作组，明确各组的工作任务和职责分工，明晰了时间表、路线图和任务单。二是推进创建与业务互融互促，将文明创建纳入管理处发展整体规划和重要议事日程，与业务工作一并部署落实，同时检查考评，印发精神文明建设工作有关方案意见24件，明确了创建重点、主要内容和考核目标，为顺利开展工作奠定了基础。三是高质量开展创建工作，对标全国水利文明单位、深圳市生态文明建设和党建标准化建设标准，每年从部门预算中安排费用近百万元，实现了硬件设施和软件建设逐年提档升级。

（二）坚持党建引领，充分发挥党员干部示范带动作用

建立"党建＋文明创建"机制，将文明创建纳入党建工作总体安排，列为"三会一课""第一议题"学习内容。在党总支和各支部落实全面从严治党主体责任，拟定廉政主体责任清单和风险防控措施表，逐级签订党风廉政建设责任书，完善廉政风险防控机制。注重发挥党组织和党员作用，开展党建"标准＋"活动，建设"三有五好"班子；以建设"五星支部""五星党员"为载体，坚持设立党员防疫"先锋岗"、工程抢险"突击队"、重点项目临时党支部和泵站值守"示范岗"，仅2022年初就选派10名党员干部支援深圳市疫情严重社区的防控工作，在节假日和汛期有近百名干部职工驻守泵站库区生产运行岗位和应急岗位，发挥了先锋模范作用。近年来，全处12人次被评为深圳市水务局优秀共产党员，6人次被评为深圳市和深圳市水务局优秀党务工作者。

（三）深化宣传引导，凝聚全员参与创建合力

以学习宣传贯彻习近平新时代中国特色社会主义思想、社会主义核心价值观、

中国特色社会主义理论和中国梦为重点,通过动员部署、集体学习、定期研讨和个人自学等方式,加深职工对精神文明建设的了解,增强对文明创建的参与和支持力度,提升党员干部的政治信仰、思想观念和道德水平。坚持举办"道德讲堂",组织书记讲党课和公务礼仪,以及开展BIM应用等系列业务培训;每年"七一"前举办"学习强国"之"学习之星"评比表彰,全处40名参与学习的党员中,学习总积分超过2万分的党员有30人,5名总支委员中4名超过5.6万分,4名支部书记中3名超过5.7万分。坚持在办公区、生活区、建设内域张贴标语海报,宣传习近平生态文明思想、"十六字"治水思路,制作党建宣传栏、安全生产宣传栏,出台《员工岗位行为规范20条》,营造和渲染了浓厚的创建氛围。

(四)彰显社会责任,业务工作不断迈上新台阶

以确保工程运行安全、供水安全和水质安全为第一要务,着力强化安全保障体系和运行管理系统建设,全力保障深圳西北部龙岗、龙华、光明、宝安4个受水区约450万人安全充足的原水需求。近三年年均实现引供水量3亿立方米,年年超额完成上级下达的任务,部门预算总体执行率居深圳市水务局14家直属事业单位前列,安全生产责任事故零发生,无干部职工违法违纪情形。推进饮用水水源地"划、立、治"和北线引水工程隐患整改,新建水库隔离围网约15千米,完善界碑、警示牌等标志207个,新增视频监控116处,实施水质生态治理及蓝藻预防治理项目,保障了水质安全。与深圳市直机关工委组织部、市关爱行动公益基金会及5家用水企业开展支部结对共建和"我为群众办实事"活动。组织参与深圳市委组织部"一对一"挂点联系社区工作10次,推进落实民生事项3个,向社区赠送党建书籍200余册。坚持组织开展党员志愿服务,党员干部和团员青年积极参与"观湖街道4H志愿品牌服务项目"、深圳市垃圾分类志愿督导服务。目前,全处"深圳义工"在册人数达到46人,其中党员26人。

(五)加强内部管理,形成民主公开长效创建机制

不断完善内部控制机制,在各岗位、各环节严格落实标准、规范、定额和考核。严格落实民主集中制,从严执行党总支会议和主任办公会议重大问题议事规范,按照领导班子分工和部门职责逐级落实责任,领导班子成员在安全生产、党建等领域实行"一岗双责",对"三重一大"问题、项目招标采购等事项充分发

扬民主，由领导班子集体研究决策。全面梳理修订规章制度，优化机制流程，推行"双周"例会制度，量化双周工作任务；施行部门预算执行责任主体清单制度，实行双周通报、月度公示，出台预算绩效考核实施细则。扎实开展"三标三创"工作，即党建标准化、安全生产标准化、水库管理标准化建设，开展国家级水管单位、全国水利文明单位、安全生产标准化一级单位达标创建，累计拟定修编标准化制度规程48个，修编各类预案25个，共约68万字。

（六）丰富实践活动，营造健康文明向上的文化氛围

文明始于心，创建践于行。开展形式多样、主题鲜明的实践活动，职工参与率100%。一是选派青年参加深圳市直机关工委"时代新人说"演讲比赛、深圳市水务局庆"五四""青年节里青年说"活动。举办庆祝建党100周年"党史知识竞赛"、经典歌曲演唱比赛，到中共宝安县一代会教育基地、东江纵队纪念馆、深圳革命烈士陵园、"胜利大营救"纪念碑等爱国主义和红色教育基地开展主题党日活动。二是开展各类文体活动，举办"七一"演讲比赛、"八一"复退伍军人座谈会，春节慰问等活动，定期举办球类比赛，每年举办职工运动会和环茜坑水库长跑比赛，在停水检修期开展"党建引领团队凝聚力提升"培训和"徒步巡查生命线、呵护供水大动脉"活动。三是开展模范机关创建、节水型机关创建活动，对卫生洗漱设施进行节水改造，2020年顺利通过市水务局节水型机关验收；开展爱国卫生运动，组织卫生清洁、植树节义务植树等活动8次，300余人次参与。四是扎实开展法治宣传和诚信体系建设，通过开展"3·22""12·4"专题水法普法宣传活动，积极参与水利工程招投标诚信体系建设，对合同履约情况进行抽查和评价，确保中标人严格履行合同义务，提升了政府投资项目绩效管理水平。

三、经验启示

（一）精神文明建设与党建互融互促是取得实效的保证

用党的理论思想指导精神文明建设，是建立"党建＋文明创建"组织动员机制和作用发挥机制的唯一途径。只有把全面从严治党落实到文明创建工作中，坚持党建引领党风廉政建设、作风建设和队伍建设，才能充分发挥党组织战斗堡垒作用和党员干部先锋模范作用，才能实现党建与文明创建互融互促，保证创建工作不偏向、不走样、不落空。

（二）精神文明建设贵在全员参与并突出群众利益至上

精神文明建设事关群众的切身利益，只有坚持围绕群众最关心、最直接、最现实的利益问题，通过积极探索和创造更多更加贴近实际、贴近群众、贴近生活的有效载体，才能使精神文明建设活动开展得有声有色、富有实效。只有把推进精神文明建设的过程转化为保障和改善民生的实际行动，才能有效推动两个文明协调持续发展，确保文明之花常开不败。

（三）精神文明建设只有创新载体才能永葆生机

抓好精神文明建设工作，必须在思想观念、内容形式、体制机制、方法手段等方面大胆创新，使其更好地体现时代性、把握规律性、富于创建性。只有审时度势、因势利导，创新内容和载体，改进方式和方法，持续积极利用互联网、移动通信等先进传播技术，进一步丰富手段和载体，反对形式主义、官僚主义，才能在实践中不断满足人民群众日益增长的精神文化需求，使精神文明建设更具时代感和吸引力。

"12315"精神文明建设工作法打造精神文明建设新高地

——新疆塔里木河流域干流管理局文明创建案例

【摘　要】 近年来，新疆塔里木河流域干流管理局（以下简称"干流管理局"）始终以习近平新时代中国特色社会主义思想为指导，深入学习贯彻党的十九大和十九届历次全会精神，完整准确贯彻新时代党的治疆方略，牢牢扭住新疆社会稳定和长治久安的工作总目标，聚焦启航新征程，奋进新时代，坚持守正创新，积极担当作为，大力弘扬和践行社会主义核心价值观，不断推动党史学习教育常态化制度化，持续开展"我为群众办实事"实践活动，不断深化群众性精神文化生活，创新推出以"一个中心、两份文件、三个层面、一条主线、五项任务"为主要内容的"12315"精神文明建设工作法，不断推动精神文明建设工作保持积极发展态势、展现良好时代风貌。

【关键词】 塔河读书人　水利工程管理标准化　学术年会　理想信念教育

一、背景情况

当前，干流管理局水利事业正处于贯彻新发展理念、构建新发展格局、推动新疆水利事业高质量发展的重要阶段，精神文明建设不仅是促进新疆水利高质量发展，全面巩固拓展脱贫攻坚成果同乡村振兴有效衔接的战略之举，而且是打通宣传群众、教育群众、引导群众、服务群众"最后一公里"的重要举措。干流管理局创新推出"12315"精神文明建设工作法，不仅为党的二十大胜利召开营造了浓厚的社会氛围，也为奋进新征程凝聚了强大的精神力量，更为实现全体人民精神生活共同富裕创造了有利条件。

二、主要做法

"12315"文明实践工作法即"一个中心、两份文件、三个层面、一条主线、五项任务"。

（一）"一个中心"明思路

干流管理局始终以习近平新时代中国特色社会主义思想为指导，全面贯彻落实党的十九大和十九届历次全会精神，深入学习贯彻习近平总书记关于宣传思想工作和精神文明建设的重要思想，深入学习领会习近平总书记"节水优先、空间均衡、系统治理、两手发力"治水思路和关于治水的重要论述和重要指示批示精神，自觉对表对标，精准贯彻落实，推动党的创新理论在干流管理局落地生根、开花结果，教育引导广大水利干部职工深刻领悟"两个确立"的决定性意义，进一步增强"四个意识"、坚定"四个自信"、做到"两个维护"。大力弘扬和践行社会主义核心价值观，不断巩固拓展党史学习教育成果，持续深入开展"我为群众办实事"实践活动，有序开展特色主题活动，扎实做好形势政策宣传教育，不断加强思想道德建设，充分发挥先进典型作用，紧扣推动新阶段水利高质量发展目标路径，深化拓展群众性精神文明创建活动，广泛开展文明风尚行动，持续做好水利诚信建设，不断扩大水利志愿服务的覆盖面和影响力。

（二）"两份文件"压担子

一是以干流管理局党委名义印发了精神文明建设工作要点，明确年度精神文明建设工作任务，推动精神文明建设工作要有形有感有效。二是结合工作实际将《自治区级精神文明单位测评体系》《全国水利文明单位测评体系》工作任务进行分解，明确职责到责任单位和具体责任人，确保各项工作落到实处。

（三）"三个层面"全动员

1. 局党委层面

干流管理局党委始终将精神文明建设工作纳入党委重要议事日程，与党的建设、意识形态、水利中心工作同安排、同部署、同落实、同检查、同考核，形成了党委统一领导、文明办牵头负责、各单位各科室通力协作、全体干部职工共同参与的工作格局。

2. 局属各单位、机关各科室层面

一是深入推进"精神文明建设+党的建设"工作模式。结合党支部标准化规范化建设、党员"双报到、双服务、双考核""党旗映天山"主题党日活动、党支部"三会一课"、廉政文化建设、青年政治理论学习等,将精神文明建设融入党的建设各项工作。借助"学习强国""干部网络学院""法宣在线""石榴云"等平台,深入学习《新时代爱国主义教育实施纲要》《新时代公民道德建设实施纲要》《关于全面深入持久开展民族团结进步创建工作 铸牢中华民族共同体意识的实施意见》等内容,把学习转化为解决问题的实际本领,让学习教育成为破解工作难题、提高工作水平的"金钥匙"。借助党员"双报到、双服务、双考核"常态化开展学雷锋志愿服务和水利志愿服务,借助"党旗映天山"主题党日活动,开展社会主义核心价值观融入社会生活系列活动,借助"廉洁文化"长廊建设,深入宣传伟大建党精神等。干流之声FM1321微信公众平台自2017年3月开通以来,坚持每日推送一期不间断,展示各族干部职工团结奋进、积极向上、拼搏进取的良好精神风貌,传递各族干部职工爱国爱党爱社会主义的家国情怀,现已成为全局上下沟通交流、情感共鸣的精神家园。

二是深入推进"精神文明建设+水利业务"工作模式。将精神文明建设与水利工程管理标准化建设、水利安全生产标准化达标、日常水行政执法、生态输水等深度融合,通过水利工程标准化建设、规范日常水行政执法工作流程、持续实施向塔河下游生态输水等,将物质文明、精神文明、生态文明有机结合,不断丰富深化精神文明建设的内涵。在干流管理局成立10周年之际,打造"绿色颂歌"水文化展厅。持续开展4届水利学术年会,邀请全国各大高校、科研院所的专家、学者对话塔河、宣传塔河。连续举办5届"塔河杯"全国有奖征文比赛,在扩大塔里木河影响力的同时,极大地丰富了干部职工的精神文化生活。一年一度的"趣味运动会""跨年健步走""迎新春·送春'廉'"等"我们的节日"系列活动,在丰富职工业余生活的同时,不断增强了单位的凝聚力和向心力。

三是深入推进"精神文明建设+民族团结进步示范创建"工作模式。大力弘扬以爱国主义为核心的民族精神,培育和践行社会主义核心价值观,为民族团结进步事业注入强大的精神动力和思想保障。将精神文明建设与民族团结进步示范创建深度融合,通过开展民族团结进步教育、选树民族团结进步先进单位和先进个人、学习宣传民族团结进步先进典型、开展民族团结联谊活动、打造民族团结进步示范点、征集民族团结微视频等,将精神文明建设贯穿于民族团结进步示范创建工作的全过程和各方面。

3. 干部职工层面

干部职工全员参与精神文明建设。干流管理局本着"人人参与文明创建,人人共享文明成果"的原则,始终把调动全体干部职工的文明创建意识放在文明创建工作的突出位置。不断增强全体干部职工的综合素质和自觉参与创建的能动性,把创建工作由"静"变"动",实实在在活起来。干部职工参加志愿服务、学习"学习强国"、政治理论学习以及文明家庭、文明科室、文明站点、民族团结进步"好科室"和"先进站所"创建实现全覆盖。

(四)"一条主线"贯始终

近年来,干流管理局始终将社会主义核心价值观贯穿到道德建设和思想政治工作的各方面和全过程,使每个人都能感知、领悟,内化为精神追求,外化为自觉行动。通过举办道德讲堂、读书活动、演讲比赛、知识竞赛、技能竞赛、歌咏比赛、民族团结联谊活动和主题党(团)日活动等,将社会主义核心价值观贯穿于日常工作生活的全过程和各方面。

(五)"五项任务"增实效

1. 文化润疆取得丰硕成果

通过学术年会、水利工程管理标准化培训、干流之声FM1321微信公众平台和塔河读书人等,持续开展群众性精神文化活动,加大塔河干流生态保护和治理成果宣传报道力度,弘扬正能量,传播主旋律。

2. 中华民族共同体意识根植心灵深处

常态化开展发声亮剑活动,坚定不移推进国家通用语言文字教育。每周一均举行升旗仪式并在国旗下宣讲,引导各族群众牢固树立休戚与共、荣辱与共、生死与共、命运与共的共同体理念,推动各民族坚定对伟大祖国、中华民族、中华文化、中国共产党、中国特色社会主义的高度认同。

3. 生活生产生态实现共赢

积极践行"绿水青山就是金山银山"理念，自2000年第一次生态输水开始，累计输送生态水87亿立方米，水头16次到达尾闾台特玛湖，塔河下游植被恢复和改善面积持续扩大，沙化面积逐步减少，塔里木河生态系统不仅"锁"住了沙漠的蔓延，还给绿洲带来了盎然生机。

4. 石榴花开别样红，民族团结情意浓

通过开展民族团结进步示范创建，将"我为群众办实事"贯穿于始终。近年来，全局干部职工结亲走访累计12000人次，开展民族团结进步创建联谊活动100余场次，累计为各族群众办实事好事3000余件，向困难群众捐物2000余件，捐款6万余元，帮助基层群众就医30余人次、就业293人次、入学12人次。各族群众在来来往往、聚聚聊聊中融洽感情、增进了解、加深情谊，中华民族共同体意识慢慢沁入各族群众的心田。

5. 学雷锋志愿服务有声有色

大力弘扬"奉献、友爱、互助、进步"志愿服务精神，以助力疫情防控、服务群众为主线，组织开展了"抗疫有我·党徽在闪耀""文明交通志愿行""关爱山川河流""城市让生活更美好·你我让环境更美好"等志愿服务，用自己的实际行动为营造良好的社会生活环境做出了积极贡献，用心用力用情为人民群众做实事办好事，受到了社区居民的一致好评。

三、经验启示

（一）精神文明建设要重在日常，抓在平常

精神文明建设要重心在"实"上，要出实招、鼓实劲、求实效，以求真务实的态度把精力用在平时，以真抓实干的作风把工作落到实处，齐心协力推动精神文明建设工作务实开展。精神文化产品潜移默化地影响着人们的思想观念、价值判断、道德情操，对培育和弘扬社会主义核心价值观具有不可替代的作用。思想政治教育是一切工作的生命线。干流管理局党委立足基层站点较分散、人员集中难、青年职工占比大的工作实际，创造性地建立了干流之声FM1321微信公众平台、学术年会、水利工程管理标准化建设和塔河读书人四个精神文化品牌，通过

每日一期"干流之声"图文信息、每周一期"塔河读书人"、每年一场学术年会和定期举办水利工程管理标准化培训,在抓好精神文明建设的同时,以"春风化雨""润物细无声"的方式,教育引导广大青年坚定理想信念、积极担当作为、扛起使命责任。

(二)精神文明建设要找准发力点,瞄准关键点,把握着力点

近年来,干流管理局党委通过"精神文明创建+"的方式,实施了"精神文明建设+理想信念教育""精神文明创建+党的建设""精神文明创建+民族团结进步示范创建""精神文明建设+水利业务工作"的方式,在单位人手紧缺、基层站点较分散的情况下,高质量完成了"不忘初心、牢记使命"主题教育、党史学习教育、民族团结进步示范创建、党支部标准化规范化建设和塔河下游生态环境保护等工作,多措并举,大力弘扬和践行社会主义核心价值观,充分发挥精神文明建设举旗帜、聚民心、育新人、兴文化、展形象的使命任务,运用系统思维推动精神文明建设工作与各项工作深度融合,使各项工作同频共振,同向发力,同轴运转,不断满足各族干部职工对美好精神文化生活的需求,为促进干流管理局水利事业高质量发展提供了强大精神力量。

围绕中心抓创建　履职尽责促发展

——衡阳水文中心"三三制"文明创建实践

【摘　要】 开展文明创建是落实理想信念教育、社会主义核心价值观建设、思想道德建设、文明风尚行动等的具体体现,是全面提升单位综合实力、促进职工整体素质不断提升、塑造行业良好形象的系统工程。近几年,衡阳水文中心(以下简称"中心")坚持习近平新时代中国特色社会主义思想为指导,以"文明创建永远在路上"的积极姿态,通过建立三项机制,突出三个抓手,坚持三个结合,在文明创建方面进行了生动的探索与实践,取得了良好的实效。

【关键词】 三项机制　三个抓手　三个结合

一、背景情况

中心是为防汛抗旱、水资源管理和水生态环境保护提供技术支撑的职能部门,现有在职职工71人,退休职工59人,机关内设7个科室,下辖8个县级水文局。近几年,中心坚持"文明强素质、文明促管理、文明建和谐、文明谋发展"的工作理念,围绕中心抓创建,促进了水文事业的全面发展。2014年,中心成功创建湖南省文明单位;2016年,荣获湖南省文明标兵单位、省直模范职工之家和湖南省抗洪抢险先进集体等称号;2021年,荣获全国水利文明单位称号。

二、主要做法

(一)建立三项机制,助力文明创建

1. 建立工作机制

紧紧围绕文明单位创建目标,成立了以党委书记、主任为组长,班子副职为

副组长,中心所属各单位、机关各科室负责人为成员的文明创建工作领导小组,制定了创建方案,明确了创建措施,分解了创建任务,形成了各负其责、齐抓共管的工作格局。

2. 建立保障机制

为了使文明创建工作向深度与广度拓展,中心多渠道筹措资金,确保创建活动有经费保障。近几年来,中心利用项目建设投入,加大了水文信息化、水文现代化建设力度,提升了水文服务社会的能力。在硬件建设方面,完成了机关院落的绿化、亮化、净化、序化"四化"建设,建成了道德讲堂,职工之家中的食堂、阅览室、健身室、活动室、职工公寓等功能一应俱全,职工的获得感、幸福感得到提升。

3. 建立宣传机制

为营造浓厚的创建氛围,我们在机关院内设立专题宣传栏和宣传牌,在办公楼大厅及各楼层张贴了行业特色的文明宣传用语,打造了水文文化墙,给职工发放了《文明创建工作手册》。先后开展了"全民阅读进机关"、摄影作品展、网络知识竞赛等各项活动,调动了干部职工文明创建工作的积极性。

(二)突出三个抓手,推进文明创建

1. 以职工教育为抓手,提升职工素质

我们坚持用习近平新时代中国特色社会主义思想铸魂育人,深入学习贯彻习近平总书记关于加强社会主义精神文明建设的重要论述精神,加强社会主义核心价值观的教育,使每个职工真正学懂弄通,并自觉践行。衡阳水文作为一个技术部门,始终坚持在能力上下功夫,积极响应湖南水文实施全员培训的号召,在耒阳打造了业务培训基地,精心打造学习型单位。同时,我们还持续开展了"五个促学"活动。坚持以赛促学,实行"一年一赛",每年举办一次水文勘测工技能竞赛;坚持以考促学,实行"一季一考",营造了浓厚的学习氛围;坚持以练促学,实行"一月一练",提升了职工的实操技能;坚持以讲促学,实行"一周一讲",基层单位每周完成一次业务讲座,使学习成为常态化;坚持以奖促学,实行"成才有奖",每年评选一批学习标兵进行表彰奖励,建立了学习激励机制。通过多措并举,职工学习的积极性空前高涨,综合素养得到全面提升。

2. 以规范建设为抓手，提升管理水平

近几年来，我们在县域水文局持续开展了规范化建设，建成了基层水文服务平台，开发了水情值班系统，完成了管理体系文件汇编，编制了各种方案预案，规范了对外服务行为，实现了管理制度化、测报标准化、办公信息化、设施可视化。近年来，中心还在部分县局开展标准化建设、规范化服务、精细化管理试点工作，通过细化工作任务，明确工作责任，推动县域水文规范化建设再上新台阶。

3. 以绩效考核为抓手，提升创建执行力

通过实施最严谨的工作标准、最严格的绩效考核、最严厉的工作问责，强化了干部职工的责任担当，提升了文明创建工作的执行力，确保了文明创建的工作成效。

（三）坚持三个结合，做实文明创建

1. 同工作职能相结合

湖南是一个洪旱灾害易发多发的省份，水情是最大省情，水患是最大的忧患。衡阳水文人时刻牢记习近平总书记"守护好一江碧水"的殷殷嘱托，坚持人民至上、生命至上，践行治水新思路，进一步做好水文章、保护水环境、维护水生态、确保水安全。每当防汛抗洪的关键时刻，衡阳水文人总是挺身而出，冲锋在前，及时开展应急监测，收集水文信息，强化预报、预警、预演、预案"四预"措施，为各级政府指挥防汛救灾提供科学的决策依据；在水资源管理方面，完成了由单一的水质监测向服务社会、服务水资源管理与保护的转变；我们还积极助力乡村振兴工作，积极开展农村安全饮水水质检测，确保群众能够喝上安全水、放心水。

2. 同创先争优相结合

中心以文明创建为契机，始终坚持以建设一支"思想好、作风正、业务精"的队伍为目标，内强素质，外树形象。狠抓作风建设，打造最强执行力的水文队伍，通过开展各种创先争优活动，水文职工干事创业的积极性得到提升，工作成效凸显。近年来，中心服务窗口获得地市级青年文明号称号，部分职工分获全国技术能手、湖南省技术能手、全国水利技术能手、湖南省十大水利工匠、全国水利先进工作者、地市级芙蓉百岗明星和青年五四奖章等一系列荣誉称号。在湖南省水文系统绩效考核中，中心已连续10年获得先进单位，近5年来有3次位居

全省前茅。

3. 同"八城同创"相结合

近年来，衡阳市提出了"八城同创"的宏伟目标，中心积极响应，争当各项创建工作的排头兵，并将单位的文明创建工作同地方"八城同创"紧密结合，开展了一系列志愿服务活动。志愿者注册率达到100%，志愿者全力参与疫情防控、乡村振兴等工作，开展义务植树、义务劳动、无偿献血、社区爱心服务、文明交通劝导、文明网络传播、保护母亲河、帮助贫困学生、帮扶贫困孤寡老人、看望福利院残疾儿童等系列活动，营造了奉献、友爱、互助、进步的良好风尚。

三、经验启示

（一）规范内部管理，水文发展催生新魅力

进一步加强和规范了内部管理，为构建长效机制开展了一些有益探索，财务管理、人事管理、业务技术管理等方面都得到了加强，监测方式改革取得了新成效。

（二）提高队伍素质，水文发展注入新动力

人才是第一资源，是衡阳水文发展的关键力量。中心从加强青年职工队伍建设着手，促进职工队伍整体素质的提高。出台了多条助力青年职工成才成长的工作措施，"五个一"水文人才培养计划、湘南片联合举办业务培训的工作机制，使干部职工的文明素养、业务能力、纪律规矩意识都得到有效提升，为水文发展注入了新动力。

（三）提升工作业绩，水文发展彰显新成效

近几年来，中心水文监测资料优秀率达到了90%以上，成果质量稳步提高；水情预报合格率达到了95%，防汛服务得到地方政府的肯定。

（四）增强幸福指数，水文发展焕发新活力

通过文明创建，职工学习、工作干劲更足，生活幸福指数更高，水文获得感更强，生活品质得到大幅提升，水文事业发展焕发出新的活力。

文明创建工作助推了衡阳水文事业高质量发展。今后，中心将进一步深化文明创建活动，不断强化管理，优化服务，提升素质，使文明创建工作向更高层次、更高水平迈进，为经济社会发展做出新的贡献。

图书在版编目（CIP）数据

文明花开水中央：水利系统文明单位创建优秀案例.2 / 水利部精神文明建设指导委员会办公室主编. -- 武汉：长江出版社，2023.11
ISBN 978-7-5492-9254-7

Ⅰ.①文… Ⅱ.①水… Ⅲ.①社会主义精神文明建设－中国－文集 Ⅳ.① D648-53

中国国家版本馆 CIP 数据核字 (2023) 第 240279 号

文明花开水中央：水利系统文明单位创建优秀案例.2
WENMINGHUAKAISHUIZHONGYANG：SHUILIXITONGWENMINGDANWEICHUANGJIANYOUXIUANLI.2
水利部精神文明建设指导委员会办公室　主编

责任编辑：	张蔓
装帧设计：	汪雪
出版发行：	长江出版社
地　　址：	武汉市江岸区解放大道 1863 号
邮　　编：	430010
网　　址：	https://www.cjpress.cn
电　　话：	027-82926557（总编室）
	027-82926806（市场营销部）
经　　销：	各地新华书店
印　　刷：	武汉市首壹印务有限公司
规　　格：	787mm×1092mm
开　　本：	16
印　　张：	22.5
字　　数：	390 千字
版　　次：	2023 年 11 月第 1 版
印　　次：	2024 年 9 月第 1 次
书　　号：	ISBN 978-7-5492-9254-7
定　　价：	128.00 元

（版权所有　翻版必究　印装有误　负责调换）